1921-2021
厦门大学
XIAMEN UNIVERSITY

厦门大学百年校庆系列出版物
百年精神文化系列

建南大舞台
——厦门大学校园文化精品

徐进功　主编
楼红英　执行主编

厦门大学出版社
XIAMEN UNIVERSITY PRESS
国家一级出版社
全国百佳图书出版单位

图书在版编目(CIP)数据

建南大舞台:厦门大学校园文化精品/徐进功主编.—厦门:厦门大学出版社,
2021.12
ISBN 978-7-5615-8473-6

Ⅰ.①建… Ⅱ.①徐… Ⅲ.①高等学校—校园文化—建设—研究—厦门
Ⅳ.①G647

中国版本图书馆 CIP 数据核字(2021)第 276220 号

出 版 人	郑文礼
责任编辑	刘 璐
美术编辑	蔡炜荣
技术编辑	朱 楷
出版发行	厦门大学出版社
社 址	厦门市软件园二期望海路 39 号
邮政编码	361008
总 机	0592-2181111 0592-2181406(传真)
营销中心	0592-2184458 0592-2181365
网 址	http://www.xmupress.com
邮 箱	xmup@xmupress.com
印 刷	厦门集大印刷有限公司
开本	720 mm×1 000 mm 1/16
印张	24
插页	3
字数	332 千字
版次	2021 年 12 月第 1 版
印次	2021 年 12 月第 1 次印刷
定价	168.00 元

厦门大学出版社
微信二维码

厦门大学出版社
微博二维码

《建南大舞台——厦门大学校园文化精品》· 编委会

顾　问：张　彦　张　荣

主　编：徐进功

副主编：赖虹凯

执行主编：楼红英

编　务：（按姓氏笔画排序）：

　　　　王志鹏　陈　浪　陈联文　郑　莉

　　　　郭瀛霞　曹熠婕　谢图南　赖炜芳

总　序

厦门大学　｜　党委书记　张　彦
　　　　　　　｜　校　　长　张　荣

　　2021年4月6日，厦门大学百年华诞。百载风雨，十秩辉煌，这是厦门大学发展的里程碑，继往开来的新起点。全校师生员工和海内外校友满怀深情地期盼这一荣耀时刻的到来。

　　为迎接百年校庆，学校在三年前就启动了"百年校庆系列出版工程"的筹备工作，专门成立"厦门大学百年校庆系列出版物编委会"，加强领导，统一部署。各院系、部门通力合作，众多专家学者和相关单位的工作人员全身心地参与到这项工作之中。同志们满怀高度的责任感和紧迫感，以"提升质量，确保进度，打造精品"为目标，争分夺秒，全力以赴，使这项出版工程得以快速顺利地进行。在这个重要的历史时刻，总结厦大百年奋斗历史，阐扬百年厦大"四种精神"，抒写厦大为伟大祖国所做出的突出贡献，激发厦大人的自豪感和使命感，无疑是献给百岁厦大最好的生日礼物。

　　"百年校庆系列出版工程"包括组织编撰百年校史、百年组织机构史、百年院系史、百年精神文化、百年学术论著选刊、校史资料与学生名录……有多个系列近150种图书将与广大读者见面。从图书规模、涉及领域、参编人员等角度看，此项出版工程极为浩大。这些出版物的问世，将为学校留下大量珍贵的历史资料，为学校深入开展校史教育提供丰富生动的素材，也将为弘扬厦门大学"自强不息，止于至善"校训精神注入时代的新鲜血液，帮助人们透过"中国最美大学校园"

的山海空间和历史回响，更加清晰地理解厦门大学在中国发展进程中发挥的独特作用、扮演的重要角色，领略"南方之强"的文化与精神魅力。

百年校庆系列出版物将多方呈现百年厦大的精彩历史画卷。这些凝聚全校师生员工心血的出版物，让我们感受到厦大人弦歌不辍的精神风貌。图文并茂的《厦门大学百年校史》，穿越历史长廊，带领我们聆听厦大不平凡百年岁月的历史足音。《为吾国放一异彩——厦门大学与伟大祖国》浓墨重彩地记述厦门大学与全国34个省级行政区以及福建省九市一区一县血浓于水的校地情缘，从中可以读出厦门大学在中华民族伟大复兴征程中留下的深深烙印。参与面最广的"厦门大学百年院系史系列"、《厦门大学百年组织机构史》，共有30多个学院和直属单位参与编写，通过对厦门大学各学院和组织机构发展脉络、演变轨迹的细致梳理，深入介绍厦门大学的党建工作、学科建设、人才培养、组织管理、社会服务等方面的发展历程，展示办学成就，彰显办学特色。《厦门大学校史资料选编（1992—2017）》和《南强之星——厦门大学学生名录（2010—2019）》，连同已经出版的同类史料，将较完整、翔实地展现学校发展轨迹，记录下每位厦大学子的荣耀。"厦门大学百年精神文化系列"涵盖人物传记和校园风采两大主题，其中《陈嘉庚传》在搜集大量史料的基础上，以时代精神和崭新视角，生动展现了校主陈嘉庚先生的丰功伟绩。此次推出《林文庆传》《萨本栋传》《汪德耀传》《王亚南传》四部厦门大学老校长传记，是对他们为厦大发展所做出的突出贡献的深切缅怀。厦大校友、红军会计制度创始人、中国共产党金融事业奠基人之一高捷成的传记《我的祖父高捷成》，则是首次全面地介绍这位为中国人民解放事业做出杰出贡献的烈士的事迹。新版《陈景润传》，把这位"最美奋斗者"、"感动中国人物"、令厦大人骄傲的杰出校友、世界著名数学家不平凡的人生再次展现在我们眼前。抒写校园风采的《厦门大学百年建筑》、《厦门大学餐饮百年》、《建南大舞台》、《芙蓉园里尽芳菲》、《我的厦大老师》（百年华诞纪念专辑）、《创新创业厦大人2》、

《志愿之光》、《让建南钟声传响大山深处》、《我的厦大范儿》以及潘维廉的《我在厦大三十年》等，都从不同的角度，引领我们去品读厦门大学的真正内涵，感受厦门大学浓郁的人文精神和科学精神。

此次出版的"厦门大学百年学术论著选刊"，由专家学者精选，重刊一批厦大已故著名学者在校工作期间完成的、具有重要价值的学术论著（包括讲义、未刊印的论著稿本等），目的在于反映和宣传厦门大学百年来的学术成就和贡献，挖掘百年来厦门大学丰厚的历史积淀和传统资源，展示厦门大学的学术底蕴，重建"厦大学派"，为学校"双一流"建设提供学术传统的支撑。学校将把这项工作列入长期规划，在百年校庆时出版第一辑共40种，今后还将陆续出版。

"自强！自强！学海何洋洋！"100年前，陈嘉庚先生于民族危难之际，抱着"教育为立国之本，兴学乃国民天职"的信念，创办了厦门大学这所中国历史上第一所由华侨独资建设的大学。100年来，厦大人秉承"研究高深学术，养成专门人才，阐扬世界文化"的办学宗旨，在实现中华民族伟大复兴的征程上书写自己的精彩篇章。我们相信，当百年校庆的欢庆浪潮归于平静时，这些出版物将会是一串串熠熠生辉的耀眼珍珠，成为记录厦门大学百年奋斗之旅的永恒坐标，成为流淌在人们心中的美好记忆，并将不断激励我们不忘初心继承传统，牢记使命乘风破浪，向着中国特色世界一流大学目标奋勇前行！

张彦　张荣

2020年12月

出版说明

　　文化是民族的血脉，更是一所大学的筋骨。厦门大学在百年积淀中创榛辟莽、奋勇向前。百年办学的辉煌历程无不彰显着历代厦大人对于"四种精神"的一脉传承和相守相望。陈嘉庚先生的爱国精神，罗扬才烈士的革命精神，以萨本栋校长为代表的内迁长汀艰苦办学的自强精神和以王亚南校长、陈景润教授为代表的科学精神，作为厦大文化的精神内核和灵魂，正在激励着越来越多的厦大人在百年新征程的起点上积蓄力量，重新出发。在他们身上所折射出来的，不仅是一所百年老校的优良办学传统，更是一所"双一流"大学的精神气度。

　　为落实立德树人根本任务，并献礼百年厦大，"四种精神"原创剧目作为重点打造项目，被一一搬上舞台，成为校史校情教育重要载体和对外展示厦大历史风貌和精品文化的重要窗口。我们以"共和国的脊梁——科学大师名校宣传工程"、高校校园文化建设优秀成果评选、高校原创文化精品推广行动计划、校园文化精品立项等平台为依托，通过师生自创自排自演，"师生演校友、师弟演学长""老师带学生、学长带学弟"，精心培育大型经典诗文诵读音乐会《嘉庚颂》、音乐舞蹈史诗《南强颂》和原创话剧《哥德巴赫猜想》。2019年，我们又隆重开启《遥望海天月》《长汀往事》和《南强红笺》等一系列校史系列精品剧目的创排工作，以多种多样的形式、异彩纷呈的效果，让"南强"之音款款走进了师生心中，也走向了世界各地。

　　《建南大舞台——厦门大学校园文化精品》——一部从剧本创作、活动掠影、感想评论和媒体报道等多角度立体展现学校精品剧目创作经验与成效的文化著作应运而生。在组稿过程中，我们收到来自导演、校友和在校师生众多的回忆文章。可以看到，导演们精心雕琢剧本，近乎苛刻地打磨每一个表演细节、每一句人物台词。可以看到，师生演员努力扮演好自身角色，用身体力行触碰感悟前辈先贤的正气风骨和崇高精神。可以看到，老校友在演出现场潸然泪下，用力透纸背的文字讲述着按捺不住的慷慨激昂……还可以看到，他们身上闪亮着的点点星光，正汇聚成绵延不绝的厦大精神和南强力量。

从发起《建南大舞台——厦门大学校园文化精品》编辑工作开始，积累了众多师生校友的稿件，但受时限和篇幅约束，每部剧目只挑出2-3篇感想入选，不免遗憾之处，还恳请见谅。在本书付梓之际，编委会向参与编撰和修改的各位专家学者和师生校友致以最诚挚的谢意。书稿虽历经筛选、精心编写，并广泛征求意见，仍不免有所疏漏。敬请广大师生和各界人士不吝指正，以便再版修订。

习近平总书记在全国高校思想政治工作会议上指出，要更加注重以文化人以文育人，广泛开展文明校园创建活动，开展形式多样、健康向上、格调高雅的校园文化活动，广泛开展各类社会实践。厦大校史精品原创剧目，是学校立足时代要求和师生需要的基础上，不断探索文化育人新模式、立德树人新课堂的重要成果。我们相信，这一幕幕厦大精神的再现和重演，必将以艺术的形式滋养师生心灵，培养家国情怀，为开展文化育人提供鲜活的校史校情教育和思想政治教育素材，必将更好地促进厦门大学"四种精神"落地生根、深入人心，也必将持续激发广大师生投身"两个百年"建设的巨大热情。

谨以此书献给每一位努力践行着"四种精神"的台前幕后厦大人！

本书编委会

2021年7月20日

目　录

第一部分：文学剧本

第二部分：评注及观后感

第三部分：媒体聚焦

《光明日报》

《科技日报》

中新社

建南大舞台

厦门大学校园文化精品

建南大舞台

厦门大学校园文化精品

第一部分

文学剧本

诗文诵读音乐会
《嘉庚颂》

（2016年版本）

编剧：朱水涌

导演：王格胜　李　娜

序
永远的丰碑

【开场】视频短片1

配音：浮江波涛万顷，当年厦门的一个小镇，矗立着一座毛泽东同志亲笔题写的纪念丰碑！苍穹万里星罗棋布，第2963号行星，以一个闽南人的名字命名！一个名字，一尊丰碑，就这样化作无语的长歌，回荡在历史长河的星空，世代景仰，光耀千秋。

节目1　朗诵·舞蹈《永远的丰碑》

您 是我们敬爱的乡贤

更是一位伟大的公民

您一生心系桑梓 一腔爱国情怀

您用敬业 诚信 友善

建立起庞大的商业王国

用倾资兴学造福于万代千秋

您 是华侨旗帜 民族光辉

以人民的利益为人生的最高利益

以民族的需要为人生的最大需要

以国家的富强为人生的最终目标

您用您那跨越四个时代的历史人生

为中华民族的伟大复兴奋斗不已

您以您那与日月同辉的人格力量

为共和国建设鞠躬尽瘁

您的家国情怀和耿耿英魂

就是一座巍然屹立的丰碑啊

凝望岁月风云

苍生永记 青山不忘

上篇
倾资兴学赤子心

【串场】视频短片2

配音：1874年10月21日，陈嘉庚出生在集美的一座闽南小屋里。那时集美是个小渔村，贫穷落后，瘟疫盛行。从出生一直到17岁，他在故乡这块苦难的土地上生活成长。1890年，17岁的陈嘉庚遵照父亲的意愿，到新加坡学习经商，开始了他异邦创业的生涯。

节目2　诗朗诵《异乡创弘业》

（女）黑暗的旧中国

天是黑沉沉的天

地是黑沉沉的地

位于东南海滨的小渔村 集美

孩子们赤裸着身子生存

百姓在苦难中挣扎叹息

（男）1874年的一天

一个男婴在浔江的涛声里呱呱坠地

陈嘉庚 来到了这个世界

这个充满不平 充满贫瘠

充满苦痛 充满了荆棘的世界

（女）少年的你 看到的

是鼓浪屿飘起的五花八门的万国旗

是一水之隔的台湾沦为日本的附属地*

还有那一场场旱灾和瘟疫

陈氏宗族的100多口人

有一半的生命被病魔活活夺去

（男）家国深重的苦难

让你从小就萌发了深深的民族忧患

郑成功留在故乡的英雄足迹

在你成长着的心灵里

激起了民族的慷慨与报国的志气

（女）告别故土 踏浪下南洋

像千千万万的闽南儿女

为了寻找生存和发展的空间

漂洋过海到了异乡的土地

凭借着一个炎黄子孙的自强诚毅

你开始了艰辛而宏伟的创业之旅

（男）坚守"重然诺 守信用"的诚信

你拯救了倒闭的米店

---

* 1895—1945 年，台湾沦为日本的附属地。

在父亲倒下的地方重新站起

（女）眼光敏锐 性格坚韧

你开拓罐头产业奠定了经济发展的地基

你用18万粒橡胶种子

播下了南洋橡胶王国的奇迹

（男）当一次大战的战火燃起

你审时度势 以一种敢于拼搏敢于冒险的勇气

驰骋在海洋运输的大风大浪里

在马六甲海峡勇立潮头 乘风破浪

（女）你勤劳执着 诚信刚毅

（男）你拼搏开拓 自强不息

（女）你用一个庞大的华侨商业王国

彰显了中华民族的创造伟力

（男）你坚定了一个海外赤子的报国宏愿

也种下了一代伟人的强国梦想

（合）啊 陈嘉庚 我们敬爱的陈嘉庚

节目3　女声独唱《下南洋》

（附歌词）

白云问我 去向何方

我的心仍依偎在母亲身旁

海风问我 来自何处

我的魂仍旧在大海上流浪

下南洋 下南洋

妻离子别 天各一方

下南洋 下南洋

海角天涯割不断 思念的目光

不要问我 异城花香

我的花仍旧在草屋前开放

不要问我 打拼的岁月

叶落归根才是我的期望

下南洋 下南洋

妻离子别 天各一方

下南洋 下南洋

海角天涯 割不断思念的目光

下南洋 下南洋

才知道最美是故乡

下南洋 下南洋

海角天涯 忘不掉 鹭岛的月亮

【串场】视频短片3

配音：在创业奋斗的道路上，陈嘉庚从自己所居住的大英帝国殖民地新加坡，感受到西方的富强和故乡贫穷的巨大反差，看到了许多落后祖国所没有的新事物，特别是现代工业和现代教育，陈嘉庚萌发了教育救国的信念。新加坡河向南倾入大海，海水鼓起波浪。陈嘉庚面对着异邦浪卷的海洋，梦魂萦绕着阔别20年的故乡，还有祖国父老乡亲遭受的涂炭。

节目4　故乡开基业

树人需百年，美哉教泽长。

诚毅二字心中藏，

大家勿忘，大家勿忘!

【串场】视频短片4

　　配音：1919年5月，陈嘉庚把南洋的实业交给胞弟陈敬贤管理，第五次从新加坡返回中国。离开新加坡时，他郑重宣布："此后生意及产业逐年所得之利，除花红与部分添入资本外，所剩之额，亦尽数寄归祖国，以充教育费用。"他向海外同仁高呼："勿忘中华!"正是陈嘉庚的挥斥方道，才使这一块荒冢一堆的荒野，蔚然矗立起一座面向大海的学府黉宫。也正是陈嘉庚的赤子衷肠，才在中国高等教育史上，写下华侨在祖国创办大学的辉煌篇章。乘着五四爱国运动的风雷电闪，在东方沉睡的雄狮觉醒时刻，陈嘉庚回到故乡展开了波澜壮阔的教育宏愿，1919年的7月，他向海内外炎黄子孙，发出了一份创办厦门大学的通告。

节目5　诗朗诵《自强展宏图》

您说 科学建设为建国首要之图

科学要发展 有赖于专门之大学的成立

您说 专制之积弊未除 共和之建设未备

国民之教育未遍，地方之实业未兴

非有高等教育专门学识 不足以躐等而达

天风海涛 鹭江潮高

您用当年全部资产的400万银圆

开创了华侨创办大学的第一乐章

陈氏宗祠一面古老的铜锣声响

敲出了中国南方之强志存高远的起跑线。

1921年4月6日

中国第一所由华侨创办的大学厦门大学宣告成立

5月9日 厦门大学第一栋楼群在风雨中奠定

当您亲手为群贤楼群嵌上奠基石时

厦门大学也就奠定了爱国 自强的坚定基石

开始了群贤毕至的光荣与梦想

有人质疑 厦门大学不宜速办

您说 当此风雨飘摇之际

国势岌岌可危之时

创办厦门大学 又岂能久待

有人劝您 停止兴学的脚步 以免企业收盘

您说公司可以收盘 学校不能停办

当经济与战争的灾难逼迫

您的公司不得不收盘的时候

您却做出了出卖大厦办厦大的惊世举动

那铿锵的话语 那永不放弃的信念

世世代代 千秋彪炳永放荣光

您为厦门大学定下的三大任务

至今回荡在海上花园学府的每一块空间

研究高深学问 阐扬世界文化 培养专门硕才

研究高深学问 阐扬世界文化 培养专门硕才

您为南方之强提出的奋斗目标
至今依然是千千万万厦大人
跻身世界一流的精神力量
为民族放一异彩　能与世界各大学相颉颃
为民族放一异彩　能与世界各大学相颉颃

啊　我们的校主　是什么力量
驱动着您百折不挠地
在祖国的土地上创办学校
是什么精神
让您的生命永远联系着民族的盛衰兴荣
是您那一腔中华民族伟大复兴的宏愿
是您那一颗滚烫的爱乡爱国的赤子衷心
还有那以四万万之民族
绝无居人之下之理的浩然正气
那精卫之填海 愚公之移山的不息自强

自强 自强 学海何洋洋
在厦大歌声飘荡的东南海疆
中国南方之强
驰骋在世界高水平研究型大学的航程

自强不息 止于至善
陈嘉庚亲手创办的厦门大学
奋勇奔向两个百年梦想

11

节目6　合唱《厦门大学校歌》

（附歌词）

自强！自强！

学海何洋洋！谁与操钥发其藏？

鹭江深且长，致吾知于无央。

吁嗟乎！南方之强！

吁嗟乎！南方之强！

自强！自强！

人生何茫茫！谁与普渡驾慈航？

鹭江深且长，充吾爱于无疆。

吁嗟乎！南方之强！

吁嗟乎！南方之强！

中篇
烽火中的民族光辉

【串场】视频短片5

配音：那是中华民族灾难深重的岁月，济南惨案，3600多名中国公民惨遭日寇荼毒；

"九一八"事变，肥沃的黑土地沦落于日寇的铁蹄；渤海湾怒涛翻卷，松花江呜咽哭泣，卢沟桥抗战的炮声，犹如最悲壮的号召。挟裹着马六甲海峡的风云际会，翻腾着黄河民族在危难中崛起的心潮，我们敬爱的陈嘉庚先生，在中华民族最危险的时候，发出了一声"八百万华侨抗战到底"的战叫。

节目7　诗朗诵《黄魂洒赤血》

当骨肉同胞失去家园遭受凌辱的时候

远在新加坡"怡和轩"的陈嘉庚

悲愤交加毅然站起

领导八百万南洋华侨的抗日筹赈

召开侨民大会 抗议日寇无端暴戾

激励十九路军将士

保卫淞沪英勇抗敌

致电国际联盟 警告侵略者

多行不义必自毙

震惊世界的卢沟桥枪炮响起

中华民族全面抗战的吼声

骤然响彻神州大地

在这民族生死存亡的时刻

陈嘉庚也正经历着一生最为艰难的磨砺

1934年 陈嘉庚公司被迫收盘

1936年 胞弟陈敬贤英年早逝

1937年 卢沟桥事变的前7天

陈嘉庚将自己独力支撑了16年的厦门大学

无偿地献给了自己的祖国

厦门大学由私立改为国立

国仇家难 家难连着国仇
狼烟四起 四起的狼烟中
竖起的是一面面血与火的战旗

1938年8月
南洋华侨筹赈祖国难民总会成立
南洋45个地区八百万的华夏儿女
从此汇合成一股抗战救亡的洪流
滚滚向前坚不可摧

已经是64岁的陈嘉庚老人
胸怀深沉的民族忧患
铁肩担起历史的道义
在烽火中主持起南侨总会的大局

立国五千年 忍使黄魂洒赤血
华侨八百万 誓扶白日照青天

这是八百万华侨的赤子衷肠
这是海外赤子的铮铮誓言

魂洒赤血 陈嘉庚号召全体侨胞
各尽所能 各竭所有
踊跃慷慨 贡献国家
宁为玉碎 不为瓦全

心系故里 南侨总会发出宣言

国家之大患一日不能除

则国民之大责一日不能卸

敌人前方的炮火一日不止

后方筹款工作一日不停

腥风血雨 铁马金戈

前方抗战 后方筹赈

从抗战爆发到1941年

在陈嘉庚的领导下

南洋华侨的抗日义捐达5亿国币

认购救国公债2亿5000万

为抗战前线捐献飞机217架

坦克27辆 救护车1000多辆

华侨筹赈成了抗日救国的重要财源

八百万南洋侨胞的热血

抒写了中国人民抗日救亡的壮丽诗篇

陈嘉庚 这一面民族解放的光辉旗帜

在波澜壮阔的反法西斯战争中猎猎呼啸

在伟大的民族独立解放战争中高高飘扬

这就是华夏儿女的赤子衷肠

黄魂洒赤血 五星耀中华

【串场】视频短片6

配音：1938年10月，广州沦陷，中国通往国际的海上通道被日本军队切断，国际援助中国的物资无法运送到中国抗战前线，形势万分危急。正是在这形势岌岌可危之时，陈嘉庚领导南侨抗日总部，在新马地区招募3200名华侨技工，奔赴滇缅公路，喋血奋战，开辟出战火中的运输线，在抗战史上写出极其悲壮的一页。

节目8　诗朗诵《千里生命线》

我们从海拔3000多米的高黎贡山出发

穿过怒江 澜沧江 漾濞江

走进那抗战烽火中的生命线

我们从1939年的那个冬天出发

越过岁月的风尘 踏上硝烟弥漫的年代

隆隆的轰炸声

似乎还回荡在历史的丛林之间

在崎岖的山路上

我们寻找着 寻找着当年三千名华侨机工的足迹

滇缅公路 一千多公里渺无人迹

重峦叠嶂 道路崎岖

当广州沦陷 国际与中国海上通道被日寇封锁

这里便成了中国西南唯一的国际通道

抗战需要从这里杀出一条血路

战争物资必须从这里送往浴血奋战的前方

但中国司机短缺 技工短缺

情况紧急 一发千钧

新加坡"怡和轩"里的那位老人

再一次用一腔的热血忠诚

担当起民族与历史的重任

陈嘉庚发出南侨抗日总部的第六号公告

号召华侨司机 技工回国服务

他说 青年有志具以牺牲精神

足为全马亚之模范

腊月寒冬 旌旗猎猎

炮声隆隆 车轮滚滚

三千二百名华侨青年技工

抛弃了南洋舒适的生活

前仆后继 在祖国最需要的战场

头上是敌机的狂轰滥炸

脚下是万丈悬崖 万丈深渊

身上是寒冷饥饿的严酷和威胁

千里生死线 平均每一公里

就有一个鲜活的生命牺牲

450万吨军需物资

每一吨的运送都充满了血与火的磨难

海外华侨的青春热血

在祖国的滇缅公路上绽放

新马青年的生命

在云贵高原上矗立起一座不朽的丰碑

走在那一条永不停息的运输线上

我们依然看到

在炮火中滚滚向前的车轮

仰望着高黎贡山的山峰

我们看到矗立于生命线上的技工身影

滇缅逶迤蜿蜒的 是壮烈的人生

三江水拍激荡的 是爱国华侨的热血

怡和轩升起的那面民族光辉的旗帜

飘扬的是中华赤子

对祖国对民族的赤胆忠心

中华民族万众一心

团结就是胜利的力量

节目9　合唱《团结就是力量》

（附歌词）

团结就是力量

团结就是力量

这力量是铁

这力量是钢

比铁还硬比钢还强

向着法西斯蒂开火

让一切不民主的制度死亡

向着太阳向着自由

向着新中国发出万丈光芒

团结就是力量

团结就是力量

这力量是铁

这力量是钢

比铁还硬比钢还强

向着法西斯蒂开火

让一切不民主的制度死亡

向着太阳向着自由

向着新中国

发出万丈光芒

【串场】视频短片7

配音:1937年7月1日，陈嘉庚将自己独立支撑了16年之久的厦门大学，无条件地献给了国家，厦门大学由私立改为国立。7月6日，物理学家萨本栋临危受命出任国立厦门大学校长。不久，日寇开始轰炸厦门。迫于战争形势，为了保存中华民族教育精华免遭毁灭，集美师范、中学商业、农林、水产航海等学校分别先后迁入安溪，合并称为福建私立集美联合中学。其后，联合中学的水产、商业、农业诸科又迁移大田、成立集美职业学校。从设备精良的海滨学区迁到贫困、边远的山区，师生们牢记"诚毅"校训，精诚团结，在战争的苦难中发愤前行。同期，厦门大学在萨本栋校长的领导下内迁山城长汀，在烽火硝烟中自强不息、艰苦办学，坚守住了高等教育的东南半壁江山，实现了陈嘉庚将厦大办成中国南方之强的愿望。萨本栋校长的身体也因此累垮了。

节目10　情景诵读《烽火情抒》

黄：亚栋，把它带上吧！

萨：网球拍！我已整整七年没有摸过它了。想当年，我驰骋于清华园的网球场，你用一杆标枪投出了华东运动会上的金牌，是网球与标枪，撞开了我们相爱的大门。从那时起，我就想好好地爱你，就想永远永远这样健康幸福地生活。

黄：那一年，吴文藻先生与冰心女士结婚，请你当男傧相，你是那么的潇洒英俊，那么的器宇轩昂、神采奕奕、气度非凡。可如今，才刚刚过了不惑之年，你就得拄着拐杖走路。为了战时的厦大，你日夜呕心，硕划苦筹，一个运动员的身体被拖垮了，我的心在痛……

萨：淑慎，现在不是一个可以推诿责任的时代，事无巨细，我不能不亲力亲为。七年前，我受命接掌厦大的第二天，"七七卢沟桥事变"爆发。我从清华火速南下。一路上，华北沦陷，上海沦陷，南京失守……清华、北大、南开被迫西迁，浙江大学开始流浪生涯，偌大的中国，已经没有一块能容下安静读书的地方。

黄：35岁的你，受命于国家危难之际。你到厦大不久，日本军舰便侵入厦门海域，厦大校舍遭受到敌舰的轰炸。山雨欲来风满楼，战火已燃鹭江边，厦大要往何处去？

萨：厦大需坚守东南，决不让东南半壁江山失却高等教育。

黄：于是，你果断决定，厦大内迁山城长汀。800里的跋涉啊，一个月的艰苦搬迁，300多名徒步前行的师生，一辆辆装载着图书仪器的卡车、牛车……烽火中我们急迁长汀，成为中国战区唯一的一所大学。厦门大学承担起了收留因战乱而失学的青年的使命，担负起粤汉铁路线以东国立最高学府的全部责任。

萨：没有宿舍，我们借，没有教室，我们动手搭建修葺，没有办公场所，我们因陋就简，就在祠堂、神庙开始创业。

黄：没有电灯，你将自己的小车拆了，用汽车发动机改装成发电机，让山坳中的厦大亮起了电灯。

萨：经费不足，我们勤俭办学，在艰苦中自强。想想嘉庚先生"毕生之事业、人格、精神，以及识力眼光，足为全国同胞之楷模"，厦大人更须秉承校主精神，"特别努力于分内职务"。

黄：抵达长汀的第五天，学校立即复课。

萨：局势虽然残酷，山城虽然也是时时硝烟弥漫，但中国的青年不能停止学习。"未到'最后一课'的时候，应加紧研究学术与培养技能。"

黄：这就是你在烽火中发出的铿锵之语。

萨：面对着民族历史上空前的危机，我们更须有自强不息的精、气、神。"要知道我们对暴日只能抗战而不能作'惩罚'战的主要原因之一，就是我们的学术至今尚未独立，我们民众的技能水准，几百年来未曾提高。"

黄：为此，你亲自为一年级学生开设基础课，哪位教师病了，你马上出现在那个课堂上，厦大人称你是"O型教师"，山城学府，处处能看到你上课的身影。你累了，你病了，你的腰伸不直了，你叫医生为你特制了一件铁衫，用它来支撑着腰部，坚持为学生一次次地讲课……我想说，你不该这么累，可是话到嘴边却又咽了回去……

萨：困境中，每一个厦大人都是"一身肩负二人之重任，一日急二日之操作"，严格的训练，严格的制度纪律，伴随着民族血与火的洗礼，一步步踏出了"南方之强"的光荣与梦想。

黄：那是一个值得永生记忆的岁月，烽火硝烟，弦诵不绝，虽困处长汀，却奋斗自强，厦大成为加尔各答以东的第一大学，成为战区最完善的学府。1940年和1941年，在国民政府举办的两届"全国专科以上学校学生学业竞赛"中，厦大连续两届获得全国第一名。

萨：这是一种永远的欣慰。我们在山坳里对学生说，厦大坚守住了你们的"最后一课"；我们对嘉庚先生说，厦大没有辜负您的期望；我们对鏖战中的中华民族说，厦大已经为战后的中国培养了一批民族复兴的后续人才。

黄：厦大为战争中的高等教育，写下了"独放异彩"的一笔。可你那潇洒的英姿却消失了，你以"舍身治校"，承继了嘉庚先生的"毁家兴学"。七年前，你受命只担任厦大校长两年，可这一当，便是整整一个七年的抗战。这七年中，我看着你一天天的消瘦，感受着你一天比一天严重的病痛……我知道你内心的志向和抱负，但是你可知道，一个全心爱着你的人，又是怎样地忍受着这日日夜夜的担忧和煎熬！

萨：让你担忧，使我内疚，也使我无尽的感伤。但是淑慎，你不要悲伤，不要忧虑！侵略者的末日已经来到，抗战胜利的曙光就在我们的前头。淑慎，当黑夜过去，我们一起携手去看那喷薄而出的太阳。

黄：亚栋，期盼着黑夜过去，我们要携手去看那喷薄而出的太阳。

合：携手去看喷薄而出的太阳。

【串场】视频短片8

配音：面对强敌，中华儿女以自己的血肉之躯和英雄气概，汇聚成全民族抗战的滚滚洪流和汪洋大海。中国共产党人秉持民族大义，一直战斗在抗日战争的最前列，在全民族抗战中发挥了中流砥柱的作用。1940年6月，陈嘉庚带领南侨回国慰问团来到革命圣地延安，这是陈嘉庚第一次到延安，也是这位华侨领袖与中国共产党的领袖们的第一次接触。延安之行，让陈嘉庚看到："中国的希望在延安"。

节目11　配乐诗《延安行》

六月的延安　春意盎然

六月的延河水　奔腾不息

六月的宝塔山下

万众聚集山脉欢腾

欢迎陈嘉庚的欢歌笑语

弥漫在红色陕北的上空

（画外音）哎……你们看 陈嘉庚先生来了
陈嘉庚先生来了

看到陕北人民的热情
陈嘉庚再一次感受到
父老乡亲的质朴温润
看到红色延安的蓬勃生气
陈嘉庚感受到"东方红 太阳升"的民族兴旺

在延安 他看到军民携手开荒
携手织布纺纱 自力更生 奋发图强
轰轰烈烈大生产的崭新景象
走进延安的企业 店铺 市场
边区保障供给 自给自足的新型经济
让这位来自异邦的企业家无比欣慰
走进延安的幼儿园 小学与抗日军政大学
共产党的教育政策和人才培养
让这位一生倾资兴学的老人感慨万千
他亲眼所见八路军的官兵平等
亲身体验了红色政权的政治民主
他耳闻目睹了延安人民的安居乐业 社会安定
陈嘉庚那民族振兴的胸怀
流淌起黄河奔流不息的希望

在杨家岭的窑洞前

围着一方圆圆的石桌

毛泽东与陈嘉庚促膝谈心

一桌的小米饭 土豆 白菜

和邻居大娘熬的热腾腾的鸡汤

将两颗民族忧患的伟大心灵

第一次连得很紧很紧

心跳得很近很近

他们谈抗日持久战 谈国共合作

谈民族的命运与未来

心灵是如此的默契 思考是如此的接近

慎终追远 继往开来

中华民族的昨天 今天与明天

在华夏子孙诞生的黄土地上

在两位伟人不凡的胸中激荡

黄土高坡上的宝塔记住了这一刻

滚滚的延河水记住了这一刻

陈嘉庚的心中记住了这一刻

延安之行

是陈嘉庚生命中一次最重要的旅行

也是他生命中一次历史性飞跃

他相信延安 他相信延安

他相信延安 代表了中华民族复兴的希望

他相信共产党 他相信共产党

他相信共产党 一定能领导中国走向光明

节目12 《没有共产党就没有新中国》

（附歌词）

没有共产党就没有新中国，

没有共产党就没有新中国，

共产党辛劳为民族，

共产党他一心救中国，

他指给了人民解放的道路，

他领导中国走向光明，

他坚持了抗战八年多，

他改善了人民的生活，

他建设了敌后根据地，

他实行了民主好处多。

没有共产党就没有新中国，

没有共产党就没有新中国。

下篇
与新中国同行

【串场】视频短片9

【专题片配音】：1949年1月20日，毛泽东主席邀请陈嘉庚回国商讨建立新中国开国大计，6月4日，陈嘉庚从新加坡出发，来到北京，在相隔9年之后，两位历史的伟人又见面了。1949年10月1日，陈嘉庚登上天安门城楼，参加了中华人民共和国的开国大典。1950年6月，77岁的陈嘉庚告别了他生活了整整60年的新加坡，回到祖国怀抱。这位在异国他乡奋斗了大半生的中国老人，全身心投入新中国热火朝天的建设事业中。弹指一挥间，九百六十万平方公里的土地上，沧海桑田换新天，他倾注了大量心血的集美学村和厦门大学春潮涌动，又焕发出勃勃生机。

节目13 《学府春潮》

陈嘉庚说："中国得救了，一个强大的新中国已经出现。"
陈嘉庚说："只有共产党才能使国家富强，
只有社会主义才能使人民幸福。"

陈嘉庚回到了祖国
回到了他魂牵梦绕的故乡，
这位将教育作为国民天职的老人，
再一次把高远的目光
投向集美学校，
投向他殚精竭虑的厦门大学，
投向了中华民族伟大复兴的奠基大业。

走在浔江边上的集美学村，
巡视着因旧中国的动乱而失却的学校发展，
陈嘉庚的心中，升腾起"重建集美学校"的美丽蓝图；

迎着鹭江初生的红日，
看着被战火荼毒的南强学府，
校主的心胸，在天风海涛中
描绘起"扩建厦门大学"的大略宏图。

成立集美、厦大两校建筑部，

设立专门的砖瓦厂、壳灰厂、石料厂，

年近八旬的老人，穿梭行走在集美与厦门的海上，

规划、巡视、检查、指挥，

陈嘉庚，又一次以心血浇灌起故乡的教育之花，

再一次让整个生命栖息在故乡的教育事业上。

女婿李光前先生来了，

族亲陈文确、陈六使先生也来了，

心系桑梓的爱国华侨们，在陈嘉庚兴学精神的感召下都来了，

他们用慷慨与衷肠，与新中国人民政府一起，

构建起新时代人民教育的宏伟大厦。

浔江出海口，

秀丽的南薰楼群与万顷碧波交相呼应，

鹭江岸边，

壮丽的建南楼群迎纳着厦金海峡的风云变幻。

红砖绿瓦，飞檐起翘，

中西合璧的嘉庚建筑，

成就了近代中国建筑的不朽经典。

"春风吹和绚，桃李尽成行"，

扩建了16万平方米的集美学校，

龙舟竞渡，生机盎然，

经历过百年洗礼的集美学校，

在中国的东南，托起了一片完备教育体系的蓝天。

"自强自强，学海何洋洋"，

新时代的厦门大学，

自强不息，止于至善，

在陈嘉庚"世界之大学"的憧憬中，

昂首阔步迈向世界高等教育的前沿。

"以嘉庚精神立校"，

"以诚毅品格树人"，

传承着校主的教育信念，

百年学村彰显着中华民族的百年梦想。

抓住一次次的历史机遇，

实现一次次的历史跨越，

追逐着校主"为民族放一异彩"的遗愿，

南方之强这艘艟艨之舰，披荆斩浪

（合）驶向"中国特色，世界一流"的广阔地平线。

【串场】 视频短片10

【专题片配音】：新中国成立后，回到故乡集美定居的陈嘉庚过着每天伙食费不超过5角钱的简朴生活，心中装着的却是国计民生的晶晶大事，福建的"手无寸铁"，厦门与内陆的隔绝，让这位老人牵肠挂肚、焦虑不已。孤岛一般的厦门、被重山阻隔的福建，怎能跟上新中国一日千里的建设步伐？新中国成立之初，陈嘉庚就向中央人民政府提出了修建福建铁路的提案并在全国政协第一届第二次全体会议上获得通过。陈嘉庚感奋不已，亲赴家乡考察线路。1955年，鹰厦铁路开工建设。老人积极建言献策，建议修筑高集海堤和杏集海堤以免长距离拐道，节省了400万元筑路经费用于建设了杏林工业区。于是，一场穿越崇山峻岭、填海修堤的战斗在闽赣大地打响了。

节目14 《天堑变通途》

（画外音）国家之有铁路，如人身之有血脉，

缺乏铁路交通的地方，百业不振，文化落后，

正如人身患了麻痹，生活机能必然损失。

"所以民生痛苦问题，迄难解决，

更无论于国防和其他方面的建设了。"

这是一场艰苦卓绝的战斗，

闽赣的崇山峻岭，

到处是激流险滩，

到处是难于跨越的丘陵和山脉。

铁道兵们逢山凿洞、遇水架桥，

在曲折逶迤的丛山中铺开了鹰厦铁路的蓝图。

这是一场改变闽赣社会历史的战斗，

风尘仆仆的铁道兵，

带着一身的硝烟炮火，

以一天一公里的建设速度，

用火药、钢钎、大锤和坚韧的生命意志，

开启了中国东南的交通新篇章。

风在呼啸，浪在咆哮，

连接厦门与内陆的首创伟业在风浪中生长；

云在翻滚，海在翻腾，

卧海长堤的创举在云海翻腾中孕育。

任凭风狂浪高，

任凭险境丛生。

厦门人民犹如填海的精卫，
用"爱拼才会赢"的气派
在风浪中谱写前无古人的筑堤历史；
在大海上修筑两条巨龙飞越鹭岛天堑。

（画外音）
梧村塘外殷轻雷，
万里飙轮刻顷来。
吩咐春风为传讯，
一行恰好百花开。

80岁的老人诗兴大发，
欣喜之情溢于言表。
他用晚年生命镌刻下来的石碑，
书写出八闽大地交通史上的崭新一页。

这是一幅移山填海的壮丽画卷，
这是一部敢教日月换新天的诗篇；
跨海修堤，长堤卧海，
鹭岛从此结束了与内陆隔绝的历史，
巨龙飞越，（郝）天堑通途。

从此 厦门与欣欣向荣的新中国同行，
与波澜壮阔的新时代同行，
昂首阔步走向繁荣富强。

节目15　大合唱《歌唱祖国》

尾声　光荣与梦想

【串场】视频短片11

配音（厦大专用）：

　　打开历史的篇章，阅读不凡的历程，"华侨旗帜，民族光辉"，回映在每一个炎黄子孙的心中。回首时代烟云，追索博大情怀，嘉庚精神激励着中华儿女。2014年10月17日，在陈嘉庚先生诞生140周年之际，习近平总书记给集美校友总会的回信，希望广大华侨华人弘扬"嘉庚精神"，深怀爱国之情，坚守报国之志，为国家富强、民族振兴、祖国统一而砥砺前行共圆民族复兴之梦。

　　今天，我们站在新的历史起点，缅怀我们敬爱的校主，重温他"教育救国"的理想和建设"世界之大学"的宏愿，弘扬他自强不息、顽强拼搏的创业创新精神，矢志不渝、振兴中华的民族精神，为实现"建校一百年时全面建成世界知名高水平研究型大学，新中国成立一百年时跻身世界一流大学行列"的宏伟目标，尽一份厦大学子的使命与担当。天风海涛，鹭江翻腾云水浪，百年学府，自强不息续辉煌，让我们紧密团结在以习近平同志为核心的党中央周围，不忘初心，牢记使命，把新时代中国特色社会主义推向前进，为实现中华民族伟大复兴的中国梦不懈奋斗！

节目16　合唱《光荣与梦想》

（附歌词）

迎着梦想的方向

凝聚决心和力量

集合在复兴伟大的旗帜下

赤子的心已经滚烫

为了光荣与梦想

自强的意识势不可挡

出发的号角已经吹响

前进的歌声多么嘹亮

前进　向前进

跟着必胜的信仰

前进　向前进

实现复兴的伟大梦想

迎着梦想的方向

凝聚决心和力量

集合在复兴伟大的旗帜下

赤子的心已经滚烫

为了光荣与梦想

自强的意识势不可挡

出发的号角已经吹响

前进的歌声多么嘹亮

前进　向前进

跟着必胜的信仰

前进　向前进

实现复兴的伟大梦想

前进　向前进

跟着必胜的信仰

前进　向前进

实现复兴的伟大梦想

　向前进

剧照：诗朗诵《永远的丰碑》

剧照：双人舞《下南洋》

剧照：诗朗诵《故乡开基业》

剧照：情景诵读《烽火情抒》

剧照：诗朗诵《延安行》

剧照：诗朗诵《黄魂洒赤血》

剧照：诗朗诵《自强展宏图》

情景舞台剧
《南强红笺》

（2021年版本）

编剧：朱水涌

导演：陈　洁

剧情简介：

厦门大学与中国共产党同龄，具有光荣深厚的革命传统。福建省第一个党组织在厦大诞生以来，在长期艰苦卓绝的革命征程上，无数的革命先辈不忘初心、前仆后继、不畏牺牲、担当使命，为中华民族的伟大复兴浴血奋战，抒写了一则则感天动地的英勇事迹，留下一份份满怀深情的书信文字。《南强红笺》选取罗扬才、杨世宁、高捷成、肖炳实、白雪娇、雷经天等革命志士打破旧世界的行动以及他们写给同志们和亲人的书信文字，通过历史与现实的交错、今人与前辈的对话，融汇了戏剧对白、朗诵、歌舞、视频与造型等艺术方式，表现了厦门大学革命先辈对革命的忠贞不屈，对党对人民的赤胆忠心，歌颂了信仰的力量、信念的意志与革命的豪情壮志。

人物：

罗扬才：厦门第一位共产党，福建省第一个中共支部——中共厦门大学支部第一任书记、创立人之一。

杨世宁：厦门大学早期学生，中共厦门市委工运委员，厦门总工会副委员长。

高捷成：厦门大学经济系学生，共产党员，中国红色金融的创始人之一。

肖炳实：厦门大学教授，中共地下党员，共产国际远东情报组织上海地区负责人。

刘思慕：中共地下党员，奉命打入南京政府内政部，潜入蒋介石行营做卧底。

白雪娇：厦门大学中文系学生，共产党员，马来西亚华侨，滇缅公路上的巾帼英雄。

雷经天：1923年考进厦门大学，曾任中共江西省委代理书记、陕甘宁边区高等法院院长，中国共产党法治建设创始人之一。

讲述者，朗读者，歌舞队伍、群众演员。

序曲
永远的红笺

【片头：中国共产党百年历程集萃，一份份红笺飘过】

【剧名：南强红笺】

【主题音乐，恢弘大气】

【VCR1】不同历史时期的厦大革命烈士志士伴着飞舞的红笺徐徐走来

【画外音】

鸿雁传书，信札书写，这是人类传达思想情感、书写人生情怀的一种文字方式。我们的先烈却用一封封的信笺，书写了壮怀激烈的革命传奇。

一百年来，伴随着中国共产党的诞生与发展壮大，有多少红色的信笺书写着中华民族的艰难与辉煌，有多少厦门大学的革命志士，用生命与热血铸就了一份份特别的南强红笺。

他们走了，但他们留下了一个个闪烁着光辉的生命，留下了一句句掷地有声的铮铮誓言，留下了一份份不忘初心的红色书笺。

南强红笺，革命的红笺，信仰的红笺，理想的红笺。

【音乐继续】

【信使（舞者）、厦大不同历史时期的革命者出现在舞台上，追寻革命先辈的舞蹈】

【齐诵】

中国共产党人，旗号镰刀斧头；

信仰共产主义，信念砸碎锁链；

一世忠贞兴国，满腔热血中华；

革命不畏生死，赴汤蹈火当先。

【舞者下，画面是一面鲜红的党旗】

第一场　囊萤星火，铁窗红笺

【乌云翻滚，长夜难眠。五四运动场景，曙光初现，一轮红日喷薄而出】

【道具：党旗，推拉式多功能背景板，小凳，线装书，毛笔砚台，油纸伞】

【画外音】

自鸦片战争以来，千年的天朝帝国一落千丈，面对着国弱民穷、危机四伏的中华民族，一代代一批批仁人志士奋起抗争，前仆后继，奋斗在中华民族重新崛起的道路上。然而，路漫漫，夜漫漫，长夜难明赤县天。

一九一九年五月四日，震惊中外的五四爱国主义运动爆发，东方的睡狮醒了；一九二一年七月，中国共产党在上海诞生，中华民族的独立解放与伟大复兴有了正确的道路正确的航向。

【画面转向厦门大学囊萤楼】

讲述者甲：1926年2月，在声援五卅惨案、支援上海工人运动的波澜中，中共厦门大学支部在厦大囊萤楼成立，这是福建省成立的第一个中共党支部，厦大学生罗扬才任支部书记。

【罗扬才、李觉民、罗秋天面对着一面党旗】

罗扬才：同志们，今天，中国共产党厦门大学支部成立了。在这特殊的日子，让我们再一次重温入党誓言。

三人：严守秘密，服从纪律，牺牲个人，阶级斗争，努力革命，永不叛党。

罗扬才：从这一天开始，我们要让革命的星星之火，从这座美丽的学府燃向整个闽西南地区，蔓延到整个八闽大地。

李觉民，罗秋天：打倒军阀，打倒列强，让劳工神圣的革命浪潮一浪高过一浪。

罗扬才：打倒军阀，打倒列强，劳工万岁！

【歌表演】《国民革命歌》

打倒列强，打倒列强，除军阀，除军阀，

努力国民革命，努力国民革命，齐奋斗，齐奋斗。

工农学兵，工农学兵，大联合，大联合。

打倒帝国主义，打倒帝国主义，齐奋斗，齐奋斗。

打倒列强，打倒列强，除军阀，除军阀。

讲述者乙：就在革命浪潮席卷大江南北的时候，风云骤变。蒋介石背叛了革命，发动了屠杀中国共产党人的"4·12"反革命政变。在此之前，福州发生"四三"反革命政变，厦门的国民党开始向共产党开刀，乌云压城城欲摧。

讲述者甲：四月九日，总工会委员长罗扬才与副委员长杨世宁在厦门市总工会召集工会委员开会，研究应对急遽变化的形势。

罗扬才：同志们，福州的国民党已经大开杀戒，大肆搜捕共产党人与进步人士，这是个反动派叛变革命的信号，形势极其严峻，我们必须有高度的警惕，时刻准备着最艰难时刻的到来。

工人委员甲：从中共厦门大学支部成立以来，我们举行了七次"二五"工人加薪斗争，开展声讨帝国主义运动，赢得斗争的胜利，想不到胜利的果实就要葬送在国民党手里。

【枪声乍起】

杨世宁：罗书记，我们被包围了，武装军警马上要冲进来了。

工人委员：不怕，刀来刀挡，水来土掩，我们跟他们拼了。

罗扬才：不行，同志们，斗争是长期的，我们要保存好革命的实力，准备进行更艰苦的斗争。杨世宁，带领同志们马上撤退。

杨世宁：你……

罗扬才：我来掩护同志们突围。

【罗扬才说着朝另一个方向冲了过去】

杨世宁：同志们，撤！

【杨世宁指挥工人委员们撤出后，也朝着罗扬才的方向奔去，枪声大作】

讲述者甲：为了指挥与掩护战友们突围，罗扬才坚守在厦门总工会的阵地上，不幸被捕入狱；杨世宁也在掩护撤退中被捕。

【铁窗，严刑拷打后的罗扬才、杨世宁】

讲述者乙：铁窗生命，烈火永生，在中国共产党的百年历史中，多少革命先烈用自己的生命，将凛冷的囚牢变成火热的革命战场，变成鲜花盛开的诗坛。

【朗诵者】

任脚下响着沉重的铁镣，

任你把皮鞭举得高高，

我不需要什么自白，

哪怕胸口对着带血的刺刀！

人，不能低下高贵的头，

只有怕死鬼才乞求自由。

毒刑拷打算得了什么，

死亡也无法叫我开口！

面对着死亡我放声大笑，

魔鬼的宫殿在笑声中动摇。

这就是我

——一个共产党员的自白。

高唱凯歌埋葬蒋家王朝。

【国际歌响起，罗扬才、杨世宁走向舞台中央，握手手挽手，走向刑场】

讲述者甲：面对着反动派的严刑拷打，罗扬才与杨世宁坚贞不屈，就在敌人枪杀他之前，他们给同志们给家人写下了最后的一封信。

【罗扬才】

各位同志：

在革命过程，革命派与反革命派斗争是必然的事情，我们便是这次斗争中的牺牲者。这样的为革命而死，我们觉得很光荣，很快乐。当凶恶的刽子手准备杀我之前，我曾喝两瓶高粱酒，大醉特醉。各位同志，不必为我悲伤，应踏着我们的血迹前进！我家有年迈的父母，各同志有能力时便照顾一下，各位同志别矣！永别矣！

讲述者乙：一面是面对死亡的无畏与悲壮，革命者大义凛然；一面是面对亲人的深情与牵挂，革命者亲情不断。

讲述者甲：谁能没有天伦之乐，谁能没有儿女情长，但为了革命、为了主义，共产党人必定是舍生取义，义无反顾。

【杨世宁】

敬禀者，儿为国为民而死，死亦甘心。家中业产托付盛兄管理，罗氏随自由改嫁。

不孝儿怀德绝笔

民国十六年五月十九日

【国际歌，枪声】

【天幕先后分别出现罗扬才与杨世宁烈士照片】

【罗扬才，1905年生于广东大埔，1924年进入厦门大学学习，1925年加入中国共产党，中共厦门大学支部书记，1927年5月英勇就义，牺牲时年仅22岁】

【杨世宁，1906年生于福建龙岩，1925年考入厦门大学，同年加入中国共产党，厦门市工人委员会副委员长，1927年6月英勇就义，牺牲时年仅21岁】

【视频，飞舞的红笺】

【进行曲响起，枪声落，双人舞进】

【飞舞的红笺，主旋律变奏，信使串场舞蹈】

第二场　红色银行，家国情书

【八一南昌起义、秋收起义油画，闽西中央苏区情景】

【画外音】

1927年大革命失败之后，中国共产党确立了武装斗争、土地革命两大方针，继续艰苦卓绝的斗争。1929年初，朱德、毛泽东带领工农红军离开井冈山，挺进闽西与赣南，建立中央革命根据地，创建红色的中央苏区。

【闽西山歌，中央苏区的生气勃勃景象】

讲述者：1932年4月，毛泽东率领中央红军攻克闽南重镇漳州，这是中央红军第一次攻克城市的一次重大战役。这个战役的胜利，也改变了厦门大学一位年轻人的命运。这位年轻人便是中国早期的红色金融家，他的名字叫高捷成。

【高捷成像：高捷成，共产党员，1927年进入厦门大学经济系学习，1932年参加红军，是中国第一代红色金融家。1943年5月13日，为掩护战友突出日寇包围，血洒太行，英勇牺牲，年仅34岁】

讲述者：高捷成18岁时进入厦门大学经济系学习，后来，他在漳州宗叔高开国的百川银庄当出纳。在红军打进漳州后，他为红军筹集了100多万元的资金，从此走上了革命道路。

讲述者甲：一个月后，红军返回中央革命根据地瑞金。高捷成未敢禀报父母就跟着红军走了，离开家庭，离开分娩不久的妻子，开始了他一生为中国革命在金融战场上浴血奋战的历程。

【音乐起，中央红军的战略转移情景】

【歌表演：《十送红军》】

【高捷成与红军扁担银行队伍的转移】

讲述者甲：1934年10月，第五次反"围剿"失败，中国工农红军主力被迫撤出中央苏区，实行北上抗日的战略转移，开始举世闻名的二万五千里长征。

讲述者乙：在这长征队伍的滚滚洪流中，有一支编号为中央纵队第15大队的特殊队伍，这支队伍没有枪没有炮，而是由100多号人160多副扁担组成，他们身上挑的，是150多斤的黄金和80多斤的白银，还有苏维埃的纸币。这支队伍就是红色政权的第一家银行——苏维埃国家银行，行长是毛泽东的弟弟毛泽民。毛泽民行长的得力助手，就是厦门大学的学生高捷成。

讲述者甲：当红军历经过千辛万苦胜利抵达陕北后，离开高家的高捷成，在陕北的窑洞里写了一封信，托宗叔转交给自己的父母。这是1937年4月的一天，高捷成离开家乡、离开父母与妻儿已经有5年的时间。

【高捷成】

开国宗叔大人台鉴：

请你接信后火速给我教言。

我自从"九一八"东北事变、"一·二八"上海抗战之后，悲愤交集，誓不求中华民族之解放，当不为中华民族黄帝子孙之一人，决心从戎。于是仓促离家，一切骨肉亲戚、朋友无暇顾及辞别，至今思维尤为怅然！

高捷成：民国二十一年三月间离别故乡漳州，转眼间已经六年了。在这六年中，东西奔波，南北追逐，历尽一切千辛万苦，雪山草地，万里长征，在所不辞！无非为的是挽救国家的危亡！志向所趋，海浪风波在所难阻！

【高捷成继续读家书，父母妻子同时在场，两束光分别给高捷成与家人，一个温暖之家的生活情景】

【再转高捷成】

我还记起将临走的时候，曾留一信给你转交我的父亲添木，我说："我要和你们离别了，或者是永远离别了。"

这是我从戎的决心，这是救国抗战、为国牺牲坚决的立志！只有救国才能顾家，国亡家安在！而不是断绝人伦的、无条件的弃家而不顾。想或可以有原谅于我吧?!

【高捷成继续】

我极迫切需要知道的：我的父亲添木和母亲是否仍在、健康？几位兄弟捷元、捷三、捷绍、捷通等，是否安居乐业？家庭变幻情况怎样？百川银庄发展扩大否？东华园经营兴旺否？叔母大人健康否？李石虎、蔡师尧二世叔大人，近来安康否？我的内室弃庭改嫁否？我的小儿活泼否？

……

附相片两张，请转一张给我家，给一张敬献你大人存念。

不肖浪荡宗侄高捷成敬上

民国廿六年四月十日

讲述者甲："烽火连三月，家书抵万金"，高捷成的家书，字字怀着对祖国对革命的赤胆忠心，句句流露出对家人珍贵的亲情。

讲述者乙：抗战全面爆发后，高捷成又跟随邓小平、刘伯承领导的一二九师挺进太行山，开辟晋冀鲁豫敌后抗日根据地。他带领了一批同志，在山西省黎城县小寨村创办了冀南银行，亲任冀南银行行长，与日寇展开了金融战线上的生死斗争，出色地培养出党的一支金融队伍，奠定了党的金融事业的发展基石。

【飞舞的红笺，主旋律音乐变奏，信使串场舞蹈】

第三场　特殊的战场，刀尖上的红笺

【翻滚的阴云，无线电波，表现党的隐蔽战线的画面】

【画外音】

这是一个没有硝烟却危机四伏的战场，一座客栈、一间书店，一号店铺，一个普通的家庭，却承载着中国革命绝密的使命；这是一条创造奇迹的情报大动脉，穿越敌人的封锁，开辟地下航线，用忠诚与热血铸就隐蔽战线的辉煌。

【厦门大学大南3号，窗台是一盆用作记号的兰花，屋内肖炳实正在发出秘密电报】

【远处传来警车的声音，肖炳实藏好文件，站在窗口，似乎在等待着什么】

【肖炳实照片：肖炳实，1900年生于江西萍乡，厦门大学文科教授，中共地下党员，他以教授身份为掩护，开展中共福建省委地下工作。后来加入苏联红军总参谋部情报小组，建设以上海为中心的情报网工作。1937年被派往新疆领导情报工作。新中国成立后，任中华书局副总编】

讲述者甲：1929年，中共地下党肖炳实来到厦门大学任教授，他以教授身份做掩护，将自己的住处厦大大南3号开辟为福建省委聚会的秘密据点和省委与中央的联络点，指导全省的革命运动。

【肖炳实看看手表，警惕观察，移动兰花位置。几位中共福建省委地下党员走进大南3号】

肖炳实：同志们，现在开会了。今天召集大家来，是有一个重大的消息要告诉大家。请中央苏区来的交通员给大家报告。

交通员：我今天来，要告诉大家一个好消息，朱德、毛泽东同志率领红军，从井冈山来到赣南、闽西，这是自大革命失败后中国革命的一次重大的转变，它意味着中国革命武装斗争的初步胜利。

【群情激愤】

地下党甲：好！武装斗争，枪杆子里面出政权，这才是革命的正确道路。

地下党乙：离开城市，走向农村，开展土地革命，在反革命势力相对薄弱的农村建立革命根据地，这才能使革命摆脱困境，走向胜利。

地下党丙：星星之火，可以燎原，有了赣南、闽西这片红色苏区，我们就有了立足之地，革命的烈火就会燃遍整个中华大地。

众：毛泽东同志伟大啊，山沟里就是能出马克思主义。

肖炳实：同志们，自"四一二"反革命政变以来，蒋介石反动派实行白色恐怖，我们转入地下斗争。但黑暗即将过去，曙光即在前头，我们很快就要度过寂寞时期，工农武装割据的红色政权将迎来新的革命高潮。

交通员：中央与福建省委要求我们，配合中央苏区的发展建设，开展隐蔽战线的斗争，迎接革命高潮的到来。

众：太好了，我们一定不负使命。

肖炳实：革命务必有两个必要条件，一是红热的血，二是冷静的头脑。有红热的血才能"行"；有冷静的头脑才能"知"。

交通员：肖同志说得很对，革命需要热血的行动，也需要冷静的思考。

众：热血的行动，冷静的头脑。

肖炳实：同志们，当革命处于低潮的时候，有人怀疑"红旗到底能打多久"，毛泽东同志却高瞻远瞩地指出：中国革命的"星星之火"，必将形成"燎原之势"。他说，中国的革命，"它是站在海岸遥望海中已经看得见桅杆尖头了的一只航船，它是立于高山之巅远看东方已见喷薄欲出的一轮红日"。

众：高山之巅，一轮喷薄欲出的红日。

【众人轻轻地哼起《红米饭，南瓜汤》】

【舞蹈《抬头望见北斗星》】

【画外音】

1930年10月，蒋介石带动10万兵力，发起对中央苏区的第一次"围剿"。中央红一方面军在毛泽东、朱德的指挥下，采取"诱敌深入"和"中间突破"的战术，歼敌13000千人，活捉敌前线总指挥张辉瓒，胜利地打破了国民党军队对中央苏区的第一次"围剿"。

讲述者乙：第一次"围剿"失败，蒋介石恼羞成怒，一面加紧准备对中央苏区的第二次"围剿"，一面穷凶极恶地镇压城市的革命运动，中共地下党组织经历了严峻的考验。1930年夏天，中共福建省委被破坏。

【乌云翻滚，国民党反动军警穿行横行，警笛鸣响】

【夜，厦大大南3号，陌生人敲响肖炳实的屋门，对暗号】

陌生人：二叔，大伯病了，请你马上回家。

肖炳实：大伯健康强壮，如何得病？

陌生人：狂风骤雨，夜不能寐，受了风寒。

肖炳实：我让锦集医生去看看，如何？

陌生人：车里医生已经看过了。

肖炳实：真是天有不测风云，

陌生人：是啊，人有旦夕祸福。

肖炳实：同志，怎么？什么紧急情况？

陌生人：我是陶铸的通讯员，福建省委遭到破坏，陶铸同志命令你马上撤离。

【两人握别】

【肖炳实走进屋内，再出现时已是一身南普陀的和尚打扮】

讲述者甲：1931年四月，蒋介石亲自签署了通缉肖炳实的通缉令，但肖炳实化装成和尚，机警地逃离厦门，先在漳州的一家寺庙避难，再转到上海继续地下情报斗争。

讲述者乙：1933年秋，肖炳实已是共产国际远东情报组织负责人。这一天，肖炳实见到了刚刚从德国游学回国的刘思慕。他代表共产国际远东情报组织，希望刘思慕打进南京政府内政部，深入敌人心脏获取重大情报。

【刘思慕像：（1904-1985）中国共产党重要情报人员。1926年在莫斯科中山大学学习，1933年德国回国后，加入共产国际远东情报组织，被肖炳实派遣打入国民党内部任"编审"，为我党与共产国际传送了大量的重大情报，尤其是绝密的军事情报】

【上海霞飞路的一家饭店，肖炳实与刘思慕会面】

肖炳实：共产国际决定派你打入南京政府高层，为远东情报组织搜集高层情报。

刘思慕：在刀尖上斗争，我并不畏惧，但我不愿与那帮官僚政客混在一起。

肖炳实：没错，君子不与小人为伍。但你想过吗？革命与反革命的斗争正处在白热化阶段，国民党反动派发动对中央苏区的"围剿"，一次比一次严酷，蒋介石不摧毁中央苏区是决不罢休的。如果我们不能及时获取敌人"剿共"的情报，尤其是军事情报，我们好不容易建立起来的红军武装，我们的苏区，就可能遭受无法估量的损失，甚至灭顶之灾。到那时，革命的胜利谈何容易。

刘思慕：这……

肖炳实：现在恰逢有一个进入南京高层的机会，你刚从德国归来，懂得俄、德、法几国的语言，你不担当谁担当？你不入虎穴谁入虎穴？

刘思慕：不入虎穴焉得虎子，要得虎子必须深入虎穴。好，我服从组织安排。

肖炳实：对，服从，这正是我们党跨过千难万险的重要保证。你要在刀尖上行走，只能知道出发，不能想象归期啊。

刘思慕：既然选择在刀尖上行走，就不会想到"何日是归期"。您交代任务吧。

肖炳实：你的任务：一是搜集国民党"剿共"情报，特别是绝密的军事行动；二是南京政府的外交政策特别是对日、对苏政策；三是国民党内政部的派别斗争与人事变动；四是财政经济与其他机密情报。

刘思慕：明白。

肖炳实：【交给刘思慕莱卡照相机与胶卷】无论如何，情报都要由指定的专人传送。每隔一周，我会派专门联络员来南京取情报。

【两人紧紧握手，造型】

讲述者甲：就这样，刘思慕接受派遣，乘着国民党内政部正积极网络"洋墨水"留学人员的机会，潜伏到敌营高层，历经风险，深入虎穴，并潜入蒋介石行营做卧底。为中央红军突破敌人的"围剿"封锁线、实现战略大转移和红军长征的伟大胜利，立下汗马功勋。

讲述者乙：肖炳实，一位出生入死的战士，一只潜伏在黑夜中的雄鹰，数十年刀尖上的行走，智慧与热血铸就的辉煌，成就了一位厦大共产党人的特殊生命。

讲述者甲：新中国成立后，肖炳实调任中华书局任副总编。他的儿子问他："为什么您出生入死，终于迎来全国的解放，却只当了个副总编辑？"肖炳实认认真真地回复了自己儿子的问题。

【肖炳实】

干革命是为了追求信仰，不是为了地位名誉。要考虑的是党的事业重于泰山。

讲述者：用忠诚担当使命，用信仰穿越万里关山，无论什么时候，党的事业重于泰山，这就是一个共产党员的追求。

歌曲：电视剧《绝密使命》主题歌，低沉昂扬。

【信使串场舞蹈】

第四场　南侨花木兰，巾帼写红笺

【战争，海港，日军铁蹄踏上厦门口岸，占领广州港口】
【画外音】

1938年5月，厦门失守，10月，广州沦陷，日寇占领了中国的沿海港口，美英等西方国家与苏联支援中国抗战的物资失却了海上通道。此时，蜿蜒于崇山峻岭、出没着毒蛇猛兽的滇缅公路，成为中国西南唯一的国际通道，成为世界各国与海外华侨援助的军事装备与物资运抵中国战场的生命线。

【照片：滇缅公路昆明至畹町路线照片（见朱水涌《陈嘉庚传》）243页）】

讲述者甲：此时，滇缅公路的运输需要大量的机工。就在祖国抗战最需要的时候，南侨总会主席陈嘉庚再一次站了出来，向马来西亚、新加坡广大华侨发出通告："在此国族遭受陵夷之日，正好男儿报国之时"，华侨机工"当联袂而起，为国服务，共肩民族复兴之责，以尽国民之天职"，陈嘉庚号召八百万华侨回国服务，对滇缅公路的维修驾驶负完全之责任。

讲述者乙：从1939年2月到1939年8月，3200名南侨机工抛弃安逸的南洋生活，奔赴祖国抗战前线。

腊月寒冬，旌旗猎猎，炮声隆隆，车轮滚滚，头上是敌机的狂轰滥炸，脚下是万丈悬崖深渊万丈，南侨优秀儿女，义无反顾地投入滇缅公路的浴血奋战。

【行驶在滇缅公路上的华侨技工队照片（见朱水涌《陈嘉庚传》245页）】

【一阵轰炸声后，一声汽车戛然而止的声音】

【众机工抢修汽车情景】

男机工1：弟兄们，快！抢修汽车，要赶在天黑前修好。

男机工2：真糟糕，又掉链了，弟兄们，帮兄弟啊，晚上请大家吃巧克力。

男机工1：发动机？

男机工3：没问题。

男机工1：变速箱？

男机工3：也没问题

男机工1：检查电频线路。

男机工2，我查过了，也没问题。

男机工4：弟兄们，我来。鄙人在马来西亚是鼎鼎大名的"车师"（闽南话）。

【众人让开，摆弄之后，依然无效】

众：唉……吹牛。

52

【白雪娇潇洒出场，推开众人，打开引擎盖，动手检修】

众：白雪娇！

男机工2：白雪娇？怎么"查埔取了个渣某名"？（闽南话）

南机工1：别看他女人名字，他可了不得，槟城有名的机工，是咱们陈嘉庚先生的厦门大学学生。

白雪娇：好了，油滤堵塞，上车试试。

【汽车发出正常发动的声音】

众：万岁！

【众人兴奋地夸奖白雪娇，与他握手、拥抱、动手动脚起来】

众：真有两把刷子，厦门大学学来的……

众：（闽南话）老腮！老腮！

【众激动举起白雪娇，抛向空中，白雪娇帽子脱落，露出长发】

众：【震惊】白雪娇？

【视频出现白雪娇照片与介绍：白雪娇，1914年生于马来西亚，1936年考入厦门大学中文系，后回马来西亚槟城当教师。1939年应征南洋华侨机工，是一名奋战在滇缅公路上的女司机。新中国成立后回到祖国，加入中国共产党】

讲述者甲：1939年，当南侨总会发出《征募汽车修机驶机人员回国服务》通告后，白雪娇立即行动起来。但她也知道，父母与自己感情笃深，骨肉分离难于割舍。于是女扮男装，化名施夏圭，报名应征。临行时她给父母留下一份临别书。

【朗读者】临别书深情地写道：

"家是我所恋的，双亲弟妹是我所爱的，但是破碎的祖国，更是我所怀念热爱的。"

【白雪娇在众人的惊讶中，掏出家书】

亲爱的父亲、母亲：

请原谅女儿的不辞而别。

我之所以不别而行，这是女儿勇气不够的缘故，因为骨肉之情总是难免的。我虽立志报国，但为了这天生容易感动的弱志，生怕自己或许是会被私情克服的，所以为补救这缺点，只得硬着心肠，瞒着你俩走了。

【朗读者继续白雪娇的信】

此去虽然千山万水，安危莫卜。但是，以有用之躯，以有用之时间，消耗于安逸与无谓中，才更是令人哀惜不置的，尤其是在祖国危难时候，正是青年人奋发效力的时机。这时候，能亲眼看见祖国决死争斗以及新中国孕育的困难，自己能替祖国做点事，就觉得此是不曾辜负了。

【白雪娇接】

这次去，纯为效劳祖国而去的，虽在救国建国的大事业中，我的力量简直是够不上"沧海一粟"，可是集天下的水滴而汇成大洋，我希望我能在救亡的汪流中，竭我一滴之微力。

廿八年五月十八日

旁白：在救国建国大业中，作"沧海一粟"，在革命的汪流中，竭一滴之微力，这就是一个共产党员的责任担当，这就是厦门大学革命精神永不熄灭的光亮。

【视频。飞舞的红笺，主旋律音乐】

【信使串场舞蹈】

第五场　宝塔山下，正义红笺

【高亢辽阔的信天游引子】

讲述者甲：滚滚延河水，巍巍宝塔山。40年代的延安，这座中国革命的落脚点与出发点，正聚集着一批中华民族的优秀子孙，他们从这里出发，到前线去，到敌人后方去，肩负着把鬼子赶出中国的民族解放使命。

【延安窑洞，陕甘宁边区高等法院，雷经天与红军法庭人员小苏】

讲述者乙：这一天，陕甘宁边区高等法院院长雷经天给毛泽东主席送去一份卷宗后，陷入了沉重的思考。这份卷宗是关于"黄克功枪杀刘茜"的要案审理意见。

【视频：雷经天照片及其简介：雷经天，1904年出生于广西南宁，1923年考取厦门大学理科，1925年加入中国共产党，广西共产党组织和右江革命根据地创建人之一，参加北伐战争、南昌起义、广州起义、百色起义、二万五千里长征，延安时期担任陕甘宁边区高等法院院长，为中国共产党法治建设创始人之一】

小苏：雷院长，我知道，您的压力很重很重，黄克功毕竟是位老资格的老革命，犯上这样的事，让您为难啊！

雷经天：不，我只是在思考一个问题，黄克功少年就参加革命，也经历过万里长征的磨炼，什么风雨没有经历过，怎么会在这个时候枪杀了自己朝夕相处的同志，就因为人家不答应他的结婚要求？到底他的革命、他的初心是为了什么？到底他的信仰何在？

小苏：是啊，这样一个老资格的老革命，竟然做出如此违法乱纪的罪行，真是天理不容啊。但我们周围，还是有不少同志在为黄克功案申述，希望我们从轻处理。

雷经天：法网无边，法律无情啊！

【门外出现吵闹声："让开，我要找你们的雷院长。"】

雷经天：什么事？

法庭警卫：报告院长，外面有同志要找您，说要为黄克功求情。

雷经天：让他们进来吧。

【一老革命、一中年女干部、一年轻的战士，雷经天让座】

老革命：你是雷经天，你负责审理黄克功案件？

雷经天：是，您老请喝茶。

老革命：（推开茶杯）我问你，你要如何处理这个案件？

雷经天：照我们陕甘宁边区的法律，依据党纪国法处理。

老革命：你知道吗？黄克功是我看着长大的，他少年就出生入死参加革命，他参加二万五千里长征，他为革命做出多少的贡献，你知道吗？他身上有多少敌人留下的刀痕弹洞？他革命的时候，你又在哪里？

小苏：首长，我们雷院长也是参加过北伐战争、南昌起义、百色起义，也是从雪山草地走过来的……

雷经天：（制止小苏）

老革命：哦，那您也是老革命，老革命应该同情老革命啊。

雷经天：老同志，这不是同情不同情的问题，而是革命不革命、继续革命与违背，甚至是反对革命的问题。

老革命：这么严重？

雷经天：无端枪杀自己的革命同志，这样的犯罪还不严重？您想想，我们中国共产党好不容易走到今天，我们好不容易有了自己的陕甘宁边区高等法院，我们司法工作主要任务就是"保障抗战胜利，保卫民主政权，保持革命秩序，保护人民利益"，如果因为黄克功老资格老革命便可逍遥法外，您说，怎么保障抗战胜利？怎么保卫民主政权，怎么保持革命秩序，怎么保护人民利益？

中年妇女战士：雷院长，您说得对，但我们黄队长对抗大是很有贡献的，他带领我们抗大十五队为抗战做了很多的事情，这样的功臣，也得依法处置？

雷经天：法律是公正的。法律面前，人人平等。我们共产党人的奋斗为了什么？就是为了推翻三座大山，为了建立一个独立、民主、人民的新中国，建立一个公平、公正、正义的新社会，让人民真正当家做主人。如果我们不敢处理黄克功的犯罪行为，我们就是在重复"刑不上大夫"的封建老路，我们不就走了回头路？

中年妇女战士：雷院长，我们是求您对黄队长能从轻处理。

雷经天：同志，功是功，过是过，在代表着正义的法律面前，功不能抵过。黄克功的革命功劳，革命历史应该记住，但他犯罪了，法律就不能饶恕他。

小战士：（哭了起来，扑向雷经天）黄队长，他……

法院秘书：报告。

雷经天：进来。

法院秘书：毛主席给您的信。

【雷经天阅信】

雷经天：同志们，对黄克功案，毛主席指示了，主席说："当此国家危急，革命紧张之时，黄克功卑鄙无耻残忍自私到如此程度，他之处死，是他自己决定的。"

老革命：黄克功呀黄克功，你怎么就走上这条不归路啊。

雷经天：同志们，黄克功案件对我们每个人都是一次深刻的教训。一个共产党人最重要的是必须忠实于革命事业，能够奉公守法，刻苦负责。为人民谋幸福，为革命洒热血，这才是我们的初心。

众：为人民谋幸福，为革命洒热血。为人民谋幸福，为革命洒热血。

【音乐起，《不忘初心》的旋律出现】

尾声：不忘初心

【在《不忘初心》的旋律中，众青年大学生人手一份红笺走上舞台】

大学生甲组：南强红笺，是革命先辈的生命和鲜血铸就，在南强学府孕育出光荣的红色梦想；

大学生乙组：南强红笺，是穿越百年时空的诗篇，在两个百年的历史交汇点，谱写着新时代的青春主旋律。

大学生丙组：救国家于苦难，兴民族于危亡，当年革命者的如橼巨笔，抒写着南方之强的光荣与希望；

大学生丁组：薪火相传，风云跌宕，新时代的厦大人扛起历史的担当，奔向第二个一百年的征程。

讲述者合：阅读血写的红色信札，仰慕惊天动地的传奇，我们踏着烈士的血迹前进，前进！

合：不忘初心，牢记使命，前进！前进！！

【大合唱《不忘初心》】

全剧终

2021年6月10日修订

2018年12月，学校举行厦门大学教职工庆祝改革开放40周年文艺汇演，图为情景朗诵《南强红笺》

情景表演《南强红笺》厦门电视台演出开场剧照

剧照：情景诵读

剧照：罗扬才

剧照：杨世宁

当不为中华民族黄帝子孙之一人

剧照：高捷成

剧照：高捷成与红色金融队伍

剧照：《南强红笺》诗朗诵

原创话剧
《长汀往事》

（2020年版本）

编剧：刘　婧

导演：王　根

1.互动介绍

【暖场背景音乐起 暖场演员由观众席侧一处通道上】

暖场演员：大家好！欢迎大家来到厦门大学翔安校区爱秋体育馆来观看舞台剧《长汀往事》，我是来自××××学院的20××级××生——×××，今天就由我来带领大家完成一次从翔安到长汀的心灵之旅。长汀是个好地方——

【暖场互动】

暖场演员：哎这位同学，你去过长汀吗？知道长汀在哪吗？长汀位于福建省西南部，武夷山脉南麓，西接江西，南邻广东，是一座历史悠久的古城。当年日军侵华、战火纷飞的时候，萨本栋校长毅然决然地带领厦大师生西迁长汀、不畏艰难。说到这里，问题又来了，请问这位同学：长汀厦大的这段历史体现了厦门大学的什么精神？没错，自强精神。就是这种"自强精神"，成就了我们厦门大学"南方之强"的美誉。"南方之强"出自我国西汉时期的著名典籍《礼记》的第三十一篇：《中庸》，原句是："宽柔以教，不报无道，南方之强也，君子居之。"怎么样，谁说我们理科生就不能引经据典、出口成章？！那么，有谁知道我们厦大"南方之强"的称号是怎么得来的？就是在萨本栋校长在任的1940年和1941年，长汀时期的厦门大学连续两年在全国高等学业竞试中夺得第一名，你们说牛不牛？那么好，闲话不多说了，你做好去长汀的准备了吗？不，你没有，因为在我带你去长汀前还有三件重要的事情要交代：第一，有把零食饮料带进来的同学，现在赶快把它藏好，被我看到是要罚款的；第二，请所有观众朋友们拿出你的手机，开启静音模式，因为如果演出过程中你的手机响了，会影响演出的正常进行；第三，在这样一个文艺的夜晚，大家可以尽情地拍照，顺便发个朋友圈，帮我们宣传一下长汀往事，和咱们厦门大学的自强精神，也告知你们的亲朋好友，今天我们终于不用辛苦地猫在实验室从早到晚地做实验，给老板打工了，说完了，拜拜。等一下，拍照的时候别忘了关闪光灯，否则也会影响到我们舞台上的演员以及其他观众的观剧体验，谢谢大家的配合！我们的演出马上开始！

【吉他起，歌者（女）演唱《500 Miles》】

【歌声中，歌队演员们由主舞台两侧候演区陆续上场、就位】

2.任命厦大

【演唱完毕 时钟滴答声 青年萨本栋、中年萨本栋由主舞台两侧同时上场】

青年萨本栋：我叫萨本栋，19岁，我从清华毕业了，留学美国，进入斯坦福大学学习机械工程！我准备好了，我的一生要为机械工程奋斗！

中年萨本栋：我是萨本栋，之后我学习了物理，获得了伍斯特理工学院理学博士学位！

青年萨本栋：我准备好了，我的一生要为物理学而奋斗！

中年萨本栋：后来我回国了——

【钢琴起】

【琴声中两人行至台前中区 握手】

中年萨本栋、青年萨本栋：你好，亚栋！

歌队甲：时任清华大学物理系教员的萨本栋接到了教育部的任命，成为国立厦门大学的第一任校长！

中年萨本栋：这一年我35岁！距离我的19岁，已经过去了十六年。

【青萨沿中线走向舞台纵深 后下场】

歌队众人：他选择了祖国！他选择了厦大！他选择了使命！

萨本栋：我坚信——只要世界各国人民齐心一致地反对强权，反对侵略，世界就可取得和平。

【以下对白中，中萨依次穿上风衣，接过行李，戴上礼帽】

歌队甲：萨老师，如果留在清华，您可以轻轻松松做自己的学问！何必去蹚浑水！

歌队乙：美国方面又来电报，邀请你去讲学，萨老师，您可前途无量！

歌队丙：萨老师，你要三思，此去福建，山高路远，正值战乱，前路未卜！

萨本栋：如果再选择一次，国与家，公与私，难与易，我依然选择厦大！国家选择了我，我选择了厦大！

【中萨走向舞台2，歌队稍散开】

【爆炸声】

3.准备西迁

【紧张的配乐起】

歌队丁：1937年7月7日，日军向宛平县城射击。卢沟桥事变爆发！

【爆炸声音效】

歌队戊：日军侵犯南口、张家口、保定、石家庄、邯郸铁路沿线地区。华北告急！

【爆炸声音效】

歌队己：日军进攻上海、太原！日军袭击厦门。战事全国铺开！

【以下台词中中萨奔走于各歌队演员间 依次与其交流】

歌队甲：萨校长，敌机频繁轰炸福建内地，校舍多次被炸，福建已成为孤岛。

歌队乙：一年级学生宿舍落重磅炸弹，震力甚强，主校第一院全部教室门窗玻璃，悉被震动破碎。

歌队庚：萨校长，有20多名教职工递交了辞呈，全校近一半的教学处于停课状态，学生们无法正常上课，人心惶惶。

歌队辛：萨校长，厦门大学改为国立后，人员变更更甚，多数职务虚位以待、名存实亡，学校正常的课程也无法维持。

歌队壬：萨校长，自改国立至今，尚未拨付补助，经费已经青黄不接，厦大首次出现薪俸未能如期照发之状。此时，修缮校舍，种种需要，均无着落。

【中萨落定于主舞台中区】

萨本栋：各位同仁，此时的厦门大学危机四伏，乱象纷呈，是图存救亡的关键时刻。非常时期，望诸位尽力维持学校秩序，维持学生课业，我们所做的每一项决定都是为了厦门大学的明天！

【杨永修上 手擎电报】

杨永修：萨校长，萨校长，教育部发来的紧急电报。

【师生们聚至中萨身后】

萨本栋：查国内一切最易受敌人攻击之地区，极应迅做准备。该校应斟酌情形，分别如下列之处置：受外敌轻微袭击时，应力持镇定，维持课务，必要时得为休课；极速择定比较安全之地区，预为简单临时校舍之布置，以便于战事发生或逼近时量为迁移或暂行归并或暂行附设于他校。必要时可暂行停闭。

【师生们关注中萨及电报内容 时而随之缓慢横移 其间窃窃私语、不知所措……】

杨永修：浙江大学为躲避战火率先迁至天目、建德。同济大学迁至浙江金华。中央大学长途跋涉至重庆。

歌队甲：北京大学、清华大学、南开大学迁至湖南长沙，组成长沙临时大学。

歌队癸：萨校长，我们怎么办？

萨本栋：厦门大学位于国防最前线，学校背后南普陀为驻军重地，旁边胡里山为炮台所在，学校周围战壕密布，一旦发生战争，厦门大学就处于火线包围之中。敌人应付华北与淞沪方面，已有疲于奔命之势，厦门于军事上尚非必争之地。厦门大学是中国东南半壁的高等学府，坚持厦大的课务，要让东南数省的青年有学可上。

杨永修：但是敌军已经开始袭击厦门，这里已经不能容下一张安静的课桌了！

【配乐渐收 钢琴随中萨后调步伐弹奏重音——滑音后中萨强转身】

萨本栋：——西迁！

众人：西迁？

萨本栋：东南半壁的高等教育，需维持，我们不随潮流远徙。

杨永修：可是，西面都是山区，我们西迁去哪儿呢？

众人：去哪儿呢？

【萨本栋跑向舞台3后区查看地图】

萨本栋：长汀！

【配乐收净】

歌队众人：长汀？

萨本栋：西迁长汀！

【木笛乐手奏笛声出 由中后区向主舞台前区调度 众人随笛声缓慢向各处散开】

歌队甲：长汀，又被称为"汀州"，被誉为"福建省西大门"，是闽西的政治、经济、文化中心。

歌队辛：长汀，是客家人聚居的代表城市，被称为"客家首府"。

歌队癸：长汀，具有光荣的革命传统。第二次国内革命战争时期，被誉为"红色小上海"。

歌队子：南宋江湖派诗人戴复古在《长汀寄李使君》中说——

歌队乙："人喜逢丰岁，谁知感圣朝。溪桥闲寓目，鱼鸟亦逍遥。"

【钢伴中歌者（女）调至钢琴旁唱山歌 众人随之缓慢改变各自朝向中萨缓慢由中区调前】

歌队甲：多美的长汀，有山、有水、有历史，但是——萨校长，长汀地处偏隅，没有校舍！

歌队戊：而且，西迁路途遥远，地势崎岖，跋涉艰难，那些图书、仪器，课程所需要的器材携带不便！

歌队丁：还有，学生们已经在战火中与亲人流离，他们是否能坚持住西迁路途的艰难尚未可知啊！

歌队丑：就算到了长汀，当地百姓是否能接纳我们这千百人的师生队伍浩浩荡荡地入住也不一定！

【中萨抬手示意 钢琴声止】

萨本栋：杨秘书，你随同周辨明老师去闽西长汀勘察校址，务必找到合适的校舍。

周辨明（笛手）：好

萨本栋：图书馆的图书和实验室器材就由曾郭棠老师负责，切记一本书不能丢，一件器材不能散。搬迁途中，可以调动学生们的积极性，请学生帮忙运送图书、器材，这些就劳烦您统筹。

曾郭棠（歌队戊）：好的，校长。

萨本栋：厦门大学一切花销明细由高川梁老师作详细统计，要做到能省则省，勒紧裤腰带，我们将要过一段紧巴的日子了。

高川梁（歌队寅）：好的。

萨本栋：何励生老师，请您起草通告，告知全校师生，我们准备西迁，未到最后一课的时候，请大家一面维持上课，一面筹备内迁。

何励生（歌队卯）：好的，萨校长。

萨本栋：我们必须要留在东南最偏远的福建省内，以免东南青年向隅；要设在交通比较通达的地点，以便利闽浙赣粤学生负笈。长汀位于福建西部汀江上游，为闽赣两省的边陲要冲，气候宜人，粮食供应充足，最为重要的是地形复杂、地处多山地带，日本侵略者鞭长莫及。所以，长汀是维持东南教育、维持厦门大学的最好的选择。

杨永修：明白。各位老师同学，我们立马准备！

众人：好！

【众人后调到舞台3区域准备】

萨本栋：（待众人稍散）永修，你去催催教育部的经费，顺便打听一下各南迁高校的消息，看看都有什么信息，我们的西迁一定要谨慎。

杨永修：好的校长，我马上去办。

【配乐起】

萨本栋：各位厦门大学的师生们。七七事变后，中华民族处于生死存亡的危急关头，平津、上海相继陷落，华北、华东逐步沦入敌掌，多数高校遭到日寇破坏，我厦大靠海建筑也均毁于战火。今处列强肘腋之下，成败存亡，千钧一发，唯有西迁可保我校文脉！乾坤力挽，仆仆征程！今日起，我们西迁长汀！

歌队众人：乾坤力挽，西迁长汀！乾坤力挽，西迁长汀！

【配乐收】

4.西迁途中

【吉他起 萨在舞台1流连片刻后汇入西迁师生队伍】

【师生绕主舞台沿观众席走道经各附演区顺时针行进】

何励生：萨校长，按照迁汀时间计划，我们今天就应该到了！可才渡过鹭海！是不是要加快一下速度？还有，这些图书和仪器的搬运实在工程浩大，尽管已经做了充分的心理和体力准备，但还是拖了时间！要不然，扔掉一些书和仪器？

萨本栋：这些书和仪器是学生学习的根本，就是拖也要拖到长汀去！

【杨永修和三位师生走向萨本栋】

杨永修：萨校长。

歌队甲：同学之中出现了高烧、脱水的症状，极有可能是水土不服造成的！

歌队己：这个地方缺医少食，大家的行囊又十分沉重，同学们情绪低落。

歌队丁：大家都太累了，不少同学都想回家了。

杨永修：萨校长，我们的赴汀"通行证"过期了！

萨本栋：过期了？既然通行证过期了，先让老师同学们原地休息一下。

杨永修：同学们，老师们，我们在这休息一下。

众人：好的。

【师生到舞台2休息 中萨走进师生队伍 众人打招呼】

【野外环境音效声】

萨本栋：同学们，如果没来长汀，我也不知道什么是风餐露宿。白天走山路、蹚河水，晚上轮岗防老虎、数星星。头上敌机轰鸣，身上背上图书、仪器。于我教训，激励之心愈坚，为学之心愈切。能安静地读书真是"天大的幸福和幸运"！

同学甲：萨校长，我们想读书，但是我们还有多久才能到长汀啊？

【同学们附和】

萨老师：刚刚杨永修老师告诉我，我们的赴汀通行证过期了。

同学乙：没有通行证那我们哪也去不了呀！

同学丙（暖场演员）：沿路各个关卡只认证不认人，没有通行证我们怎么办？

同学们：那我们现在怎么办啊？

【师生们着急地交流】

萨本栋：大家不要急，我来想办法。

【配乐起】

萨本栋：永修，兹有敝校图书仪器一千余箱，于日内陆续装运漳州暂存，必要时再运内地，为避免途中检查。务请贵署发给执照，便利通行。

【众人随中萨台词及钢琴重音依次向不同方向掷纸飞机——】

致第七十五师司令部

致水警第二大队部

致福建省第六区行政督察署

致厦门海关税务司

致厦门警务司令部

萨本栋书

【音乐收】

学生丙：我们千里迢迢，累死累活赶往长汀，现在，居然被一张过期的通行证卡在这里，我太委屈了。

歌队辛：萨校长，政府连经费都不拨付，我们为什么还要遵守秩序？

萨本栋：今日之列强，虎视眈眈，将我亡国灭种的野心昭然若揭。办学固然离不开经费支持，但大学之大不在大楼而在大师，更在人心！

【回到主舞台】

萨本栋：在我们反问当局为什么不能将侵略者赶出国土之时，我想问，天下兴亡，匹夫有责——我们又为国家做了什么？如果抱怨有益，我们可以放弃西迁，去政府门前示威、游行，但，我们选择了西迁，就是选择了为国家保存最后的学术实力！一国之希望在于青年，一国之未来要由青年担当。我们要拿出十倍的努力，百倍的精神，避免无谓的牺牲；坚定信念，为国家民族而奋斗。

钢琴乐手：萨校长，如果你不回国，不来厦大，现在不会颠沛流离。你，后悔吗？

【音乐起】

学生丁：萨校长，你，后悔吗？

学生戊：萨校长，你，后悔吗？

学生己：萨校长，你，后悔吗？

【青萨从舞台3走进师生队伍】

中年萨本栋：刚到美国的时候，

青年、中年萨本栋（二人合）：我19岁。

青年萨本栋：我想象着实验室将是我毕生之处，我喜欢每一个挑灯夜战的日子！——但，我不后悔！

中年萨本栋：现在的你们，和我当年差不多大，意气风发，挥斥方遒，评论时事，关注国家发展，对世界和知识保有无限的渴望。

【青年萨本栋走近观众席】

青年萨本栋：在美国的时间，我时刻不会忘记我的祖国！大学赋予我体悟世界的本领，开阔眼界的能力。青年，就要有青年人的骨气！自尊自爱、不卑不亢！为祖国的建设积蓄力量。"自强不息，厚德载物"！

中年萨本栋：耿耿存心，未敢忘怀。大学的任务就是科学研究，科学研究就是为着后代，以所学报国。大学百年树人，一切应以教育和学术的发展为准绳。选择祖国，不悔！

青年萨本栋：选择祖国，不悔！

中年萨本栋：选择厦大，不悔！

青年萨本栋：选择厦大，不悔！

歌队甲：我们选择西迁，不悔！

歌队众人：选择西迁，不悔！

中年萨本栋：图书，不丢！器材，不舍！师生，一个不可掉队！西迁长汀，不是苟且，而是未雨绸缪！我们今天的厦大全体师生就是抗战胜利之时，建设祖国的中坚力量！是祖国未来可能的方向！向着长汀，前进！

青年萨本栋：向着长汀，前进！

歌队众人：向着长汀，前进！前进！

【钢琴起】

【青萨从场下走向长椅，杨永修带领师生顺时针绕主舞台走一周，而后分别坐在舞台6、7】

中年萨本栋：满眼狼藉，师生患难，我不是没有愤怒，不是没有遗憾！但现在不是推诿责任的时候。厦门大学像一个"难产的婴儿"！自创立以来，一砖一瓦、一草一木，都是嘉庚先生一生的志业！十多年的努力，才铸就了厦门大学的今天。可谓来之不易、成之维艰！如今，我掌舵这所大学，就要为它的未来负责！要让东南偏隅的高等教育维持下去！

【钢琴伴奏中演唱 *Long way to dear old Tingchou*】

歌者（男）：

It's a long way to dear old Tingchou.

It's a long way to go.

It's a long way to dear old Tingchou.

To the sweetest land I know.

【间奏中】

青年萨本栋：我们历经20多天，长途跋涉了800余里，终于到达了长汀，这首歌的名字是 *Long way to dear old Tingchou*，是我们到达长汀后创作的，歌词中包含了我们对那段历史的回忆，饱含了我们对厦门大学、对长汀满满的怀念。

歌队合唱：

It's a long way to dear old Tingchou.

To the sweetest land I know.

Goodbye, sunny Amoy.

Farewell, Nanputuo.

Goodbye, sunny Amoy.

Farewell, Nanputuo.

歌者（男）：

It's a long way to dear old Tingchou.

But my heart is right there.

5.初到长汀

【杨永修走向舞台1】

【夜晚音效声起】

杨永修：萨校长，自来到长汀，您就没有好好休息过，要不您今天就早点休息一下，咱们改个时间再开会吧。

萨本栋：没事，老师们都到齐了吗？

杨永修：都到齐了！

【杨永修和萨本栋走向舞台3 老师们迎上】

教师一：萨校长，现在福建已成孤岛，来到长汀，才发现又是"举目凄凉无故物"。拖家带口，实在无从下手！

萨本栋：当务之急，务必保证学生和老师们的安全！

教师二：目前师生都已经安排在了老百姓家里，但这不是长久之计啊！

萨本栋：走，我这就去看看——

【萨本栋走到舞台6 杨永修跟在萨本栋身后】

萨本栋：同学们好！

学生们：萨校长好！您请坐。

萨本栋：你们坐，我们现在条件比较困难，大家一定要坚持住。

【杨永修展开图纸】

杨永修：同学们，萨校长已经连夜将校舍和防空洞的图纸修改出来了，位置都已确定了，我们将尽快完成工程，请大家放心。

萨本栋：我已经向长汀县政府申拨土地，计划在三年间陆续建成各类教室！包括阅览室、实验室、图书馆、实习工厂、男女生宿舍，以及足球场、大膳厅、蓄水池、发电厂，最终可达百亩以上。现在，我们要找到合适的地方，还要改建防空洞，保证大家的安全和学习。

学生们：谢谢萨校长。

萨本栋：好好休息。

【萨校长、杨永修回到舞台3】

教师三：萨校长，长汀没有电灯，同学们的学习环境很困难。

萨本栋：电灯的事情我来解决！这是我的专业！

教师四：现在最棘手的还是师生们的生存问题，总不能天天吃百姓的救命饭。

教师一：我提议，今天开始大家都吃糙米饭，多买些糙米，保证一天一顿米饭。

教师四：这怎么行，没有营养的！

萨本栋：我将我薪资的百分之三十拿出来，给孩子们增加营养。再多买些黄豆，我们自制豆腐。

【萨本栋走到舞台7】

教师三：这个主意好！日子虽苦，可是，有滋有味。

学生们：萨校长好！

萨本栋：你们好！

萨本栋：没事，你们坐，虽然我们现在面对很多困难，但只要大家互帮互助，就一定能克服。

【萨本栋回到舞台3】

萨本栋：各位，在现阶段，物资与资源还未到十二分困难的地步，我们对于物资要特别爱惜，以免在物资更缺乏的时候，因无准备而感到意外的苦痛。

教师四：好的萨校长，那现在我们安排学生们分组安排物资！

萨本栋：诶，你们是不是忘了一件事？

【音效声收】

【众人站起面面相觑】

【杨永修赶紧翻看会议日程】

杨永修：校长，今天会议日程里没有别的安排了啊——

萨本栋：入冬了，我们这个学期也要结束了！当然是期末考试——

教师们：期末考试？

【歌队众人小声讨论】

歌队一：萨校长，没有教室！没有实验室！我们就凭着自己的理解和老师的画图，完成了这半个学期的学习，您确定要考试吗？

歌队二：是啊，我们跋山涉水地来到长汀，第一件事儿不是吃饱饭，而是考试？

歌队三：萨校长，别的不说了，这黑咕隆咚的破庙里，怎么考试，连卷子都看不清啊！

萨本栋：是不是如果我能给大家光，大家就考试？

歌队四：萨校长，您再是物理专家，也不可能变出来声光电啊！

【同学们起哄着笑】

萨本栋：发考卷！

【萨本栋掀开了一块油毡布】

萨本栋：三、二、一——

杨永修：萨校长，你怎么把车拆了？

【萨本栋开始摇发电机 起音效】

【油毡布下是发电机 阴暗的空间瞬间明亮】

【钢琴起】

【同学向着闪烁的灯光走去】

萨本栋：永修，以后就委屈你，和我一起骑自行车去县里开会吧。

青年萨本栋：没错，1938年，他们长途跋涉到了长汀，第一件最有仪式感的事情是考试！

【萨本栋回到舞台3】

学生一：后来我们才知道，萨校长拆了自己的专用汽车，用车的发动机给我们带来了光！

学生二：那一刻，我忘记了考试的紧张，被幸福与感动紧紧包裹，我只想好好答题，交出一份满意的答卷！

【三个老师开始发考卷 后下场】

【中年黄淑慎拿着水杯上场】

黄淑慎：亚栋，早点休息吧，明天一早还有课呢。

萨本栋：我没事，马上就改完了。

6.关于爱情

【吉他起】

【网球音效起】

【青年黄淑慎上场 青萨拿着网球从长椅走向青慎 两人牵手】

青年萨本栋：我的爱人黄淑慎。我们相识在清华校园，我喜欢打网球，她喜欢看我打网球，后来，我们一起打网球。她总是嘱咐我 ——

【中年萨木栋&中年黄淑慎走向舞台1】

青年黄淑慎：亚栋！注意身体！

中年黄淑慎：亚栋！注意身体！

中年萨本栋：淑慎，你和孩子们跟我受苦了！

青年萨本栋：当初，我海誓山盟要对淑慎好！

青年黄淑慎：我们一辈子在校园里就很好啊！

中年萨本栋：你一路带孩子们奔波到长汀，躲避战火，辛苦你了！

中年黄淑慎：亚栋，现在战乱，一家人在一起就很好了。

中年萨本栋：淑慎，未来厦门之前，我一心在教学上，顾不上家；到了厦门，又让你们风尘仆仆来到这样的地方 ——

中年黄淑慎：就你有觉悟？我就不能有？你现在的身份是厦门大学的校长，我的身份就是厦门大学校长的助理！家庭助理！

青年萨本栋：淑慎，现在世界局势动荡，国家百废待兴，我也有可能投笔从戎！或者——

青年黄淑慎：好啦！我的科学家！好好读你的书吧！

中年萨本栋：淑慎，你会不会后悔？

青年萨本栋：淑慎，你会不会后悔？

青年黄淑慎：就你有觉悟？我就不能有？

中年黄淑慎：就你有觉悟？我就不能有？

青年萨本栋：这就是我们的爱情！我可以忘我工作的大后方！

中年萨本栋：这就是我们的爱情！我可以忘我工作的大后方！

【青年萨本栋&青年黄淑慎走向长椅】

7.粮食问题

【中年萨本栋、黄淑慎走至自行车演区】

中年黄淑慎：亚栋，我还是会时常想起我们在清华时的样子。

中年萨本栋：是啊，但是现在我陪你的时间越来越少。

中年黄淑慎：形势变了，现在战火纷飞，师生们条件越来越艰难。你身为一校之长，责任重大，没有大家哪来的小家。你也别太着急了，问题正在一个一个解决。我们从鼓浪屿带来的那架旧钢琴已经修好了，可以供学生课余时间练习，陶冶情操。

中年萨本栋：有些问题可以按部就班地解决，但是像粮食、住宿这些与日常生活息息相关的问题，可是一刻也等不了呐。淑慎，真是委屈你，跟着我这个校长，只能坐自行车了。

中年黄淑慎：你是校长，我是校长助理，校长都骑自行车了，我还能说什么呀。

中年萨本栋：我们初到长汀，百余人的师生队伍，如今翻了五倍。宿舍早就人满为患了。粮食也是大问题。上月糙米每市石80元，本月起由90元涨至180元。教职员及其直系眷属、工友650人，学生465人。每人膳食共需47元，原缴18元，余下29元需由学校垫付。我们员工的生活早已经无法维持，人心惶惶。

杨永修：连日空袭，食堂出去采买的人到现在也没找到粮食，本来粮食就不好买，现在更是奇缺呀。再这样下去，恐怕学生们很难坚持到抗战胜利了。

【萨本栋在观众席互动】

萨本栋：最开始的时候，同学们饿了，还可以下水摸鱼，后来才知道，这些都是长汀百姓下的鱼苗，不能吃！就只能挨饿。

【互动1】

萨本栋：这位同学，你挨过饿吗？

萨本栋：（观众：挨过）那你一定能理解我们长汀厦大同学现在的感受。在长汀厦大的岁月里，挨饿可是常有的事。/（观众：没有。）太幸福了，在长汀厦大的岁月里，挨饿可是常有的事。

【互动2】

萨本栋：那你吃过糙米饭吗？

萨本栋：（观众：吃过。）那你很注意养生啊，现在的同学们吃糙米都是为了减肥或养生，但现在的糙米和以前的糙米是不一样的，当时的糙米吃起来就像小石子一样。/（观众：没吃过。）那我建议你体验一下，嚼一口小石子一样的糙米饭，在嘴里是什么感觉。但对我们长汀的学生来说已经是非常满足的事情了。

【互动3】

萨本栋：你们食堂的伙食好吗？

萨本栋：（观众：好。）你们过得很幸福。我们长汀的同学一天只能吃一碗糊糊和一个玉米面的窝窝头。/（观众：还行/不好吃。）我在来体育馆之前去你们食堂看了一眼，我觉得你真是身在福中不知福啊。要知道，我们长汀的同学一顿饭只能吃一碗糊糊和一个玉米面的窝窝头都是奢望。

中年黄淑慎：亚栋，除了粮食问题，现在学生连年增加，各院系的图书连最低限度的需求都满足不了，更别说战争影响、人事变动、举校迁移，我们的师资严重不足。

【中年萨本栋回到自行车演区】

萨本栋：关于扩建宿舍，购买图书，师资不足的问题，我来想办法，但经过刚刚和同学们交流，我发现同学们的情绪低迷，学业动力不足呀！

中年黄淑慎：亚栋，调动学生们积极性的事儿，是不是可以用运动来鼓舞一下？而且，还能帮助大家更好地融入地方百姓之中！

中年萨本栋：对呀！运动这方面你是专家！那这些事情就交给你来办吧。

黄淑慎：那资金筹措呢？

中年萨本栋：我这就想办法申请辅助经费。

青年萨本栋：1937年至1942年间，我们每年都向中英庚款董事会为学校申请辅助经费，在最困难时期此项收入达到全校年收入的20%。

中年萨本栋：杭立武兄，幸得您鼎力帮忙，高谊隆情，铭感实深。查图书一项，是为大学命脉之所系。敝校改归国立以来，经费有限，原无余力增加设备，抗战兴军已还，外汇高涨，添购图书更不可能。抗战以来，厦大以最少之经费支撑东南一带之高教，能否不辱使命，更有赖各方予以精神及物质上之扶助。此款继续申请补助，如蒙核准，则本人等定当矢忠矢劲以实现原定计划，面期无负贵会促进教育之至意。事关东南文化前途，谅已早在垂注之中，用特缕陈情形我请醒执助！

【中年萨本栋带着黄淑慎走向舞台3的书桌】

青年萨本栋：就这样，战火硝烟的时代，长汀响起了琅琅读书声。

同学们：天戴其苍，地履其黄，纵有千古，横有八荒，前途似海，来日方长。

【女同学们走到长椅，交流/写信、收信】

【学生丙（暖场演员）从观众中起身 与观众互动】

【音乐起《舌尖上的中国》背景乐】

同学丙：真香！真不错！今天我终于不用吃糙米饭了！高端的食材，往往只需要最朴素的烹饪方式，辛苦读书所带来的全身心的幸福，从来也是如此。同学，你知道这是什么吗？馒头！在长汀，这在长汀可是难得一见的，流口水了吧，给你！（观众接）：你可千万不要浪费，我就这一个馒头，你吃！你吃啊！／（不接）：哦，我懂了（掰开馒头给观众），（如果还是不接）这么好吃的东西你都不吃？！那我自己吃了！嗯！不说了，我读书去了！

【同学丙走至长椅送女生馒头 之后坐回舞台2"课堂"区域读书】

【吉他起 演唱《长城谣》】

万里长城万里长

长城外面是故乡

高粱肥大豆香

遍地黄金少灾殃

（哼唱）

自从大难平地起

奸淫掳虐苦难当

苦难当奔他方

骨肉离散父母丧

【两位女生从长椅两边走出来读信】

女一：叩禀父亲大人，膝下万福金安。家中一别，赴厦迁汀，战火硝烟，咫尺天涯。

女二：亲爱的妈妈，您好！我们学校已经来到了长汀。每天都可以正常上课。

女一、女二：离家数月，一切都好，勿念。

女一：父亲，自幼便听您时常叹息，家中九女无男，是为憾事。于家，断了香火；于国，不能尽忠。母亲含恨而终，我等姊妹亦时有愧疚之情。然今之所学，男女平等，女子亦可报国。看今朝厦大，女子同等读书，同等阔论。西迁长汀，不逊男儿。

女二：妈妈，我好想您。如果不是您的坚持，我恐怕也要裹上小脚，不能出来读书。不知道您的腰有没有好些。随信附上长汀客家族的秘方，希望能够缓解您的病痛。长汀这里山清水秀、民风淳朴，等到抗战胜利时，您也来这里看看，相信您也会喜欢。

女一：父亲——

女二：母亲——

女一：时局动荡——

女二：仓皇启笔——

女一：书不尽意——

女二：顺颂春安！

女一、女二：愿岁月静好，愿国泰民安！

【接着演唱《长城谣》】

万里长城万里长

长城外面是故乡

高粱肥大豆香

遍地黄金少灾殃

【空袭音效】

钢琴手：不好！空袭来了，赶紧走！

萨本栋：同学们快！注意隐蔽！

【排队绕圈紧靠钢琴 大家向四周散开】

学生丁：快走！

【萨本栋和老师们组织躲避空袭】

萨本栋：不用怕，隐蔽好！

萨本栋：保护好头部！

萨本栋：怎么样？

萨本栋：同学们，快去防空洞！

杨永修：同学们，注意隐蔽！注意隐蔽！

【同学与老师急速向下场口中后区防空洞转移】

【炸弹声】

8.宣传抗战

【背景音乐起】

钢琴：号外号外，《新华日报》发表社论《汪精卫叛国》。

吉他：号外号外，汪精卫叛国，汪精卫叛国。

【萨本栋走向舞台3中侧 师生紧随其后】

萨本栋：汪兆铭公开主和投敌，和日本签订"善邻友好、共同防共、经济合作"的谈判公告，无耻之徒，无耻！读书人的传统何在？读书人的气节何在？耻辱！奇耻大辱！填饱肚子有什么用？读书多有什么用？还不是卖国求荣，不识廉耻！

中国的独立，中国的革命，任重而道远。苟利国家生死以，我们读书人，肩不能扛，手不能提，唯挺身陈词，光明正大。汪兆铭潜身异国，通电主和，不胜骇然。同人等在职教育，对于国事，深信有人主持，本不必多所论列，顾以汪电措辞悖谬，迫于义愤，如鲠在喉，汪氏此举，实属丧心病狂，置国家民族于不顾。誓拥护既定国策，抗战到底，伏案垂察。

青年萨本栋：汪伪叛国，民国奇耻，何以报国，在我学子。

中年萨本栋：当务之急，不是厦大的生存，是国家的亡替！即日起，筹建抗战宣传队，同学们自愿报名！到民众中去，宣传抗战！

【黄淑慎组织同学们筹建抗战宣传队】

黄淑慎：我们带领同学们组建话剧社、合唱团、学生救国服务团、爱国抗战舞蹈队。天下兴亡匹夫有责！抗战必胜！

歌队众人：抗战必胜！

黄淑慎：下面请欣赏厦大长汀抗战宣传队带来的钢琴独奏：《毕业歌》。

【钢琴演奏中 宣传队走进民众中】

黄淑慎：翔安的同学们，我们是厦门大学长汀抗战宣传队，希望你们加入我们。

杨永修：同学，我们走！

【带两位观众上台】

黄淑慎：请欣赏话剧社带来朗诵：《满江红》。

同学一、同学二：

满江红 岳飞

怒发冲冠，凭栏处、潇潇雨歇。抬望眼，仰天长啸，壮怀激烈。三十功名尘与土，八千里路云和月。莫等闲、白了少年头，空悲切。

靖康耻，犹未雪。臣子恨，何时灭。驾长车，踏破贺兰山缺。壮志饥餐胡虏肉，笑谈渴饮匈奴血。待从头、收拾旧山河，朝天阙。

同学一、同学二：谢谢大家！

黄淑慎：请欣赏笛子独奏：《幽兰逢春》。

黄淑慎：天下兴亡，匹夫有责，抗战必胜。

同学们：天下兴亡，匹夫有责，抗战必胜。天下兴亡，匹夫有责，抗战必胜。

黄淑慎：下面由舞蹈队带来的舞蹈：《使命》。

杨永修：两位翔安的同学，请你和我们长汀的同学一起表演一个节目，好吗？

黄淑慎：下面请欣赏合唱：《国际歌》。

【钢琴伴奏 黄淑慎指挥】

起来，饥寒交迫的奴隶！

起来，全世界受苦的人！

满腔的热血已经沸腾，

要为真理而斗争！

旧世界打个落花流水，

奴隶们起来，起来！

不要说我们一无所有，

我们要做天下的主人！

黄淑慎：谢谢你们，大家辛苦了！我们厦大组建的二十七个宣传队就是二十七个火把，点燃了整个长汀的革命之火，我们受到了长汀百姓的欢迎，长汀的救亡图存在我们的手上点燃。

【音乐起】

中年萨本栋：老师们，同学们，东北三省沦陷，华北事变，我四万万同胞竟是侵略者的案上鱼肉。全中国还有哪个地方没有被他们染指。人，不可不知耻辱，耻，有个人之耻，国家之耻！德行不负，身体羸弱乃个人的耻辱；主权外移、疆土日蹙乃国家之耻！汪精卫政府，趋意承欢、卑躬屈膝，卖国求荣，将我主权拱手让于日寇，此等卖国行径，乃我中华全体之奇耻大辱！民族危亡，迫在眉睫。如果我们人人都能奋起反抗，何愁不能血洗前耻。

杨永修：一寸河山一寸血，

歌队众人：一万人民一万兵。一寸河山一寸血，亿万人民亿万兵。

【音乐收】

【吉他起】

歌队众人：

我们有一秒钟的时间，

也是为着杀敌而活着；

我们有一寸土地，

也要为着杀敌而存在着；

……

【同学们下场 放下道具 然后回到板凳区坐下】

【音乐收 吉他起】

青年萨本栋：教育真的能救国吗？

中年萨本栋：如果教育不能救国，什么才能救国？

青年萨本栋：教育连自己都救不了，又怎么能救得了国家？

中年萨本栋：国家的进步离不开教育。社会一定会进步，社会的发展一定不能缺少教育。

青年萨本栋：有些人、有些事，教育无法实现改变。

中年萨本栋：靠教育也许不能救国，靠读书，也许不能改变一切。但只有学习，才能找到今天的答案。

【中萨走向书桌 青萨回到长椅】

【时钟滴答声】

9.特务事件

【环境音效起 黄淑慎在舞台3上场 萨本栋在书桌前】

黄淑慎：亚栋，学生好像有危险。

萨本栋：出什么事了？

黄淑慎：我带他们话剧演出时，就发现有人鬼鬼祟祟混在人群中，好像在跟踪他们。演出一结束，学生们走到哪里，他们就跟到哪里。

萨本栋：那学生们现在在哪？

黄淑慎：放心吧，我已经把他们转移到安全的地方了。

萨本栋：好好好，证明学生们在宣传中，成长了，懂得了保护自己，这很重要，那你先去把同学们照顾好。

【钢琴起 两特务上 四处寻找】

【观众互动】

特务：你是哪个学院的？长汀厦大可没有这个学院！这就不敢说话

了，一看就不是厦大的。

特务乙：人呢？

特务甲：没了，要不进去看看。

特务乙：好。

【特务走至舞台2钢琴前 环境音效收】

特务乙：你弹的？

钢琴手：嗯。

特务乙：弹得不错。那里面有人吗？

钢琴手：我，我不知道。

特务甲：你不知道？

钢琴手：我真的不知道。

【特务敲门（钢琴）】

萨本栋：请进！

特务乙：哼，你给我等着！

【特务进屋寻找】

特务甲：萨校长，刚刚有几个共产党嫌疑分子跑到你这里，赶紧交出来。

萨本栋：学生在校内归我管，你们要抓人滚去校外抓。

特务乙：你不要敬酒不吃吃罚酒。

萨本栋：对酒当歌自是人生美事，但是这里犬吠不止，哪有心情喝酒！

特务甲：嘴巴干净点儿，老子要了你的命。

特务乙：那几个臭学生，竟然宣传抗日，违抗党国命令！都是赤色分子，党国宁可错杀……党国宁可错杀一千，也不放过一个。

萨本栋：闭嘴，我在校一天，决不允许任何人在校内逮捕学生，否则，我就要告到中央去，即令辞掉校长职务也在所不惜。

特务乙：你给我等着！哼！

【切光】

10.审计冤案

【起光 杨永修已在舞台7等候 张老师上场】

张老师：杨秘书，您忙呢？

杨永修：张老师啊，我正等福建审计处的王处长。

张老师：他来了吗？

杨永修：快到了吧。

张老师：我听说省里来的这个王处长特别难缠，每到一个地方都想捞点实惠。

杨永修：我也正愁呢，咱们厦大本来就没有钱，更何况萨校长的为人，他肯定不会给王处长这个面子，王处长想捞实惠，门儿都没有。

张老师：但是审计这关总得过啊。

杨永修：审计……审计……

张老师：要不我找其他老师商量一下，看有没有什么办法，不管怎么样先把这王处长对付过去。

杨永修：太好了，那就先这么办，王处长那边我先去周旋一下，麻烦您了。

【张老师下 萨校长上 两人迎面走过】

萨本栋：永修。

杨永修：校长。

萨本栋：审计处的王处长到了吗？

杨永修：应该快到了。

萨本栋：他们连经费都不给我们，还查什么账，真是笑话！

王处长：萨校长。

萨本栋：王处长？

王处长：您好呀！

【王处长上场】

萨本栋：王处长，您好。

王处长：久仰久仰，今日得见，果然是一表人才啊！

【特务乙搬椅子至舞台4 王处长坐下】

王处长：萨校长，此次鄙人专程赶赴厦大，深入这偏僻的闽西长汀（手指一下，敲斜方肌），您应该明白我的来意吧。

萨本栋：本人服务教育界，历有年所，平日廉洁自守，不义之财一节不曾以取诸人。

王处长：萨校长，长汀厦大的学生很活跃呀，我听说您特意保护了赤色分子。

萨本栋：长汀厦大有的是学生，是爱国爱民的学生，哪来的什么赤色分子。

王处长：萨校长，您可别不明白，党国的意思——

萨本栋：党国的意思？

王处长：意思意思。

萨本栋：王处长，我一介书生，杀头都不怕（王处长看萨校长），可没有你说的意思。

王处长：萨校长，我说你有意思就有，没意思就没，你应该明白我的意思吧。

萨本栋：王处长，学校已经准备好您审计需要的材料，请便。

【王处长把杯子里的水倒在地上 钢琴重音】

王处长：查，给我仔细地查！

特务：是！

【收光 特务至舞台3查账 萨本栋和杨永修调回舞台1】

杨永修：校长，您知道他要的是什么？我们给他就好了，何必跟他针锋相对呀，不过是湖上的野鸭，折腾几日罢了。

萨本栋：国民政府如此昏聩腐败，迟早有一天会完蛋。

杨永修：萨校长，不能因为不给他要的那点意思，而让他冤枉了您，那我们厦门大学以后更难办呀。

萨本栋：他要的东西，他代表谁的意思？

杨永修：教育部对我们学校的经费一再缓拨、克扣，学校工作已经很难开展了。

萨本栋：学校各教师已经在我的倡议下自降薪酬，最低按六成领工资了。还要查什么？还能查到什么？

萨本栋：维持厦大，我已竭其所有，尽其所能，实已透支我的精力！

【杨永修与萨本栋向舞台3办公桌走 特务乙拿着文件跑向王处长】

特务乙：哼，你们给我等着！

【张老师从舞台7上场 与萨本栋打招呼并慌忙把钱藏到背后】

张老师：王处长，我们读书人，不懂人情世故的，您看，您要的意思？

王处长：厦门大学的审计结果，就看我想不想查出意思来，有没有意思，还要看您和萨校长够不够意思。

张老师：您看，这是我们全校师生集资的一点小意思，烦请您高抬贵手。

王处长：哈哈，这萨校长果然是够意思呀，看他之前的意思是对这些没有兴趣。不愧为一校之长，王某敬服敬服！

【萨本栋一把抢过钱 钢琴重音】

萨本栋：张老师，谁让你这么做的，你的钱是从哪来的？

张老师：校长，这是全校师生集资的，生怕您知道了，您先别动怒，您听我解释呀！

萨本栋：没什么好解释的，你现在就去把钱还给大家。

萨本栋：还不快去。

萨本栋：王处长，您要的东西我们厦门大学以前没有，现在没有，将来也不会有。

王处长：萨校长，您不要自视甚高了。

萨本栋：你的审计结果如何？

王处长：结果不重要！

特务乙：你们都给我站起来，听王处长训话！

特务甲：站起来！站起来！

特务乙：鼓掌！

王处长：老师们，同学们，经过此次对厦门大学财务状况的审计，我深感痛恨和悲哀（捶胸）。我希望在座的每一位读书人，都要有敬畏之心，对于某些教员的行为要引以为戒。今天，我还有一件重要的事情向大家宣布：

经查，厦门大学校长萨本栋，溢支薪俸，有挪用公款之嫌，并拥有不明来历之房产，经向教育部和审计处两部门请示，严厉批驳，应予以如数剔除，并即予解库。

萨本栋：本校长服务教育界，历有所年，平日廉洁自守，不义之财一介不曾以取诸人，尽贵处审查未周，致受前项处分，本校长认此实个人名誉只重达侮辱，用特提出严重抗议！希贵处应予以注意，在短期内对保障个人名誉一层，予以圆满答复。

【众师生群起激愤】

歌队卯：这是对厦门大学和萨校长的侮辱，抗议，抗议！

杨永修：萨校长的为人不容诋毁，滚下台去！

众学生：滚下台去！

萨本栋：我要求教育部及审计处登报道歉。

王处长：萨本栋，你这是要造反呀！

众师生：下台！下台！

特务：你们干什么，回去回去！

【日军再次空袭长汀城 警报拉响】

萨本栋：老师、同学们，快，按照我们的训练，由老师带队，十人一组，立马转移到防空洞中。

特务：防空洞？

王处长：萨校长，萨校长，那我呢？

萨本栋：你？哪也别想去，接着开会。

王处长：萨本栋，你这是要造反啊。还开什么会？对你的审判已经结束！

萨本栋：我想请问王处长，我们的经费呢？

王处长：什么经费？

萨本栋：我们的财政拨款经费过少，不敷分配。教育部给我们的经费只有25.8万，而国立中央大学的经费是138万、西南联大143万元、中山大学有146万，就连国立师范学院都有29.4万元。我们的经费仅有西南联大平均经费的一半！

萨本栋：请问王处长，国民政府还管不管厦大？说呀，管不管！

王处长：这！这！这！

【空袭警报声】

【一名学生从防空洞跑出来寻找萨本栋 青萨从长椅跑出保护中萨】

歌队戊（学生）：萨校长！萨校长！小心啊！

【爆炸音效 王处长、两名特务、中萨和青萨一同扑倒 钢琴重音】

同学们：萨校长——！

【音效音乐起】

【两个特务和王处长缓慢爬起 相扶着下场】

【钢琴起 学生爬起来】

学生：空袭之前，我认为愤怒便是抗争！爆炸后，耳鸣声让我感觉到孤独、恐惧，这一刻，我想到了死亡。空袭之前，我参加了每一次的抗日宣传！爆炸后，我眼前一片漆黑，只能听到人群的哀号，这种黑暗与哀号让我感觉到悲伤、恐惧，这一刻，我想到了死亡。

【四学生带椅子坐至舞台3】

青年萨本栋：空袭之前，我以为后方没有硝烟！可是，爆炸后的烟尘让我喘不过气，窒息与恐惧中，我想到了死亡。

【音乐收】

11.带病上课

【钢琴起】

【乡亲们和师生们由主舞台3上场】

乡亲一（着急地说）：黄老师，我们都知道萨校长的为人，请转告他，我们都相信他。

乡亲二：姐我来说吧（乡亲一：好，你快说，你快说）。黄老师，我们都知道萨校长的为人，请转告他，我们相信他，一个连工资都不拿，没有专车，每次空袭最后一个进防空洞的校长，什么脏水也泼不到萨校长身上。

黄淑慎：谢谢你们的信任，我会转告给萨校长的。

乡亲一：这是我特意去庙里求的平安符，保萨校长平安。

乡亲二：这是我们的心意，你一定要收下。

黄淑慎：谢谢谢谢，您有心了。

乡亲二：这些东西，您收下吧。

黄淑慎：这些东西我们不能收，不能收啊。

乡亲三：黄老师，这是我们自己种的花生，收下吧。

黄淑慎：不能收，不能收。

乡亲四：我们乡下没有什么好东西，这个你就收下吧。

乡亲五：黄老师，这些特产请您一定要收下！

黄淑慎：真的不能收啊。

乡亲五：那我们就先放在这儿了。

黄淑慎：刘嫂，刘嫂。

学生一：师母，萨校长的病情怎么样了，我们从废墟中找到校长的时候他特别虚弱。

黄淑慎：本栋好多了，只是还需要多休息，他特别交代了，大家一节课也不能落下，好好回去上课吧。

学生二：好的黄老师，这是我们从县城买来的报纸，给萨校长养病的时候看看。

黄淑慎：谢谢你们。（收下东西的时候要表现出诚心感谢）

老师：黄老师，黄老师，您放心，我们所有老师都会一直支持萨校长。

黄淑慎：谢谢，谢谢你们。

学生三：黄老师，这是我和我妈今天一早上山摘的红菇，拿给萨校长补身体吧。

学生四：师母，这是乡亲们前几天给我们的鸡蛋，我们没舍得吃，给萨校长吃。

学生五：黄老师，这是我们自家养的鸡和自家酿的酒，米酒炖鸡对养伤好，送给萨校长补补身体。

黄淑慎：不能收，不能收。

学生五：我就放在这儿了，一定给萨校长做着吃。

黄淑慎：同学，李婶！（追几步）

黄淑慎：永修，这些东西我们不能收，大家的生活已经很艰难了，我们把它拿到食堂去，留给孩子们。

【萨校长在病床上给学生们上课】

同学一：萨校长，您的身体都这样了，还坚持带病给我们上课，您要注意身体，不要太劳累了。

同学二：萨校长，您太辛苦了，前有腐败官员威逼挟制，后有敌机肆虐轰炸。

同学三：哎，这是个什么时代，我们太想为您做些事情了。

萨本栋：孩子们，虽然这是最困苦的时代，但也意味着是最伟大的时代，是一个民族翻身与永劫的转折点，也是整个人类迈进光明或黑暗的发轫期。

学生四：萨校长，可是我们现在只是坐在教室里学习，什么也做不了。

萨本栋：你们一定要学好知识，教育是国魂所寄托的事业，只有刻苦钻研，才能为战后祖国的建设添砖加瓦。切记，只要未到"最后一课"的时候，应加紧研究学术与培养技能，自强不息，未雨绸缪。

同学一：校长你还是躺着休息吧。

萨本栋：没事，我躺久了起来活动活动。

萨本栋：没关系，拄着拐杖不也一样能上课吗？

【萨本栋走到课桌旁看学生作业 黄淑慎上场收拾床】

萨本栋：诶，来我看看，这个，根据胡克定律，在弹性限度内，弹簧的伸长量与它所受的外力成正比，这个比例系数，就是弹簧的倔强系数。

同学四：我记住了。

【萨本栋突然腰疼】

黄淑慎：亚栋，你怎么了？

同学们：萨校长！

萨本栋：淑慎，我的腰不能动了。

黄淑慎：要不你先休息一下？

萨本栋：没事，我先把课上完。

黄淑慎：亚栋，说你什么好呢？今天坚持了，那明天呢，后天呢？

萨本栋：就数你最爱瞎操心了，还不如想想办法，怎么让我的腰直起来呢！

黄淑慎：你都伤成这样了还想着起来上课，除非，除非穿件铁衫。

黄淑慎：你……哎。你先好好休息吧。

【陈老师走到舞台1】

陈老师：这一刻，我有些失望。大家眼中那无所不能的萨校长原来也会生病！可他才四十多岁，尚在壮年！我以为这么阳光温暖的人，只会给大家带来惊喜！怎么就倒下了？仔细想想，我们的长汀时光，很多的从无到有并非一蹴而就，并非水到渠成，更不是理所当然，最大的代价，便是萨校长的健康。他太累了！

本是一个学者，却要面对战争！面对战争中的治校治学！他倒下了，却又以铁衫重新支撑起来！这铁衫立住的是国家未来的希望。

就是这一刻，我感觉到很自豪，因为我见证了铁衫的诞生，我知道这已经不是一件简单的铁衫，它更是厦大的精神！国家的脊梁！

【黄淑慎扶着萨本栋下场 学生们抬床下场 陈老师到长椅】

【吉他起 青年黄淑慎手拿花枝 青年萨本栋和青年黄淑慎牵着手上场】

青年萨本栋：淑慎，烧退了吗？

青年黄淑慎：哪有那么娇气！下午出去走了走，好多了！亚栋，你看我们的校园，多美啊！

青年萨本栋：是啊，大学校园，一方净土，可求知，可怡情，亦可修养治病！

青年黄淑慎：真想一辈子就这样待在这里！

中年萨本栋：你嫁给我这个书生，恐怕也只能待在这里！

青年黄淑慎：除了教书，让你去打仗，你也不会啊！

青年萨本栋：那可未必！好男儿，志在四方！国家太平，我的四方便是讲台！国家若需要，我也可以上阵冲锋！

中年黄淑慎：你去冲锋了，那我呢？你答应我陪我一直在学校！

青年萨本栋：好，我答应你！

中年萨本栋：也许——，我选择冲锋的战场就在学校！

青年黄淑慎：我看我的病好了，你开始说胡话！哪有学校是战场的！

青年萨本栋：不管在哪儿，我都一定照顾好你！

中年黄淑慎：你的战场，不管在哪儿，我都是你的大后方。

中年萨本栋：谢谢你，淑慎。

12.最后一搏

黄淑慎：亚栋，当初来厦大，你说只待两年，我带着孩子义无反顾地跟你来到厦门。后来，你说来长汀，我也毫无怨言地跟你来。可是，如今，你看看你的身体。亚栋，你做事从来不考虑后果。

萨本栋：我知道这么多年亏欠你了。

黄淑慎：亚栋，别的不说，在清华时，你的学问是什么样子，可现在，你还有一点学者的样子吗？不是熬夜设计校舍，就是解决学生矛盾。亚栋，这样的日子，什么时候能到头呀！

萨本栋：——我不是做得太多了，而是做得太少了。

【音乐起】

萨本栋：陈老师，帮我记一下信的内容。

中年萨本栋：诚以值此职校经费青黄不接之时，省府补助本期末又未发分文。目前支持经常日用，已觉竭蹶非常。此次修建校舍，种种要需，均无着落……备文呈报，伏祈查核示遵，并恳迅速拨款，俾克早见实行，尤感德便。

唯念培育土木工程人才在此非常时期似非不必要之举。吾闽高等教育机关苟能早注意及此，则此国难时期，于一切土木工事当不无若干裨益。况值长期抗战，尤赖后方人才续出庶足以固根本而宏力量。

专肃敬祝

萨本栋

黄开禄：

兄惠赐指示，不胜感盼！自渝来汀，目下水陆均可通行。唯兄择之，开学之期，约在九十月间，凡弟绵力所能及者，决当尽力为远道前来之教授谋其便利，尚望察谅惠允，无任翘乞！

邹文海：

本栋，收到来信，自清华相识，听闻厦门大学政治学系师资已是"真空"状态，但已答应中正大学之约，不愿爽胡先骕先生之约，故踌躇不知如何答复。

朱自清：

鄙人朱自清，远道讲学，恐费时太久。且交通不便，行旅艰难。加之内人即将分娩，家中须人照顾，为此种种，唯有敬谢。

歌队一：本栋，身在美国，无法立马回国，听闻你积极筹备工、商两科，实则有益于战后国家建设，必将排除万难，归国尽些许绵力。

歌队二：本栋，我来了，收到梅校长的信，得知你的希冀，我与清华校友五人愿来汀共商工科建设之事业，剩余四人，暂且留悬念与你。

歌队三：本栋，收到来信，深知实验器材的缺乏，作为礼物，我从美国运回基础实验器材一套，可解燃眉之急。

歌队四：本栋，这一箱子的商科书籍，对于建设商科基础绰绰有余，特带来充盈教学。

杨永修：萨校长，来信了，来信了。我们等待来信的日子，期盼的迫切变成了大气儿都不敢出的本能反应。邮差的车铃声，就像移动的审判庭——终于，一封封来自日本、美国、英国的信，来了！萨校长，信！您的信——长汀厦大，有希望了啦！

【音乐收 收光】

13.学术繁荣

【起光】

【另一音乐起】

青年萨本栋：战争使一切失去常规，战争亦创造新的真理。在此千载一时的抗战建国之中，一切起着新陈代谢的作用。如何建立适应的战时经济，如何探讨民生的症结，是我们应该讨论的问题。

歌队甲：1742年，德国数学家哥德巴赫无意中发现，任何大于5的奇数都是三个素数之和。例如，77=53+17+7，461=449+7+5，461也等于257+199+5。他写信给瑞士数学家欧拉进行求证。

杨永修：萨校长，战乱之中，能有这样一批高级专家为孩子们授课，真是厦大的福气！

萨本栋：大学之大，不在大楼，而在大师！有了大师，才有了学术氛围，有了氛围才是个大学的样子！

歌队甲：时隔多年，我时常回忆厦大的求学时光。不必担心自己思维的跳脱，不必担心自己物质生活的捉襟见肘。学我所求，问我所求，学问二字，深深扎根在了我的人生。

【经济组】

老师：你们都是未来的经济学家，更要明白，如何以马克思主义思想科学地研究中国经济问题，不仅要了解经济学的基本原理，更要结合我国的国情，因为，寻找真理的路途永远是曲折坎坷的。

【英语组】

周辨明(罗老师)：你是不是真的生病了？

学生(林依勤)：老师，我没有病。只是我的注册手续没有办完，我不能到膳所去拿饭菜"吃"，我已经饿了两天，不好意思跟人家讲。

周辨明：我注意到你的国语很好。知道的"知"，吃饭的"吃"，都能卷舌头。

学生：我父母都是北方人。

周辨明：噢（难怪），这是一本林语堂编的中学生英语读物，你随便念一段给我听。我会要求你加入大一英语组。你可愿意？

学生：（念英文）

【测绘组】

杨永修：萨校长，学生们的学术思维逐渐打开，很多学生都开始了跨专业的学习。

萨本栋：一个人一辈子能做成一件事，便是成功。但如果可以同时做好几件事，当然要鼓励，不遗余力地给他们创造条件！

同学一：把校正仪器搬过来。看我的，不就是一堵墙嘛，学文学的也保证能校对明白。

同学二：可是，这个地方坑坑洼洼的。

同学三：那就拿锄头将这个地方铲平，再测。

同学四：听我们专业人士一句劝，不必费那么大劲，重力总是竖直向下的，用一条垂线测量就行了。

同学一：时隔多年，我时常回忆厦大的求学时光。（转向萨校长）四年在汀州，所学的委实太多了！修了152个学分，主修教育、辅修中文，还修了11个学分的化学，英文学会、教育学会、本级级会等常务干事，学生自治会筹备主席和以后的理事会的常务等，使我在工作上，深深地认识了抗战中生长的青年，体会到难以计数的人生经验。

14.英雄落幕

【起另一配乐】

萨本栋：永修，学生们的成功不在乎天赋，百分之九十九要靠他们自己流汗奋斗。如果说厦大也是一位大学生，嘉庚先生的创建是它的天赋，长汀的点点滴滴，都是它成长的流汗奋斗！何其幸运，我是这一切的见证者，只是——

杨永修：萨校长，怎么了。

萨本栋：老毛病了，不要紧！物理学认为，阻力也是动力！现在我可不敢懈怠一分一秒！

杨永修：萨校长，我们今年招收的学生越来越多，学校所辐射的范围越来越广，声誉盛浓。这么多学生，经费可能超出了预算。学生宿舍需要扩建，图书也需要加急购入。但是，他们自愿将诸多奖学金捐出来，用于学校的扩招。

萨本栋：这些学生真让我感动，我们现在就是需要齐心协力共克时艰，我的工资和奖金也全额捐给学校！

萨本栋：啊 ——

【一下剧痛 萨本栋拐棍掉 靠向永修 青萨带轮椅从长椅后上场】

杨永修：萨校长，萨校长！

萨本栋：也许，我真的需要休息一下了！

【收光】

【音乐渐弱 滴答声音效出】

【中萨坐到轮椅上】

【音乐收】

15.告别厦大

【起光】

【钢琴起】

青年萨本栋：1944年，萨本栋因身体原因，赴美治疗、讲学。记得那天，整个长汀阳光明媚，厦门大学全体师生夹道欢送。萨本栋校长把自强不息的精神留给了厦大，带走了伤病累累的身体。

【青萨走近长椅】

16.暮年回望

暮年萨本栋：在战火中接过厦门大学的船舵，七年，苦心经营东南半壁的高等教育，不曾有半点懈怠。校主十七年的不懈追求，才成就了厦门大学。我，要怎么做才能撑得起厦门大学的船帆。常常思虑是我的运势不够，上任第二天厦大就遭此厄运；还是我的胸怀不够宽大，无法带领厦大走向更高的台阶。我不服，于是带领厦大走到长汀；我不甘，一次次投笔集资、苦心经营；我不愿，遍请名师、坚持教学。厦门大学，在战火的日子里更加强大。也许不来厦大，我会有更杰出的科研成绩，但，我不悔！历史选择了我，我选择了厦大！

中年萨本栋：这是我的回忆，这是我的厦门大学，这是南方之强。

【黄淑慎上场】

黄淑慎：亚栋，我们回家。

萨本栋：淑慎，我们回家。

【吉他起 演唱《再见》歌队众人手持小黄花走进观众席】

【黄淑慎、萨本栋在众人目送中牵手缓缓走向舞台3继而下场】

17.长汀之思

【歌队众人缓缓上前依次将花放到轮椅上 后散立于主舞台上】

杨永修：1937年7月1日，厦门大学改归国立。

歌队戊：7月6日，国民政府教育部任命萨本栋为国立厦门大学校长。

歌队丁：萨本栋校长接任第二天，七七卢沟桥事变爆发。

歌队壬：1937年9月，日军袭击厦门。厦门大学被迫内迁闽西山城长汀。

笛手：1937年12月24日开始西迁，1938年1月12日安全抵达长汀，1月17日复课，各年级报道注册学生198名。

歌队庚：长汀时期的厦门大学是当时粤汉铁路线以东唯一的国立大学，也是当时最逼近战区的国立大学。

歌队寅：1940年和1941年国民政府教育部主办的全国大学生学业竞试

成绩连续夺魁。

歌队甲：1944年，厦门大学获赞誉 ——"厦大为加尔各答以东之第一大学"。

歌队癸：长汀七年，塑造了厦门大学不畏艰难、自强不息的品格！开启了我们注重内涵的发展之路！

歌队众人：厦门大学，南方之强！

【收光】

剧　终

2020年10月5日，厦门大学原创话剧《长汀往事》于翔安校区首演，图为萨本栋剧照

剧照：抗战伊始，萨本栋宣读教育部的紧急电报

剧照：萨本栋与杨永修，决议西迁长汀坚持办学

剧照：萨本栋与妻子黄淑慎

剧照：长汀时期厦大歌队校园活动

剧照：厦门大学长汀抗战爱国宣传队

剧照：萨本栋拆卸公配汽车发电机用于校园用电，保障师生教学

剧照：萨本栋坚持带病上课

原创话剧
《遥望海天月》

（2020年版本）

编剧：王晓红

导演：王　根

1.开学之初

时间：跨世代

地点：厦门大学

【开场。舞者起舞，在乐声中配合多媒体共同书写"遥望海天月"】

【舞者下。场景回到现代课堂。】

【阿卡贝拉起立，演唱《凤凰花开的路口》】

【多媒体呈现凤凰花树意象，配合阿卡贝拉吟出歌词字幕】

【歌声中，众学生纷纷捧书上场】

【海浪声起，多媒体呈现微动态海浪】

【潘懋元、葛家澍、黄良文、罗郁聪、邓子基、陈景润、余绪缨依次上场叙述】

潘懋元　我的厦大求学之路，可谓一波三折。抗战时期，很多大学都搬到了内地。1940年，我和两个同学从广东汕头步行至福建长汀，报考抗战期间内迁长汀的厦门大学，由于准备不足，未被录取。我不甘心就这么放弃，决定再考一年，第二年终于考上了厦门大学，主修教育学，辅修经济学。在厦大，我有幸遇到了王校长，有幸跟着他一起学习、一起工作。我是厦大1941级教育系学生，潘懋元。

葛家澍　在长汀时，我第一次听王校长讲授马克思主义政治经济学，就被他渊博的学识和无畏的精神所感染。我并不是王校长的学生，仅仅因为我有上进心，他就不遗余力地帮助我，为我后来研究"资金运动学说"打下了扎实的基础。我是厦大会计学1942级学生，葛家澍。

黄良文　我专攻统计学。记得王校长曾对我说：我们不是为了《资本论》而学习《资本论》，学习的目的在于学以致用，必须有助于社会经济体制的创建。我是厦大经济系1946级学生，黄良文。

罗郁聪　从师生到同事，我跟随王亚南校长学习工作长达几十个春秋。王校长说过，做学问，要有"定见"，不能有"成见"。我把它当作格言牢牢记在心里。我是厦大经济系1947级学生，罗郁聪。

邓子基　我出生于福建一个偏远的小村庄。幼年便失去父母，成了孤儿；为了生存，上山砍柴，沿街叫卖，后来在一家杂货店当学徒，日子清苦。但我心中只有一个念头：那就是读书。终于，在1950年，我以福州考区第一名的成绩考到厦门大学经济研究所，进入《资本论》研究生班跟随王亚南校长学习。对我而言，人生的转折点，便是成为王亚南校长的学生。我是厦大经济研究所1950级研究生，邓子基。

陈景润　我从小就生性拘谨，不善与人交往，对数学十分着迷，在别人眼里我大概就是个怪人吧。大学毕业后，我到中学当了一名老师，因为不会讲课和体弱多病，我被辞退了，回到福州老家靠摆小人书摊维持生计。王校长告诉我，你不能放弃数学专业，你的数学知识应该用到更合适的地方，而不是这个小人书书摊。我跟着他一起回到了厦门大学，后来，我被安排在数学系资料室工作。我是厦大1950级数学系学生，陈景润。

余绪缨　王亚南校长常带领我们年轻的同事组成研究小组，一起探讨争议问题，潜心科学研究，携手共同进步。这种团结共进的精神，是王校长带给我们最好的科研武器，也正是厦大经济学科得以飞速发展、享誉海内外的重要原因。我是厦门大学1941级学生，余绪缨。

【建南钟声响起，学生起立】

学　生　大学之道，在明明德，在亲民，在止于至善。

众　人　大学之道，在明明德，在亲民，在止于至善。

【海浪声起，王亚南从舞台后区高桥上，逐渐走到台前】

王亚南　老师们，同学们，欢迎各位新同学来到厦门大学学习。厦门大学很特殊，校主嘉庚先生倾其所有创办了厦大，对学校寄寓了深厚的感情，也倾注了华侨对国家的期望。内迁长汀最困难的时期，萨本栋、汪德耀校长都能带领师生克服各种困难，把厦大办成"加尔各答以东最好的大学"，现在和平了，新中国成立了，更要"自强不息，止于至善"，继续把厦门大学办成"南方之强"。

【学生甲、乙依次起立提问，王亚南回答】

学生甲　王校长，雅斯贝尔斯说过：教育，意味着一棵树摇动另一棵树，一朵云推动另一朵云，一个灵魂唤醒另一个灵魂。您在大学先后执教30年，担任厦门大学校长19年，被誉为"懂得人的价值"的经济学家，您是怎么看待大学教育呢？

王亚南　真正的大学教育，并不是要大家到学校里来，张着口，让老师像"填鸭"般地灌进一些在他认为有"营养"的东西。而是要大家在就学期间，利用一切可能的机会，自己去寻觅"食物"，自己去消化。

学生乙　王校长，您是马克思主义在中国的重要传播者，是"中国经济学"的首倡者，杰出的马克思主义经济学家。您与郭大力合译的《资本论》三大卷，为中国革命建设和改革提供了强大的理论武器。毛泽东、习近平都认真研读过您的译作、著作。我们很想知道，您是怎么在炮火连天的岁月里，完成这么艰巨的任务，又是怎么遇到郭大力先生……

王亚南　我一生的转折点，也许可以从杭州大佛寺说起……

【收光】

2.大佛寺之约

时间：1928年初

地点：杭州大佛寺

【大佛寺钟声梵音响起，换场】

【众学生下，场景变换为杭州大佛寺】

【多媒体出大佛寺外景】

僧人甲　乱世纷纷，万物皆有定数。

僧人众　乱世纷纷，万物皆有定数。

【磬声响起，起光，起音乐】

僧人甲　众生芸芸，世人各安天命。

僧人众　众生芸芸，世人各安天命。

【王亚南、郭大力上。王亚南失意地撕下一页页书稿。郭大力随后捡起书稿】

香客甲　1927年末，王亚南被迫离开长沙，返回武昌谋职，未果，后来转至上海，依然没有着落，以写小说维生。（双手合十作祭拜状，下）

香客乙　次年春，郭大力刚从上海大夏大学哲学系毕业，与王亚南邂逅于杭州大佛寺。（双手合十作祭拜状，下）

郭大力　这位先生，这是你的书稿吗？

王亚南　唉。

郭大力　这么好的书稿就不要了？

王亚南　不要了！

郭大力　（看着书稿）《求索》，绝尘走马觅生途，化笔为戈掷乾坤。长路漫漫何足畏，但求点墨铸忠魂。

王亚南　（抢过书稿）见笑了，这是我写的小说，可能我太年轻，还做着文艺救国的梦，希望以笔为戈，写出吃人的社会，喊出觉醒的呼声，找到一条救国的路。谁知道，接连被几家出版社拒之门外，今天又碰壁了，这本书稿，连一顿晚饭都换不来，更别说救国了，还不如烧了，死了这条心。

郭大力　这是你的心血啊，烧了多可惜！而且，年轻人心怀救国理想，就是国家的希望，哪怕落魄如你我！

王亚南　流落到这大佛寺，怎么救国……

郭大力　你虽然刚来几天，但是我一直注意你，你和寺院里一般租客不同，常常读书写作到深夜。

王亚南　你在监视我？

郭大力　难道你觉得我是特务？

王亚南　我知道你不是！时局紧张，大革命成了大清党，连我们寄居在大佛寺的人都谨小慎微不敢往来……据说，大街小巷里，凡是穿西装、中山装的，以及头发向后梳的，统统重点检查！清党已经失控了！

　　郭大力　（激愤地站起）国共合作后北伐军势如破竹，完成了全国统一，国人士气大振，谁知道现在国民党内讧，蒋介石滥用武力搞清党，清党、清党，清党已经失控了！多少爱国志士成了阶下囚。

　　王亚南　（站起）敢问先生怎么称呼？

　　郭大力　（伸手）郭大力，江西南康人。

　　王亚南　（握住郭大力的手）王亚南，湖北黄冈人。

　　【转场，《国际歌》响起。转台将王亚南、郭大力二人带至舞台后区】

　　【多媒体出"共产党宣言"字幕】

　　【青年甲手握报纸，从观众席侧门出，慷慨激昂地大声宣讲】

　　青年甲　一个幽灵，共产主义的幽灵，在欧洲游荡！一个幽灵，共产主义的幽灵，在欧洲游荡！共产主义已经被欧洲的一切势力公认为一种势力；现在，是共产党人向全世界公开说明自己的观点、目的和意图并且拿党的宣言来反驳关于共产主义幽灵神话的时候了。让统治阶级在共产主义革命面前发抖吧！无产者在这个革命中失去的只是锁链。他们获得的将是整个世界。《共产党宣言》的任务，是宣告资产阶级所有制必然灭亡。全世界无产者，联合起来！（下）

　　【王亚南、郭大力随转台移动至舞台前区】

　　郭大力　让统治阶级在共产主义革命面前发抖吧！无产者在这个革命中失去的只是锁链。他们获得的将是整个世界。

　　王亚南　《共产党宣言》的任务，是宣告资产阶级所有制必然灭亡。全世界无产者，（二人合）联合起来！

　　【二人一拍即合，握手，走至舞台后区】

　　【转场。大佛寺内，夜幕降临。众僧人打坐敲木鱼，依次叙述后下】

　　僧人乙　（敲木鱼）他们二人是怎么来到我们杭州大佛寺呢？

僧人丙　王亚南小时候父亲早逝。

僧　人　阿弥陀佛。（敲木鱼下）

僧人丙　幼年在哥哥姐姐支持下在黄冈读完小学。

僧人甲　在哥哥姐姐的帮助下，他最后考入武昌中华大学教育系。

僧人丁　大学时期，他找了一份英语家庭教师的兼职工作，半工半读完成了学业。

僧人戊　另一个年轻人郭大力，大学毕业后到上海的一所中学教书，可是好景不长，没干几天就被解聘了。

僧人甲　穷困潦倒，只能寄居于咱们大佛寺了，唉。

【王亚南、郭大力移动至舞台前区叙述】

郭大力　没想到，我们的经历太相像了。

王亚南　是啊。后来国民政府从广州迁到武汉，国民革命军开始进行北伐战争。大革命让我看到了希望，我奔赴长沙参加了北伐军。

郭大力　没想到你还参加过大革命，你接受了大革命的洗礼，是真正地参与和见证了历史。

王亚南　我只是在教导团中担任政治教员，负责宣讲"三民主义"理论。

【音乐起。场景转换为"三民主义"讲堂】

王亚南　同志们，"三民主义"是由孙中山先生所倡导的民主革命纲领，民族主义、民权主义、民生主义是其民主思想的精髓和高度概括。

【王亚南从回忆中转回与郭大力的对话】

王亚南　其实，我当时是被同乡好友王仲友鼓舞带动的，他是董必武先生的助手，还带我去听他的演讲。董先生鼓舞年轻人应该站出来，要有踏破旧世界的气概，要为了民族前途东奔西跑、左冲右突，像一匹野马奋力驰骋。我和仲友热血沸腾，加入了北伐军。谁知道"四一二政变"后，蒋介石大肆屠杀共产党员和进步分子，仲友和他的妻子被特务逮捕，执行枪决，二人英勇赴死。那些牺牲战场的战士，他们的血迹还未凝干，就出现了这样的清党屠杀，真是让人心寒胆战！

　　郭大力　梁启超先生言"十年饮冰，难凉热血"，革命之路我还未走过，可是，革命的火焰常常在我心里燃烧……中国需要一场彻底的革命！列宁领导的布尔什维克党已经取得了无产阶级革命的胜利。国内的情况虽然更为复杂和艰巨，但并不能就此妥协，哀叹解决不了问题，我们要行动起来，不仅要行动起来，还得在思想上明确行动的方向。

　　王亚南　是的，虽然有时困惑无奈，但我很清楚，我们需要看看外面的世界，需要听听不同的声音……需要一道思想之光，冲破这黑暗的迷局，唤醒昏睡的人们！

　　郭大力　我这里就有一道思想之光！

【一束逆光打向观众席】

【舞者高高捧起《资本论》，从观众席中走上舞台】

【多媒体显示《资本论》德文译名】

【歌队二人分别从左右两侧走上高桥，轻轻撩动线幕，并从另一侧下】

　　王亚南　（接过《资本论》）CAPITAL, BY KARL HEINRICH MARX。这就是马克思的《资本论》？早就听说这本书了，今天还是第一次看到。

　　郭大力　一直以来，国内只有《资本论》的德文原版和日文译本，有一天，我在书店无意中发现了英文版，爱不释手，就把身上所有的钱掏出来把它买下来。

　　王亚南　我经常看见你捧着一本书，原来就是《资本论》！

　　郭大力　《资本论》的全名，应该是《资本论·政治经济学批判》。

　　王亚南　政治经济学批判？我在教导团的时候，也讲授过一些粗浅的政治经济学知识，但还是所知甚少，很想多学习。

　　郭大力　《资本论》是研究现代社会的经济运动规律，但是它不仅是一种纯粹的科学认识，更是"一种关于人类解放的学说"。马克思认为改造社会，应该从经济制度着手。

　　王亚南　改造社会，应该从经济制度着手……

郭大力　只可惜，从 1867 年《资本论》第一卷出版到现在，中国还没有完整的中译本，相关介绍少之又少，以至于马克思主义这道思想之光迟迟照耀不到中国。

王亚南　《资本论》如此姗姗来迟，地理遥远、文化交流不便，恐怕不是主要原因吧？

郭大力　如果说相隔遥远，日本是远东的远东，比我们离欧洲还远，却在十年前就有了全译本，而且，帝国大学很快就开始讲授"资本论"课程。

王亚南　日本明治维新以后，就跟紧世界发展步伐，可见，主要还是社会制度的问题。中国封建社会到清王朝持续了两千多年，大部分时间都对外闭关自守。

郭大力　马克思对旧中国的社会制度有一个形象的比喻，叫作"小心保存在密闭棺木里的木乃伊"，这个木乃伊，一旦接触外界的新鲜空气，就会腐烂解体。

王亚南　所以，清政府抗拒和外界接触，不容许新鲜事物进来。鸦片战争，英国用大炮打开了中国的大门，闭关自守的政策看似失效了，但朝廷排斥新事物的遗风仍然盛行，不要说马克思主义这样的革命理论被拒之门外，就是物质文明也很难进入中国。

郭大力　对，同治四年英国人在北平铺设了一条铁路，这不仅是中国历史上的第一条铁路，也是中国交通史上的悲惨遭遇。

【火车鸣笛响起。众人上场，运用课椅和肢体表现出火车行驶的状态】

【转场。音乐起。场景变换为慈禧出巡】

【慈禧、太监甲、太监乙、宫女缓缓走上高桥】

【太监乙撩开线幕，四人自高桥走下，走至舞台前区】

【郭大力、王亚南移动至舞台后区】

太监甲　老佛爷，英国人在宣武门外铺设了一条铁路。奴才有不祥之感……

慈　禧　我大清国的土地上，向来只有泥土路、石子路、石板路，我们从来都走得稳稳当当，哪有铁的路，真是闻所未闻，见所未见！

宫　女　老佛爷，英国人用大炮鸦片辱我大清还不够，还造了个妖魔怪物盘踞在宣武门外，这么个"不祥之物"必定坏我大清风水！

慈　禧　难怪近来国运不济，屡遭不幸。来人呐，给我拆了它！

【太监乙、宫女手捧椅子，在舞台前区搭成一个小高台，太监甲扶着慈禧登上高台】

太监甲　有史以来，帝王将相出门，都是坐着轿子的，由人抬，由人背，现在倒好，大家平起平坐……

慈　禧　哼，真是有悖伦常，欺君犯上、大逆不道的荒唐之举！

三人合　欺君犯上、大逆不道！

郭大力　光绪二年，英国人在上海铺设了中国的第二条铁路。清政府同样认为有伤风化，用25万两白银从英国人手里购回并拆毁，把铁轨、车厢这些"不祥之物"统统运往台湾，沉入打狗港海底。

太监甲　奴才的不祥之感越来越强烈了，老佛爷圣明，早日消除隐患。

慈　禧　这个所谓的火车头到底是什么玩意，黑乎乎的大家伙，把那么多的煤和水吃下去，冒着烟"况且况且"地满地跑，惊骇了百姓，损坏了国脉，如何是好！我大清帝国不得出现这个怪物。

宫　女　对，我大清帝国坚决抵制火车头。

太监甲　只能用驴用马来拉——

慈　禧　拉——给我拉！

【一人身缠麻绳扮作马上，火车上众人拉住绳子，表现"马拉火车"】

【转台启动。马嘶声起】

【马、慈禧、太监甲乙、宫女、火车众人随转台下】

郭大力　马拉火车，千古奇谈！清王朝对新生事物尚且如此，对马克思主义这样的革命思想、革命理论就可想而知了。五四运动后，日本留学归来的陈独秀和李大钊等人做过一些宣传，但还远远不够。

【转场，大佛寺夜晚】

【众人手捧蜡烛，表现出烛台形态】

【郭大力、王亚南躺在椅子上，秉烛夜谈】

【舞者手捧月亮登上高桥】

王亚南　清王朝已成历史，经过辛亥革命、五四运动，国人开始拥抱新思想新理论，现在革命暂时陷入低潮，但是铁屋子的窗户已经打开了。你说得对，马克思主义学说，就是破窗而入的那道光，就是我们为理想而斗争的理论武器。

郭大力　你知道吗？红色政权已经在我的家乡——江西井冈山建立了！上个月，方志敏等人在江西领导武装起义，建立了工农革命武装，实行土地革命，开展游击战争，并创建了赣东北革命根据地。

王亚南　我也听说，朱德、陈毅等人也率领南昌起义保留下来的部分队伍，由广东北江进入湘南地区，在中共地方组织的配合下，举行年关起义，扩大了革命武装。

郭大力　大革命虽然失败了，烈士的血不会白流！国民党看似队伍强大，但内部矛盾太多，共产党队伍单纯，但是还太年轻，二者都需要时间成长，更需要行之有效的统一思想纲领。

王亚南　要知道，《资本论》不仅是一本政治经济学的书，更是一本能改变中国历史的不朽巨著。

郭大力　当前中国正在发生深刻的社会变革，太需要解剖社会制度和经济问题的新思想新理论了。

王亚南　在中国，早就该有一部完整的《资本论》中文译本了。

郭大力　（坐起）所以，现在就差一件事需要我们去做了！

王亚南　（坐起）翻译……

郭大力　翻译《资本论》？

王亚南　翻译《资本论》！

二人合　翻译《资本论》！

郭大力　（走至舞台前区）我们俩，翻译《资本论》！

王亚南　（走至舞台前区）我们俩，翻译《资本论》！

郭大力　我们要让《资本论》在中国的土地上传播出去。

王亚南　对，让更多的中国人看到外面的世界！

郭大力　就这么定了！

王亚南　就这么定了！

郭大力　吃了秤砣铁了心！

王亚南　吃了扁担横下心！

二人合　我们一起，翻译《资本论》！

【音乐起，多媒体出"资本论"字幕】

【收光。海浪声起，音乐不停】

【众人手捧蜡烛，从后区高桥分两边下】

【舞者手捧月亮走下高桥，落位于靠上场口一侧】

3.生死之交

时间：1929—1935

地点：日本、上海

【舞者手捧月亮叙述】

舞　者　大佛寺住的这两个身无分文却满脑子国家存亡的年轻人……决定在翻译《资本论》之前先走一条扎实的弯路。首先学习和翻译古典经济学理论。就这样，他们二人饿着肚子、勇往直前地开始了一项伟大的工程。

【海浪声起】

【起光】

【换场，木椅环转台一周摆放，众学生蹲于椅前，摊开书本挥笔疾书，作翻译状】

【众学生依次起立，高举书本进行叙述。多媒体配合打出书名及封皮图片】

学生一　王亚南在友人的资助下东渡日本求学，郭大力在上海大夏中学教授伦理学，他们虽然一个在东京，一个在上海，却努力完成这共同的约定。

【音乐起】

学生二　王亚南和郭大力第一次合作翻译的《政治经济学及赋税原理》出版发行了。

学生三　整个上海都轰动了，这本书被誉为继亚当·斯密《国富论》后最著名的古典政治经济学著作，它的出版被称为"李嘉图革命"。

学生四　这部巨著集中了古典政治经济学的思想精粹，是《资本论》的重要思想源泉。

学生五　原作者李嘉图称"全英国不会有25个人能看懂"，可是，这样的名著竟然被两位名不见经传的年轻人翻译成了中文！

学生六　有人说，后生可畏，大有可为！

学生七　他们一起翻译的《国富论》正式出版了！

学生八　高畠素之的《地租思想史》，翻译完成。

学生九　内容涵盖了李嘉图、杜能、洛贝尔图和马克思等人的地租学说。

学生十　马尔萨斯的《人口论》，翻译完成。

学生11　马克思通过对马尔萨斯的《人口论》的批判，开始思考穷人悲惨命运的根源，并最终形成了他们对无产阶级的科学认识。

学生12　爱德华·威斯特马克的《人类婚姻史》，王亚南翻译完成！

学生13　约翰·穆勒的《政治经济学原理》，郭大力翻译完成！

学生14　卡赖士的《经济学绪论》，王亚南翻译完成！

学生一　耶方斯的《经济学原理》，郭大力翻译完成！

学生二　洛贝尔图斯的《生产过剩与恐慌》，翻译完成！

学生三　《朗格唯物论史》，翻译完成！

学生众　（举起书本，说出各自书名），翻译完成！

【转台停，众学生缓缓将高举的书本收回，坐在椅子上】

【王亚南从上场口上，手持一封信，将信传给学生，信在舞台后区被依次传递】

【传信中途，舞者上，接过书信，将其传至前区，表现出信漂洋过海的状态，随后继续开始传递】

王亚南　久不通函，至以为念，郭大力亲启。自我东渡日本已近三年，他乡异国，日子虽然清苦，但我一天都不敢浪费。"知耻近乎勇，好学近乎知，力行近乎仁。"我知道，要想翻过马克思主义经济学这座大山，必须先做到知耻、好学、力行！你知道吗？我的邻居是一个会说德语的日本老太太，我每天上门求教，日语和德语都进步了不少。我在想，一个普通的日本老太太都懂德语、知道《资本论》，而我国女性还裹着小脚承受着从身体到思想的一代代禁锢。我的内心是震惊和悲凉的，差距实在太大了！开民智、兴民权，我们还有很长的路要走。我从未忘记我们的大佛寺之约，《国富论》《人口论》《地租思想史》……这么多书籍我们都一一翻译完成了。这让我看见了第一部《资本论》全译本在神州大地上诞生的希望……吾辈生当乱世，即便辗转流离，半生跌宕，然道之所在，真之所存，虽万水千山，慨然往矣！谨以此信，寄托吾志，望君收悉。亚南亲笔。

【转场，空袭警报，轰炸声响起，战火纷飞】

【众学生从椅子上站起，拿起椅子作掩护状】

【随着轰炸声响起，椅子倒下，众人背靠背围成一圈】

学生一　国难当头，山河沦丧，日军大举攻占东北！

学生二　日本关东军炸毁沈阳南满铁路，并栽赃嫁祸于中国军队。

学生三　日军以此为借口，炮轰沈阳北大营，"九一八事变"爆发。

【一人扮日本军手持带刺刀的军枪上场，朝着众人步步逼近】

【一束脚光将日本军的背影放大投射于线幕之上】

学生四　日军先后攻占南满铁路、安奉铁路沿线18座城镇，长春沦陷。

学生五　9月21日，日军第2师主力占领吉林，吉林沦陷。

学生六　11月19日，日军攻陷齐齐哈尔，齐齐哈尔沦陷。

学生一　次年2月5日，日军占领哈尔滨，东北全境沦陷。

【日军挥举刺刀，残忍杀害学生】

【王亚南上】

王亚南　这是一场邪恶的阴谋，这是一次赤裸裸的侵略！国弱敌欺，国军不堪一击，一溃千里……日本国内的氛围早就不对了。短短4个多月，中国东北全部被日军占领，3000多万东北父老深陷苦难！国家危亡，我不能再幽居书斋了，我要回到祖国去！

【炮火声起】

【转场。场景变换为轮船乘客舱】

学生一　王亚南背井离乡，只为学习知识寻求真理，报效祖国壮我中华。"九一八"的炮声敲响了国破家亡的警钟，太平洋的风浪卷起了他沉甸甸的乡愁，乱石拍空、惊涛骇浪，王亚南的心一刻也不能平静，唯有家国安宁，吾辈才能志在四方。他誓要冲破这重重巨浪，就算葬身汪洋大海，也要听到敌人的丧钟！

【轮船汽笛声、海浪声起】

【郭、王二人相逢】

【众人摆好轮船座位后下，只留乘客甲卧在座位上，乘客乙坐着看书。二人在郭大力、王亚南对话中先后下】

郭大力　亚南兄！

【二人拥抱】

郭大力　大佛寺一别多年，我都快认不出你了！

王亚南　你还是老样子嘛！

郭大力　记得你走时身材还比我壮实些，现在倒好，瘦了不少。看来这些年在日本，你没少下苦功啊。

王亚南　哎，还远远不够。谁能想到，我远渡重洋这些年，国内竟是地覆天翻。时局动荡，我人虽在日本，却时刻牵挂着国内的情况。收到你的信之后，我马上决定启程回国，现在上海局势究竟如何？

郭大力　驻守上海的十九路军在蔡廷锴将军的率领下，同仇敌忾，浴血拼杀，重创日军。谁知道蒋介石声称"攘外必先安内"，南京政府对日采取不抵抗政策，认为他们的抵抗属于"违令"，将十九路军调离上海，开赴福建"剿共"。

王亚南　十九路军？！这是中国战斗力最强的军队之一，被誉为"铁军"，从北伐战争到淞沪抗战可谓功勋彪炳，老蒋这么做，只会引发众怒！

郭大力　对！我们必须同仇敌忾，不能坐以待毙，让惨剧不断重演！

王亚南　我加入了刚成立的"中国著作者抗日会"，（拿出报纸）这是我写的文章。日本侵略中国，说到底是受世界经济危机的影响，日本政府实施"二元外交"，就是因为经济遭遇重创引发政治危机，趁英美忙于应付经济危机，急于转移人民视线，借以摆脱困境，并图谋争霸世界。（王亚南语）所以，《资本论》在中国的出版迫在眉睫！

【郭大力沉默叹气】

王亚南　怎么了？

郭大力　（沉重）亚南，我们翻译好的《资本论》第一卷书稿，被日寇的炮火烧毁了……

王亚南　烧了多少？

郭大力　全部……

王亚南　这可是我俩这么多年的心血……（沉默良久，忽然想起）家里怎么样，家人没事吧？

郭大力　家人都没事，我家附近被炮火轰炸火势太猛，就是因为人都不在家，才来不及抢救书稿。对不起，我大意了……

王亚南　别这么说，人没事就万幸！译文我们大致记得，一起从头开始，刚好也可以把译文再完善完善！马克思也失去过书稿，他长年颠沛流离，经历了常人难以想象的困难，两个孩子也在流亡中夭折，可是，这一切都没有能够使他放下手中的笔。这点困难难不倒我们！

郭大力　对，根本难不倒我们。

王亚南　我打算去福建看看。

郭大力　福建？！可现在福建局势太复杂……

王亚南　现在是枪口朝内还是朝外的关键时刻，我必须去！

郭大力　我跟你一起去！

王亚南　不能一起去冒险，你必须留在上海！万一我遭遇不测，你得继续完成任务。虽然上海也很危险，但毕竟是老蒋要保住的地方，而且我们的同志也多。

郭大力　可是……

王亚南　你的任务也很重。这是我正在翻译的《欧洲经济史》，还剩四章来不及完成，只好交给你了！

郭大力　你现在是有家室的人了，新婚不久就远行，文泉怎么办？

王亚南　我们相逢于家国危亡之际，生离死别已是心照不宣。文泉是独立的新女性，会照顾自己！她也是爱国青年，她了解我，会支持我的！

郭大力　什么时候你才能停下脚步？

王亚南　我要成为一匹野马，冲锋陷阵！

郭大力　那我们的《资本论》……

王亚南　背着呢，我奔走到哪里，它就跟我到哪里！翻译《资本论》不能只在书房里，要走到浴血奋战的最前线！这样，《资本论》就会变成火种，在中国大地上燃烧起来！

【众学生手举红旗从舞台两侧出】

【学生甲乙丙丁立于舞台后区高桥两侧，依次叙述】

学生甲　王亚南到福州后，出任福建人民政府文化委员兼《人民日报》社社长，主要从事反蒋文教宣传活动。

学生乙　十九路军将领认清形势，拒绝"围剿"红军，把火力转向日本和蒋介石，并在福州发动"福建事变"，成立福建人民政府，树起"反蒋抗日"的大旗。

学生丙　"福建事变"在国内外引发巨大反响，蒋介石为之震怒，亲自兼任"讨逆军"总司令，调集海、陆、空三军10万余人围攻福建，十九路军节节败退。

学生丁　连年内战，枪口不能一致对外，日寇才能步步亡我中国。本是团结抗日的最佳时机，却落得两败俱伤、无力回天！

【学生甲乙丙丁自高桥下，走至舞台前区】

学生甲　显赫一时的十九路军解体了。

学生乙　徐铭鸿被暗杀，蒋光鼐、蔡廷锴、李济深、陈铭枢等人亡命香港。

学生丙　1933年底，《申报》公布通缉名单。

学生丁　黄震……

学生甲　谢冰莹……

学生乙　王亚南等人被通缉。

学生丙　福建事变，终告失败。

学生丁　王亚南逃往香港，可又被香港当局限期离境，仓促回到上海。

学生甲　上海情况危急，同样无法久留，王亚南处在风口浪尖。

学生丙　在友人的帮助下，他决定前往欧洲，进行更深入的研究。

学生乙　欧洲远隔重洋，政治氛围诡谲，此行前途未卜。

学生丁　他和郭大力下定决心，无论天涯海角也一定要把《资本论》翻译出版。

学生乙　王亚南离开上海之际，最割舍不下的还是他的妻子李文泉。

【转场。场景转换至码头】

【汽笛声起，阿卡贝拉唱队上，合唱《明月千里寄相思》】

【多媒体配合出歌词字幕】

【李文泉手拿大衣和皮箱上】

【李文泉贴着上场口一侧的线幕踱步，举起手轻轻撩动线幕】

【王亚南上】

李文泉　怎么样了？

王亚南　事情都办妥了。

李文泉　大衣补好了，你上次走得仓促，衣服都没带够，这次得多带……

王亚南　对不起，我们又要分别了。这次事态严重，我不能带着你走，我已经安排好，你即刻启程去日本！

李文泉　我不想去日本！现在已经不是男人浴血战场，女人眼泪汪汪的时代了！国之大事，在祀与戎，上海满目疮痍，我虽为平凡女子，也早已做好为民族挺身而出的准备！我不能离开上海！

王亚南　我们不能意气用事，革命需要激情和牺牲，更需要理智和方法……

李文泉　可是，这个时候让我去日本，我要怎么面对被日本人杀害的亲人同胞……

王亚南　你不仅要去，还得带着任务去……我们聚少离多，此次更是远隔重洋，万一我回不来了……

李文泉　亚南，（二人牵手相望）战争让我们看淡死生，如果只有革命和抗争才能闯出一条血路，我们有彼此相伴一程，也就足够了，谁让我们赶上了这样的时代，我们相识、相知、相爱于炮火中，已是此生有幸……

王亚南　文泉，谢谢你！

【二人拥抱】

【音乐起。舞者手持月亮，翩翩起舞】

学生乙　至此，王亚南与李文泉夫妻二人一个在东京，一个在德国，相隔两地长达三年。

【收光。舞者下】

【海浪声起】

4.资本论之路

时间：1935—1938年

地点：上海

【起光】

【换场。场景转换至风浪中的轮船】

【众人化身乘客，在风浪中随着轮船颠簸。转台内圈随之左右摆动】

【乘客依次叙述】

乘客一　战前的欧洲，德国纳粹上台，政治氛围极其恶劣。

乘客二　王亚南寄居在德国的地下室工作。

乘客三　他一直坚持学习、翻译和研究。

乘客四　1935年，形势急剧变化，他毅然踏上了归乡之旅。

乘客五　在回程的轮船上，风浪巨大，路途颠簸，一个浪头打来，人会被摔出几尺远。

乘客六　为了能专心看书，他将自己绑在座椅上。船上的外国人看到这一幕，不禁竖起大拇指："中国人，了不起！"

乘客七　对于王亚南来说，读书能帮他战胜一切困难。

【乘客们下】

乘客六　在王亚南颠沛流离亡命各国之时，郭大力也正排除万难伏案于战火中。他们虽隔着一片大洋，却拥有着共同的信念。时隔两年，二人终于在上海重逢。历经战火洗礼的《资本论》第一卷译稿，也在这时完成了。

【郭大力、王亚南上】

【乘客六下】

【转场，场景转换至上海】

郭大力　亚南，告诉你一个好消息，上海读书生活出版社的艾思奇、黄洛峰和郑易里希望出版我们的译本。

王亚南　太好了，你了解他们吗。现在一些出版社背景复杂目的不纯，即便有些允诺给我丰厚的稿酬也都被我一一拒绝了。

郭大力　读书生活出版社是进步的出版社，大可以放心。艾思奇和郑易里翻译的《新哲学大纲》我看过，可以说是中国第一部马克思主义哲学经典著作的中译本。

王亚南　好。

【艾思奇、郑易里、黄洛峰上】

郭大力　我为你介绍一下。这位是艾思奇同志。

艾思奇　亚南同志，久闻大名，你把自己绑在船上的故事都传到上海了。

王亚南　嗨，见笑了，我这不是抓紧时间，能多读几本书嘛。

艾思奇　我来介绍一下，这位是郑易里同志。

郑易里　你好，亚南同志。

艾思奇　这位是黄洛峰同志。

黄洛峰　你好！

艾思奇　我们读书生活出版社成立没多久，李公朴社长就因为加入救国会，被老蒋政府以"危害国民罪"逮捕了，出版社困顿之际，幸亏易里兄出手相助。

郭大力　亚南，思奇、洛峰和易里都是有情怀和责任感的革命工作者，现在国民党对出版宣传方面稽查很严，所以他们下定决心出版我们的译本也需要很大的勇气。

郑易里　郭大力先生，不必客气，你们二人身份特殊，我们一定全力为你们打好掩护。

黄洛峰　出版社是革命的文化命脉，我们要在白色恐怖中挽救共产党的文化阵地。

艾思奇　是的！出版社接下来的首要工作是翻译出版马克思、恩格斯的著作，首先出版《资本论》！

郭大力　有你们的帮助，我们要加快第二、第三卷的翻译速度，

艾思奇　也要提高翻译质量。

郑易里　没错，译文必须更加缜密易懂。

王亚南　既要表达原著的实质内容，又要在文字方面保持民族风格。

郭大力　可是亚南，你这几年颠沛流离，胃溃疡十分严重，精神状态也不好，我担心你的身体会垮了……

王亚南　身体是小事，倒是战局让人担心。

艾思奇　是啊，西方经济大萧条导致法西斯快速发酵，纳粹党已经膨胀为德国第一大党。

郑易里　意大利墨索里尼政府，发动了对埃塞俄比亚的侵略。

黄洛峰　日本同样野心勃勃，对中国的侵犯才刚刚开始。世界大变局就要来了。

【学生甲抱着缠着血衣的椅子上】

学生甲　日本建立伪"满洲国"后，开始阴谋策动"华北自治"。并制定了一系列国策，公然宣称控制东亚大陆和西太平洋、最后称霸世界的野心。"七七事变"是日本全面侵华的开始，也是我中华民族进行全面抗战的起点。 1937年8月，日本调动20万大军进攻上海，上海尸骸遍野、一片狼藉。上海沦陷了……

【学生甲下】

【排长持枪上，冲至椅前。头缠绷带、伤痕累累】

【转台外圈启动，学生众人列队行走，双拳紧握，脚步沉重，义愤填膺】

排　长　弟兄们，没有问题的，今天是咱们死的时候了，为了保障多数人的安全，我们必须要死；为了下一代子孙的幸福自由，我们也必须要死；但是记住，多数人的安全，和下一代的幸福，是用我们的血肉杀出来的。日本鬼子是啥东西，他能不要命，我们为什么要怕死？他能跑到中国来送死，我们为什么不敢死在家门口？今天排长带着你们死，排长和你们死在一块，排长绝不会怕死走在你们后头……为了我们的祖国，我们一

起死!

【一名学生冲到最前，单手握拳，高高举起】

【排长及学生众下】

黄洛峰　现在上海成了孤岛，为了保存力量，出版社总部要迁到重庆，我已经带部分人员撤往重庆展开工作了。

艾思奇　我马上要到延安，只留易里在租界内负责日常事务。

郑易里　你们的住所太危险。大力家不远的暨南大学已被炸成废墟，亚南家不远的地方就是国民党军队的司令部，随时可能被炸。

艾思奇　所以，我们希望你们也尽快撤往内地。

王亚南　翻译到最后关头了，我们很快就能完成了。

郭大力　我们可以想办法到租界内坚持一段时间。

艾思奇　不行，你们两位身负重任，《资本论》的翻译出版不仅是你俩和出版社的头等大事，更关系到马克思主义在中国能不能尽快传播，得保全生命，才能完成更重要的事。

郑易里　（向王亚南）亚南，你的孩子快出生了，上海不宜久留。

黄洛峰　对，你先暂时回湖北，先把家里安顿好。

王亚南　好，好，我这就回去。

艾思奇　（拿出稿费）这是我们能拿出的全部稿费，不多，拿着救急。

王亚南　可是我们的书稿还没全部完成，出版社现在也是困难时期。

郑易里　你们在战乱中工作已经很不容易，生活又很艰辛，这只是预支的稿费，都是劳动所得。亚南，你的孩子出生后，需要用钱的地方还很多。

王亚南　谢谢，谢谢大家。（拿出书稿）这是我们翻译的《资本论》第一卷。

郭大力　第二、第三卷我们会尽快完成，早日交给出版社。

郭大力　亚南兄，保重。

王亚南　你多保重。

【王亚南、郭大力下】

【音乐起】

【场上三人化身学生甲、乙、丙上前叙述，移动至舞台前区靠上场口一侧】

【转场，场景转换至印刷厂，工人们正在印刷《资本论》】

学生甲　郭大力回到了江西老家，而王亚南去了湖北武汉，任国民政府军事委员会政治部第三厅设计委员会委员，在周恩来直接领导下工作，与邓颖超同志在一起办公。

学生乙　王亚南和郭大力将完成的译稿一部分一部分秘密寄往上海。为了减轻重量，他们把译稿用小字密密麻麻地誊写在最薄的航空纸上。

学生丙　《资本论》第二、第三卷的绝大部分译稿，就是在这战火连天、虎狼遍地的险恶条件下完成的。

学生甲　在经济生活极端困难的情况下。

学生乙　在出版社同志的密切合作下。

学生丙　在数十年持续不停的奋战下。

学生甲　1938年秋天，马克思主义的基石《资本论》一至三卷中文译本，终于在上海出版了。

学生乙　首次印刷的3000部，虽然由于反动派的多方限制和百般阻挠，在运输过程中流失不少。

学生丙　但仍有相当大的数量运到了大后方和解放区。

学生甲　1940年，又发行了2000部。

学生乙　这部表现人类智慧的巨著终于以完整的面貌出现在中国。

【众人戴手套上场，化身为印刷工人】

【转台旋转，印刷音效响起】

工人一　《资本论》是马克思主义最厚重、最丰富的著作，被誉为"工人阶级的圣经"。

工人二　这部巨著的中文翻译犹如一场接力赛，这个曲折艰辛的接力过程，凝聚着早期革命者和进步知识分子的夙愿和心血。

工人三　王亚南和郭大力的不朽功勋尤其值得铭记，他们是勇敢的播火者！

【舞者上】

【工人拉着印有《资本论》手稿的绸布上下挥舞】

王亚南　整整十年！十年的奔走，我没有一刻停下脚步。我知道，追求真理的路途没有捷径可求。《资本论》早已成为我心中最深刻、最神圣的信念。它始终鞭策着我：历史洪流浩浩荡荡，唯有思想永垂不朽！我要将科学的精神、知识的力量，带给更多的人！

【印有《资本论》手稿的两块绸布掠过观众席】

【收光】

5.家国之忧

时间：1938—1943年

地点：重庆、广州

【起光，音乐起】

【换场，舞台上呈现农民群像。众人化身奄奄一息的农民卧倒在舞台上】

王亚南　在中国有这样一群人，面朝黄土背朝天，几千年来，他们身处社会最底层，被剥削、被压榨、被欺辱，这就是中国的农民。

农民甲　老天爷行行好吧，这天不下雨，我们庄稼人还怎么活啊！

农民乙　地主哪是在催租，这是在催我们的命啊！

农民丙　田租地税连年在涨，可我们连饭都吃不起了。

农民丁　娘啊，你只当我死了，把我卖了得点钱，给爹爹治病吧！

【王亚南上】

王亚南　上海沦陷后，我带着家人一路风餐露宿、长途跋涉。我以为《资本论》的出版可以改变人民的思想，改变这个国家，但在从武汉到重庆的路上，我看着这片被现代化遗忘的土地，看着这群农民，真切地感受到了他们的悲苦。抗战爆发后，除了要钱要命的征兵征物外，他们还遭遇各种花样的敲诈。举国望去，还有多少没有破产的农村？还有几个不患营养不良症的农民？国家命运的改变，人民生活的进步，非一朝一夕，也非一己之力，困苦的现实把我的思想、认识变得十分单纯，我们的经济研究应该从中国农村现状开始。

【军统上，大肆搜查，赶走农民】

【学生甲冲向舞台前区，叙述】

学生甲　那些把肉从桌子上拿走的人，

　　　　教导人们满足。

　　　　那些获得进贡的人，

　　　　要求人们牺牲。

　　　　那些吃饱喝足的人，

　　　　向饥饿者描绘将来的美好时代。

　　　　那些把国家带到深渊里的人，

　　　　说治国太难，普通人，不能胜任。

【转场，场景转换为中山大学。学生众手捧书从两侧上】

学生众　白云山高，珠江水长，中山矗立，蔚为国光。

学生乙　1940年9月，王亚南赴中山大学任经济系教授兼系主任。

学生丙　1943年的一个夏夜，来自剑桥大学的李约瑟教授忽然来访！他们的会面，对二人的研究生涯都产生了深刻影响，在中国乃至世界文化史上留下了著名的"李约瑟之问"。

【场景转换为图书馆】

【学生坐在转台外圈及舞台前区台阶上，捧书阅读】

【王亚南、李约瑟上，二人在舞台后区高桥站立，只看得到轮廓】

【转台外圈转动。二人开始对话】

李约瑟　王亚南先生，我对中国古代文明颇为痴迷。此次来到中国调研，我要走遍大江南北，从敦煌莫高窟到伟大的工程都江堰，我终于可以一睹真容了！我虽然是一个自然科学研究者，但对经济史，尤其是中国社会经济史特别感兴趣，有个问题一直困扰着我，这次中国之行我就是来寻找答案的。

王亚南　是什么难题呢？

李约瑟　众所周知，中国是享誉世界的文明古国，对人类科技发展做出了诸多重要贡献，可是，近代科学革命为什么只在欧洲文明中发展，而未在中国文明中成长？

【王亚南自高桥下，缓缓走至台前】

王亚南　事实上，鸦片战争之后，我国一些有识之士就已经意识到中西方在科技方面的差距，试图回答类似问题。中国一直被视为一块"科学的新国土"，社会经济的历史演变无法生搬硬套刻板的公式去解释。中国社会的长期停滞问题，主要是由于封建组织在政治上是采取专制的官僚形态。（王亚南语）

李约瑟　官僚政治既然祸害如此，不就应该把它扔进历史的垃圾堆吗？

王亚南　西方学者之所以把中国的经济状态看成一个"谜"，看成一个例外，是因为他们忽略了中国官僚政治在被历史淘汰以前，也曾经作为先进的制度，使得中国在封建社会长期稳定发展和创造发达的经济。过分渲染一种亟待除去的东西的丑恶和过分渲染一种亟待实现的东西的美好，也许在宣传上是非常必要的，但同样会妨碍科学上的认识。（王亚南语）

【转台停。学生歌队叙述】

学生一　王亚南从中国官僚政治问题入手，经过4年多的探索与研究，先后刊发了17篇专论，最后结集出版《中国官僚政治研究》，作为给李约瑟教授的答复。

学生二 《中国官僚政治研究》一书被称为中国官僚政治研究的"开山之作"，迄今仍具有十分重要的现实意义。

学生三 郭大力、王亚南翻译，读书生活出版社出版的《资本论》中文全译本，毛泽东也用心研读过。这套书现在保存在中南海，封面盖着毛泽东手书草体"毛泽东"三个字的蓝色印章。

【阿卡贝拉演唱《东方红》】

【收光】

6.黎明之前

时间：1945—1946年

地点：厦门大学

【换场，舞台呈现抗战胜利后厦门大学课堂场景】

【日本天皇投降录音播放。郭大力上】

【起光】

【多媒体出日本天皇投降诏书】

郭大力 1945年8月15日，日本宣布无条件投降，苦战十四年的中国人民迎来了抗战胜利。为了这场胜利，3500万军民在战场中惨烈伤亡，中华民族付出了沉重的代价。在战乱中，王亚南也从中山大学辗转来到了福建永安，那里成了他又一个重要的"人生驿站"。他受聘为福建研究院社会科学研究所所长，兼任厦门大学（长汀校区）客座教授。

【场景转换至课堂。王亚南开设马克思主义相关讲座】

王亚南 同学们，新的时代到来了！一个新的人民的时代已在成长，虽然有些落后的封建势力还不肯轻易从历史舞台上退出，甚至有些还卷土重来，但是，在科学的时代要相信科学，在人民的时代要信赖人民，改变一个想法，改变一个做法，建设一个可以不再要政治魔术的时代，那就是

一个科学的、人民的时代！（王亚南语）

【众学生鼓掌】

学生甲　老师，您的《中国经济原论》被称为"中国式《资本论》"，您是怎么理解的呢？

王亚南　我们应以中国人的资格来研究政治经济学！马克思说过，哲学家们只是用不同的方式解释世界，而问题在于改变世界。《资本论》给了我们理论和方法，我们切不可忘记中国的现实，要用理论去解决中国的问题。（王亚南语）你们都是未来的经济学家，更要明白，如何以马克思主义思想科学地研究中国经济问题，不仅要了解经济学的基本原理，更要结合我国的国情，因为，寻找真理的路途永远是曲折坎坷的。马克思说过，"批判的武器当然不能……"

军警甲　（打断）走，就这间！（上）

【军警甲带领一群军警上】

军警甲　老师你继续，我们也来学习学习。

王亚南　好，同学们，卡尔说过，"批判的武器当然不能代替武器的批判，物质力量只能用物质力量来摧毁，但是理论一经群众掌握，就会变成物质力量"。所以，同学们，我们不要认为理论学习是纸上谈兵，学习是理论到方法和实践的必经之路。弗里德里希认为……

军警乙　弗里德里希，我知道！他是个外国人！

王亚南　他认为，卡尔，是第一个……

军警甲　（扬扬得意地打断）我知道，卡尔，是他朋友！

【军警甲说毕，军警乙鼓掌】

王亚南　卡尔，是第一个给整个现代工人运动提供了科学基础的人。他论证了人类在原始社会后的全部历史都是阶级斗争的历史，它是对一切以往社会思想的总结，并为以后人类社会有意识的自觉发展指明了方向。

军警丙　方向？哪个方向！

【学生们哄堂大笑】

军警甲　笑？笑什么笑！走！

军警丁　（环视一圈，手指了指同学）哼！（下）

【军警下】

学生甲　王老师，这群人每天都来课堂上捣乱，我们还怎么学习啊。

学生众　对啊！

【学生们纷纷开始抱怨起来】

学生乙　大家静一静，我觉得王老师的"障眼法"还真有效，称马克思为"卡尔"，称恩格斯为"弗里德里希"。

学生丙　对，还称列宁为"伊里奇"，并且以集体经济暗指社会主义经济，以个体经济暗指资本主义经济。

学生甲　嘘！王老师说了，特殊时代特殊称呼。

学生丁　话是这么说，咱们又不是特务，天天打什么暗号啊。

王亚南　（走入学生中）同学们，安静！你们知道吗，我有一个湖北老乡，他叫杨潮，被我们称为"新闻奇才"，他遇到的事情可比我们要困难多了。他和很多爱国文人一样，以笔为枪，用一支笔开辟了"第二战场"，无情揭露日本的侵略行径，尖锐抨击消极抗战积极反共的国民党当局。几个月前，他前往永安开会，被特务诱捕，但他在狱中不屈于种种威胁利诱，拒写"悔过书"，遭受严刑拷打，但还坚持翻译工作。所以，这点困难对我们来说算不了什么。

学生丙　王老师说得特别好，不管我们身处什么样的环境，都要继续坚持读书！

王亚南　好！等杨潮同志出狱的时候，我请他亲自来给大家讲课。来！我们继续上课！

学生众　好！

【学生戊上】

学生戊　王老师！不好了！（气喘吁吁跑上）

王亚南　怎么了？

学生戊　王老师，我们刚刚接到消息，警备司令部准备包围厦大，抓捕地下党员。

王亚南　昨天他们已经在厦门市抓捕了一批地下党了，没想到今天竟然来学校了！

学生甲　中国之大，竟容不下一张安静的书桌！

学生乙　王老师，他会不会把我们都抓走呀？

王亚南　别怕，学校会保护大家的！

学生戊　（拿出信封）王老师，刚刚我还在校门口发现了这个。

王亚南　什么？

学生戊　上面写着"王亚南收"。

【学生戊将信封倒过来，两颗子弹掉在了地上】

【学生们大惊失色，一学生捡起一颗子弹，大家开始窃窃私语】

学生众　子弹！

王亚南　（捡起另一颗子弹）没想到国民党还给我搞这种小伎俩！以后我每天就带着这颗子弹上课！（向学生戊）你去向省里报告，申请保释信函。

学生戊　好的，我这就去办！

王亚南　同学们，不要慌，现在情况危急，不宜过度冲突，我们先跟他们周旋，

学生众　好！

【《算速歌》起】

【学生戊从下场口一侧登上高桥，撩动线幕，左右张望后下】

【一学生从上场口走出，发现军警，拦住了后方的学生，急忙转头逃跑】

【军警出现，与学生展开周旋】

【军警们四处巡查，遍寻不得，气喘吁吁】

【学生们跑下观众席，躲在靠近下场口台阶一侧。一位学生在队伍最末四处张望】

学生乙　（上前请求观众）同学，等下有人来抓我的时候，你可千万不要告诉他们，好不好？

【学生乙问毕，躲回队伍中】

【军警上】

军警甲　人呢？

军警戊　队长，人不见了！

军警甲　人不见了？

【军警冲下观众席四处抓人质问】

军警甲　你！知不知道他们在哪？

军警甲　你！包庇匪徒，罪加一等！

【军警戊走到学生乙求助的观众面前】

军警戊　你！刚刚有没有看到一群人经过这里？

军警戊　（得不到回应，无奈地抱怨）队长，他们嘴真硬，果然是"吓"大的！

军警甲　算了算了，算逑了！散了散了！

军警众　（气喘吁吁）算逑了！算逑了！

军警甲　不行……（犹豫）算逑了！

【军警们欲放弃寻找，转身返回，摘下帽子扇风】

【军警甲走到下场口一侧，猛一回头，发现了躲避的学生】

军警甲　都别跑！

【学生们为躲避军警追赶四处躲闪，冲下观众席，一阵追赶后在舞台上被军警重重包围】

【王亚南上】

王亚南　你们在干什么？这都是我们厦大的学生，你们有什么权力乱抓人！

军警甲　我手上这份名单，都是厦大学生地下党员，这些学生藏匿于校园，不断非法集会、散发传单、大搞反动游行，（举起拘捕令）这是政府的拘捕令，你们赶紧把人交出来！

王亚南　你们这是非法逮捕！

军警乙　非法？你们厦大学生搞什么"反对美国扶植蒋委员长"的运动，还不是犯法？

军警甲　看清楚了，这白纸红印，如果包庇匪徒，罪加一等。

王亚南　你们滥抓无辜，罪不可赦！

学生众　滥抓无辜，罪不可赦！

军警甲　我们这是按规定办事，把人交出来！

军警众　把人交出来！

学生众　不交！

王亚南　现在校方正在跟省里交涉此事，在事情还没有搞清楚以前，你们不能随便抓人！

军警甲　我们有令在身，就是阎王老子来了也没用。你们必须交人！给我上！

王亚南　你们怎么就确定名单上的人是我们厦大的学生呢？

军警甲　你谁啊。

王亚南　我叫王亚南。

军警甲　原来你就是王亚南啊，王老师，国有国法，家有家规，我要人，你交人，我们公事公办！

王亚南　你们给我听好了。今天，你们休想从我这里抓走一个学生，你们要是胡乱抓人，我这碗饭可以不吃，我随身带着衣服和书，随时可以走！

军警甲　你！

王亚南　从鸦片战争以至八国联军之役姑且不论。辛亥革命之后的军阀混战打得还不够吗？北伐之后的十年内战打得还不够吗？"九一八事变"之后的14年抗战还打得不够吗？为什么中华民族惨遭百年战乱之后还要大打内战？煮豆燃萁，手足相残，你们还给我寄了这封装着子弹的信件威胁我，来吧！今天，我王亚南和你们奉陪到底！

【军警甲的帽子掉在了地上】

军警甲　好，王亚南，我记住你了，你给我等着！

【军警甲匆忙捡起帽子，带着其他军警下】

【学生们纷纷高兴地向王亚南围过来，开始议论】

【学生戊上】

学生戊　王老师，王老师！

王亚南　怎么了？

学生戊　我们刚接到消息，杨潮同志……

王亚南　杨潮他怎么了！

学生戊　杨潮同志他……牺牲了。

【收光，暗转】

【众人下】

【起光，杨潮上场。手上拖着墓碑，双脚缠着铁链】

【众学生和王亚南从观众席侧门出，在舞台前向杨潮献上蜡烛，寄托哀思】

杨　潮　我，杨潮，笔名羊枣。生于1900年，1946年1月，我被国民党反动派虐杀于杭州监狱，享年46岁。自从我踏上革命的道路，就没想过回头，就是因为领会到中国的问题在哪里、中国的未来在何方。所谓铮铮铁骨宁死不屈，是因为我们都有共同的革命理想，是因为我们都要发出自己的光和热！我相信我的无畏我的牺牲是值得的，新中国太阳的升起，如果需要千千万万革命烈士的托举，我希望我会是其中一个……

【杨潮下】

【王亚南坐在台前叙述】

王亚南　杨潮同志，你死得不明不白，我会给报社发文要求政府彻查你的死因，等着吧！国家民族风雨飘摇，我辈自当奋力向前，抗战胜利了，我以为我们当初不顾一切奔赴的目的地到了，可以卸下重担继续未完的事业；我以为历经了无数黑暗无数等待，黎明就在眼前，可是这漫漫长夜，什么时候才是尽头……

【李文泉、王洛林、王岱平上】

李文泉　亚南，这么多年，你的坚强笃定是我最钦佩的，相信我，最艰难的时刻我们都挺过去了。虽然现在一片白色恐怖，但是，反动派越是不择手段，越说明他们即将崩溃。所谓黎明前的黑暗，就是考验我们毅力的时候，黑暗不会让我们放弃的，只会让我们更加珍惜胜利的来之不易。

王亚南　是的，只有光明才能驱散黑暗，越是黑暗，光明就越有力量，哪怕一道微光也能划破黑暗。

李文泉　亚南，你还是按组织的安排暂时去香港避一避吧。

王亚南　对不起，我颠沛流离了大半辈子，这么多年也没好好陪着你们……

王洛林　爸爸，你怎么又要走了。

王亚南　洛林，时间真快，我和妈妈抱着你在重庆山林里赶路的情景好像还是昨天，那时候你就很棒，不哭不闹！现在，你已经8岁了，是个经过大风大浪的大孩子，更要坚强，要照顾好妈妈和妹妹，爸爸很快就会回来。

王岱平　爸爸，天这么黑，你出门不害怕吗？

王洛林　胆小鬼，天一黑就黏着妈妈。

王亚南　不怕，天再黑，也有月亮，也有光芒，而且，黎明到来时，太阳奔腾而出，黑暗就吓得逃走了！

王岱平　爸爸，我记住了，以后我也不怕天黑了，我要像哥哥一样坚强！

王洛林　爸爸，我今天学了一首诗，我会背了，我背给您听好不好？

王亚南　好！

王洛林　春江潮水连海平，海上明月共潮生。滟滟随波千万里，何处……

王亚南　何处春江无月明！

王洛林　爸爸，海上明月共潮生是什么样的，我想您带我去看看……

王亚南　爸爸一定带你们去看大海，不仅看海上明月共潮生，还去看海上日出，看"万丈光芒染海风"……

【王岱平出，清唱《红》】

王岱平　一朵红的花，静静地开放，深藏在心中，山河也飘香。妈妈告诉我，红在血液里流淌，无论在哪里，你我颜色都一样。我祈祷，我努力，没有战火的消息，为自由，为和平，为了梦中的安宁，把手递给你，换你的真心，我们肩并肩，坐看阳光照大地……

【岱平歌唱时，李文泉、王亚南对话】

李文泉　亚南，山海一直都在，凤凰花年年都开，我们等你……

王亚南　等着我回来，我带你们看黎明后的大海。

【海浪声起】

王岱平　我们肩并肩，坐看阳光照大地……

【音乐起，转场渐收】

【收光】

7.海天之歌

时间：20世纪50年代

地点：厦门大学

【换场。场景转换至新中国成立后】

【众人搬风扇上场】

【起光，音乐起，《歌唱祖国》】

【学生依次搬木椅上场并叙述】

学生甲　1949年10月1日，毛泽东主席站在天安门城楼上向全世界庄严宣告中华人民共和国成立。中国人民从此站了起来，真正成为国家的主人。

学生乙　1950年秋，王亚南成为新中国成立后厦门大学第一任校长。

学生丙　当时中央人民政府政务院首批任命的只有两所大学的校长，正是在中国经济学界素有"南王北马"之称的王亚南和北京大学校长马寅初。

学生乙　同年，郭大力调到中央马列主义学院工作，此后，他全身心地投入到研究马克思主义政治经济学的工作中。

学生丁　1957年，王亚南光荣加入中国共产党。从一个民主主义知识分子成长为共产主义战士。这是他数十年努力学习马克思主义，热烈追求真理和进步的必然归宿。郭大力也于同年加入中国共产党。

【王亚南、郭大力分别从两侧出，举手宣读新中国成立初期的中国共产党入党宣誓词】

王、郭　我志愿加入中国共产党，承认党纲党章，执行党的决议，遵守党的纪律，保守党的秘密，随时准备牺牲个人一切，为全人类彻底解放奋斗终身。

【音乐起，二人继续对话】

王亚南　今天，我们两个人光荣地加入了中国共产党。这一晃，30多年了，我们也是一起出生入死的生死之交。厦大的钟声时常让我想起大佛寺的钟声，想起我们一起背诵《共产党宣言》的澎湃激情，想起我们决定翻译《资本论》不顾一切地投入革命的坚定，想起那些舍生取义、没能看到新中国成立的兄弟同志……

郭大力　事实上，从我们决定翻译《资本论》起，我们的奋斗目标就和党的事业、革命的事业联系在一起了。

王亚南　是的，过去、现在和未来，我们的心都是向着光明的！

郭大力　是的，过去、现在和未来。

二人合　我们的心都是向着光明的！

【郭大力下，李文泉上】

【王亚南位于舞台一侧，二人分别叙述】

王亚南　文泉，你看到了吗，这就是当年我说的"海上明月共潮生"！

李文泉　是啊！山海无恙，我们能生活在和平年代，不用再在炮火中流离失所，就是最大的安慰和幸福！倒是你的胃病太严重，白天忙行政，夜里忙写稿，每天四点就起床，长期这样，我很担心你的身体。

王亚南　不用担心我，我的胃可是经历过革命和战争考验的，不敢罢工！

【李文泉下，王洛林上】

王洛林　爸爸，告诉你一个好消息，我考上了北京大学。

王亚南　好啊！

王洛林　而且，跟您一样，我选择了经济系！您常说，马克思认为改造社会，应该从经济制度着手。我也要学习经济、研究经济，将经济学知识投入到新中国建设中去。

王亚南　新中国建设太需要经济学知识了，我还是那句话，要以中国人的立场去建设新中国的经济学！切不可忘记中国的现状，要用理论去解决中国的问题。

王洛林　我知道了，您常和我说，时间不等人。

王亚南　对，刻苦努力，时间不等人！

【王洛林下，王岱平上】

王岱平　爸爸，这里的海真美啊！

王亚南　是啊。

王岱平　爸爸，你为什么喜欢大海？

王亚南　那你说说，我为什么喜欢大海？

王岱平　我知道！因为大海的颜色是朴素的！

王亚南　还有呢？

王岱平　因为大海是奔流不息的！

【王岱平开心地转圈，下】

王亚南　你说得都对，大海是永远看不厌的！我这一生都与大海息息相关，大海之所以让人永远看不够，是因为它在无休止地运动。它体现了宇宙最基本的规律……大海在前进中会遇到种种暗礁、峭石，但是，它没有停止过前进，没有怀疑过自己的步伐！

【学生上】

学生甲　王校长，您为什么常常以野马自喻？（下）

王亚南　有人说，一个人的气质里，藏着他走过的路，读过的书和爱过的人。解放前，我一直将书房称为"野马轩"，坪石野马轩、湖南醴陵野马轩、永安野马轩、长汀野马轩、厦门海畔野马轩……我虽然研究经济学，却也喜欢读文学历史经典，《庄子·逍遥游》中写道："野马也，尘埃也，生物之以息相吹也。"我自喻野马，因为国家危难，需要每一个中国人勇猛地奔赴前线。在民主的世纪里，这不是一个很自然的个人希望吗？一个波浪在海洋里激荡，同一匹野马在原野中奔驰不是很相像吗？每滴海水越是按照自己的自然规律自由地活动，大海越能成为一个威力无比的整体，每个人越是自由发展，马克思的理想就越临近。你们如果知道马克思关于共产主义的著名定义，就知道，这种自由，比个人主义的自由要高级得多。（王亚南语）

【建南钟声响起，屏幕显示厦大校徽】

王亚南　同学们，我担任厦门大学校长19年，对她怀有深深的感情。今天，站在这雄伟的大会堂，看着现在的你们，我仿佛能想象到你们毕业时的情景。这是相信科学、崇尚科学的时代，我希望你们海纳百川，在勇攀科学高峰的路上乘风破浪。厦门大学因海而生，伴海而长，是中国距离大海最近的一所大学。"面朝大海"是校主嘉庚先生的夙愿，他说："要让外国的轮船来往厦门港的时候，能从海上一眼就看到一所壮观的学府。"你们就像是即将远航的水手，未来不可避免地将遭遇各种人生风浪、冲跃不同的人生险滩。我希望你们拥有大海的品格和胸怀，更坚信你们能够搏击风浪、冲跃险滩，保持正确的航向，到达胜利的彼岸，实现人生的理想。

【王亚南说到"你们就像是即将远航的水手"时，众学生上场。站立于舞台前区左右两侧】

【领唱起，《夜空中最亮的星》】

王亚南　当你们在远航中感到疲惫、迷茫、孤单的时候，科学是指引方向的明灯，母校是你们温馨的港湾。再见了！亲爱的同学们！再见了！即将远航的水手们！我衷心祝愿你们前程似锦、一帆风顺！

【学生合唱《夜空中最亮的星》】

【音乐起，远处诗声琅琅，字幕散落在海天白沙之上】

【舞者上。一块深蓝色纱从舞台上方缓缓落下】

【转台内圈转动。舞者手持蓝纱随风自由起舞】

歌　队　人生无处不作客，

　　　　　莫谓有家归不得。

　　　　　小楼遥望海天月，

　　　　　不嫌窄，

　　　　　古稀之年早不惑。

　　　　　栖栖羁旅南复北，

　　　　　笔墨生涯枉自责。

　　　　　真理错误一纸隔，

　　　　　何所获？

　　　　　长夜漫漫睡不得。

【转台停。舞者松开蓝纱，纱飘浮于空中，缓缓落下】

【收光】

剧　终

附：谢幕彩蛋

【众人从后方高桥上，按谢幕先后顺序从低到高站成方阵】

【音乐起，多媒体出宫廷金色图纹】

【太监甲、乙撩帘】

太监甲　老佛爷，厦门大学的一群学生在建南大会堂搞艺术，真是闻所未闻，见所未见——

慈　禧　难怪厦大的戏这么精彩，走了哥德巴赫，来了海天月，听说在翔安还有个长汀往事。来人呐！

众　人　在——

慈　禧　给我鼓掌——

众　人　嘛。（鼓掌）

【收光】

【音乐起，《夜空中最亮的星》】

【起光，谢幕】

2020年9月28日，厦门大学原创话剧《遥望海天月》在建南大会堂首演，图为王亚南剧照

剧照：王亚南与郭大力决议共同翻译《资本论》，探索救国救民真理之路

剧照：王亚南与郭大力共同完成《资本论》翻译

剧照：马克思主义巨著《资本论》翻译完成

剧照：告别旧秩序，迎接新时代

剧照：王亚南课堂授课，与学生互动交流

剧照：抗战伊始，上海孤岛时期战场上一名排长形象

剧照：王亚南与家人（李文泉、王洛林、王岱平）

原创话剧
《哥德巴赫猜想》

（2020年版本）

编剧：工晓红

导演：王　根

主要人物：（按出场顺序）

陈景润

陈景润化身

李向东　陈景润的大学同学

刘大志　陈景润的大学同学

王春明　陈景润的大学同学

张晓燕　陈景润的大学同学

李教授　数理系教师

王亚南　厦门大学校长（时任）

华罗庚　中国著名数学家

由　昆　陈景润的妻子

群众角色若干

舞　者

歌　者

乐　队　小提琴、大提琴、吉他、手风琴

　　2018年12月18日，党中央国务院决定，授予改革开放以来在各行各业有突出贡献的100名同志"改革先锋"称号。其中陈景润作为激励青年勇攀科学高峰的典范受到表彰，荣获"改革先锋"奖章。2019年，在庆祝新中国成立70周年时，陈景润被评为"最美奋斗者"；回顾陈景润的故事，我们感到时代的英雄从未远去，永远鼓舞激励着一代一代的中国人去追求美好幸福生活，实现民族伟大复兴。

序　场

　　【舞台包括两个表演区，中间为主要表演区；左区角舞台是一个6平方

米的刀把形房间，一张小桌子一张小椅子，陈景润化身埋头验算数学题，贯穿全剧】

【舞台后方为高桥。舞台场景变换主要依靠由若干个方墩进行不同组合】

【歌者、乐队出，唱响《我和我的祖国》，乐队合奏。陈景润捧着书本从观众席中的通道慢慢走上，小提琴跟随伴奏。歌声毕，歌者和小提琴下】

【一段用德语朗读的哥德巴赫猜想原文播放，接着，歌队成员从右侧旋转门一一走出，配合叙述】

歌队甲　1742年，德国数学家哥德巴赫无意中发现，任何大于5的奇数都是三个素数之和。例如，77=53+17+7，461=449+7+5，461也等于257+199+5。他写信给瑞士数学家欧拉进行求证。

歌队乙　欧拉认为这个命题看来是正确的，但是必须经过严格的证明。在此基础上，欧拉提出：任何一个大于2的偶数都是两个素数之和，这就是哥德巴赫猜想。但是，他们终其一生也没能证明这个命题，带着一生的遗憾离开了人世。

歌队丙　有人一个一个地对偶数进行了验算，一直验算到三亿三千万之多，都表明是正确的，但是，更大、无穷大的数目呢？却难以证明！

歌队丁　直到今天，这个古老的古典数学猜想始终悬而未决，吸引着无数数学爱好者投身其中。数学是自然科学界的皇后，那么哥德巴赫猜想就是皇后王冠上的明珠。

【左区角舞台，陈景润化身埋头进行数学运算，不受舞台干扰】

【演员转身，舞者出，在舞台后区高桥上舞蹈，乐队合奏《圣母颂》】

【舞者舞蹈中途，歌队成员一一转身，继续叙述。陈景润起身，默默走到舞者身边】

歌队甲　二十世纪三四十年代，在中国的南方城市——"榕城"福州，一个沉默内向的孩子在战火纷飞、风雨飘摇中渐渐长大，从"三一小学"到"英华中学"，他的数学天分光芒初绽。

歌队乙　新中国成立后，他在"朝阳班"奋力学习，像一轮冉冉初升的红日，等待着最后的一跃而起。

歌队丙　1950年春，中央人民政府教育部发布了高等学校招考新规定："凡有高级中学毕业的同等学力，而又持有必要的证明者，可报名投考。"

歌队丁　尚未高中毕业的16岁少年，以"同等学力"报考了素有"南方之强"美称的厦门大学。他，被录取了。

歌队戊　当时的厦门处于海防前线，路途遥远、危险重重，家人朋友好言相劝，希望他留在福州上大学，但是，他坚持"就是走路，我也要走到厦大去"！

歌队己　他，就是厦门大学数理系1950级学生——陈景润。

【陈景润在舞台右侧伫立，抬眼望远】

【陈景润、乐队和舞者下。灯暗】

1.大学时光

背景：1950—1953年，陈景润就读于厦门大学

时间：1951年春

地点：厦门大学校园内外

【歌者伴着乐队的合奏哼唱歌曲《鼓浪屿之波》，伴随着海浪声。两个学生巡逻兵在舞台前区巡逻，众演员上，变换场景。乐队奏罢，下】

【舞台为厦门大学教室内外。教室里有方墩组合成的课桌，张晓燕在看书，王春明跑上】

王春明　（神秘地）昨天晚上听见了吗？

张晓燕　听见什么了？

王春明　又开炮啦！

张晓燕　这有什么好大惊小怪的，厦门大学是前线大学，每天晚上要是不来几声炮响，我还睡不踏实呢。

王春明　也是！只要不钻防空洞就万幸了！（转向张晓燕）你刚开完学生代表会议，快说说，有什么最新指示？

张晓燕　战事吃紧，老蒋那边不断挑衅，学校召集了学生巡逻员，还给配枪，我们现在可是带枪的大学生了。如果形势还不乐观，很可能要将理科、工科迁往龙岩。

王春明　（沮丧地）这人心惶惶的怎么让人两耳不闻窗外事！

【刘大志身着一身旧军装上。王春明凑上前，李向东在一旁看着】

王春明　今天心情不错。

刘大志　好长时间没有一夜睡到大天亮了。

王春明　前线危机你寝食难安？

刘大志　（从书包里掏出一个手电筒）罪魁祸首就是它！

王春明　你偷了"爱因斯坦"的手电筒！

李向东　"爱因斯坦"？

王春明　就是我们宿舍的陈景润。（拿过手电筒）手电筒可是他的命根子，熄灯以后就靠它学习呢，难怪他昨晚翻箱倒柜地找东西。

张晓燕　刘大志，你也太损人利己了吧！

刘大志　你知道我当过兵，晚上睡觉见不得光，他老是半夜学习，搞得我天天梦见敌人开炮了。哎，你们都别说哦。

王春明　你别睡不着觉怪床，他不是经常包在被窝里才用手电筒吗，我看你是嫉妒他学习好。

刘大志　不可能！光学习好有什么用。我也是为他考虑，他不是身体不好嘛，老是熬夜看书对眼睛对身体都不好！

王春明　昨晚没找着手电筒他就出去了，我半夜醒来他的床是空的。一夜未归！你们说，他不会是又看书看得忘记时间被关在图书馆里了吧。

刘大志　是也不奇怪。

王春明　对了，他最近从早到晚不停地算不停地算，你们猜猜他在算什么？

李向东　算什么？

王春明　他呀，没日没夜地计算，就是为了证明"三角形两边之和不一定大于第三边"……

刘大志　（大笑起来）你说这人是不是脑子有问题！他竟然怀疑一个定理！（见李教授进来，不吭声）

王春明　可不是嘛，还有上次在图书馆的时候……

李教授　（打断王春明）咳咳。

王春明　（毕恭毕敬地）李教授好。

【李教授走上讲台。学生们归位坐好】

李教授　这次高等微积分的考试成绩已经出来了，（把成绩单给晓燕，晓燕发放给其他同学）有些同学复习得不充分，成绩不理想。你们都很聪明，但是，学习数学不是光凭脑子灵活，勤奋才是最重要的。

王春明　李教授，我知道学习数学勤奋很重要，但是现在这局势，根本没法静下心来学习，听说咱们数理系马上就要迁到龙岩去了，山高路远的，到那儿学习环境就更糟了。

李教授　环境并不能决定是否能专心学习，环境越是艰苦，越能考验你们学习的专注力。你们看陈景润同学，一直以来，他都十分认真刻苦，教学大纲的内容从来都提前看，题目你们做一遍，他至少做三遍，各种方式都试一遍。你们要好好向他学习……

刘大志　还学习呢，都旷课了！

李教授　（发现陈景润不在）怎么回事？

【两个学生巡逻员带着陈景润上。李教授上前询问情况】

巡逻员甲　请问李教授在吗？

李教授　我就是。

巡逻员甲　老师，抱歉打扰您上课。是这样，今天凌晨我们巡逻的时候发现一个形迹可疑的人，他半夜三更不好好睡觉躲在三号楼厕所里。

巡逻员乙　（拿出稿纸）当时他的手里还在写着这些数字和符号，我们怀疑他是特务。他说他是您的学生，可是什么证明也没有。

李教授　（认真鉴别手稿后，长叹一口气）他人呢？

巡逻员甲　在门口呢。（冲门外）唉，唉，唉，过来过来！

【陈景润迟迟不敢上来，李教授翻看手稿，二巡逻员嘀咕】

李教授　人呢？

巡逻员乙　人呢，不会逃跑了吧！

巡逻员甲　我去看看。（下，幕内道）叫你呢！没听见呢？快跟我进来！怎么还在看！（带陈景润上）

【陈景润始终在看书，若有所思状上】

巡逻员甲　哎呀，怎么还看啊！（抢过陈景润手里的书）就是他！

陈景润　（走向李教授）李教授！李教授，我跟他们解释了，可是，他们就是不相信我。

李教授　同学们，你们误会了，他是我们数理系的学生，叫陈景润，这是数学公式和运算符号，你们看，这是柯西不等式，不是特务的密码。

【李向东把陈景润叫过来询问情况】

巡逻员甲　（重看稿纸）看来真是误会，我们也不想这样。现在是非常时期，老蒋的炮弹不知道什么时候会飞过来！半夜不在宿舍睡觉，到处乱跑，扰乱治安，这次就算了，下不为例！

陈景润　对不起，对不起……

巡逻员乙　看来事情已经弄清楚了，不过李教授，还得麻烦您去教务处做个证明。

李教授　好好，一定配合工作。（对陈景润）景润啊，你过来，（还陈景润手稿）爱学习很好，但是晚上还是要休息，在外面学习，既不安全对身体也不好。

陈景润　知道了。

【二巡逻员下】

李教授　（拍拍景润的肩膀，对大家）大家先预习第三章，我马上回来。（下）

李向东　陈师兄，到底怎么了？

陈景润　（憨笑）同学们对不起，耽误大家上课了。我的手电筒不见了，昨天宿舍厕所的灯坏了，所以我就找有电灯的地方做题目，以后不敢了……

刘大志　巡逻队怎么搞的，居然不认识咱们的陈景润？

李向东　为什么要认识陈师兄啊？

刘大志　你看陈景润，戴着厚厚的高度近视的眼镜，像不像田螺？他的大衣后面都破了，从来不补，远远望过去，就像穿着燕尾服。还有啊，他常年就穿一双破布鞋，那鞋子的布都变成一丝一丝的了，就像凤凰的尾巴。所以啊，"田螺眼""燕尾服""凤凰鞋"就是他的三大特色。

王春明　他父亲不是邮局小领导吗，应该是有钱人家啊。

李向东　听说他家里兄弟姐妹多，生活也挺困难的。

王春明　他一顿就两个馒头配酱油，也没其他花销，再困难也不至于半个月不洗澡不洗脚，我睡在他上铺，感觉就像睡在一大缸酱油上面。

李向东　那是因为他平常非常节俭，舍不得买肥皂牙膏这些日用品，连衣服也不敢多洗，怕洗坏了。

张晓燕　是，爱因斯坦平时是节俭了些，可他学习上认真刻苦！

刘大志　没错，他学习的干劲绝对让人高山仰止，连爱因斯坦都自愧不如！

李向东　我觉得这样挺好的，在学习上啊，我们才应该自愧不如！

李教授　同学们，刚才的误会已经解释清楚了。陈景润同学正因为学习投入忘我，才会在生活上不拘小节，你们要向他学习。这次考试，他又是成绩全班第一。

刘大志　老师，陈景润虽然学习勤奋，但是他思想太落后，不关心国家大事，不参加集体活动，我好几次动员他参加学生巡逻队，他老不去，要是他参加了，就不会发生今天这种事情了。

陈景润　对不起，对不起，以后我会多参加集体活动，而且，我以后晚上看书尽量不打扰同学休息，少用手电筒，还有，我会更讲卫生，保证每天洗脚，做一个文明的大学生。

李教授　大家都先坐下吧。

【刘大志从怀里掏出手电筒还给陈景润。同学们归位】

李教授　（踱步思索片刻）同学们，就算在战争年代，学生的基本任务还是学习，既要提高政治意识，也要刻苦学习。你们知道吗？抗战时期厦门大学内迁长汀，从厦门到长汀，要渡过九龙江及十几条溪流，越过多座崇山峻岭，道路崎岖、人迹稀少。可是厦大师生们翻山越岭，长途跋涉八百里，历经二十天才最终抵达。厦大在长汀的八年艰苦岁月，学风却一直很好。当时萨本栋校长就说"不到最后一刻，决不放弃！"现在学校正开展"端正学风、加强学习"的活动，你们应该好好领会学校的良苦用心。一个国家既需要为国浴血奋战的军人，也需要为科学潜心研究的知识分子。你们是新中国成立后的第一批大学生，恰逢百废待兴之时，只有储备好知识，才有能力为国出力，才能以知识之光照亮国家前途。

【音乐起，吉他手弹奏《让我们荡起双桨》】

李教授　来，我们继续上课！

背景：1953年9月—1954年9月，陈景润大学毕业后分配到北京中学教书

时间：1953年秋

【歌队甲、乙在后区高桥上叙述】

歌队甲　好老师是知识的传播者，是等在人生十字路口的引路人，当黑夜降临就出现了。他指引前进的方向，他点拨人生的迷津。不是人人都有机会遇到好老师，也不是人人都能成为好老师。

歌队乙　陈景润遇到了好老师，他也想成为一名好老师，传播知识，培育人才。大学毕业后，陈景润被分配到北京一所中学教书，为了上好人生中的第一节课，他准备了整整两个星期，在正式上课前一天，还在宿舍里进行试讲，那是陈景润上过最完美的一次课⋯⋯

【陈景润面向观众试讲】

陈景润　同学们好！我是你们的数学老师陈景润。数学是一门可以超越时间、跨越空间的学科，只要有兴趣投入数学学习，你可以和中国古人对话，可以和现代欧美数学家切磋。现在，我出一道题目，你们试试看！⋯⋯有一把棋子，三个三个地数，最后剩下两个，五个五个地数，最后剩下三个，七个七个地数，最后余下两个，请问这把棋子有多少个？

吉他手　23个！

陈景润　这位同学回答得非常正确，大家知道吗？这是我国古代重要的孙子定理，这个问题属于数学的一个分支——那就是"数论"！

【音效起，上课铃声】

【众演员换景，场景变换为中学教室】

班　长　发书啦！发书啦！

陈景润　同学们好，我是你们的数学老师陈景润。那⋯⋯那我们开始上课吧！我们今天来讲⋯⋯

班　长　起立！

众学生　（起立，大声地）老师好！

陈景润　（被同学们的喊声吓着了，忽然手足无措）好，好，同学们好⋯⋯我们⋯⋯我们开始上课。（突然意识到）哦，请坐！我们今天来讲孙子。

男学生一　（嬉笑喧闹）孙子！

男学生二　你才是孙子！

陈景润　（解释）不是孙子，是孙子！

学生甲　（大笑）老师我知道，孙子不就是儿子的儿子嘛！

陈景润　不是，不是！孙子是中国古代的一个军事家！

【学生们开始交头接耳。陈景润慌乱起来】

陈景润　我们不说孙子，先说说学习数学的方法。……要勤奋……勤奋，就要多做题，而且要严谨……

【喧闹声响起】

学生乙　老师，您太不严谨了，大家看，陈老师的衣服穿反了，裤子扣子也扣错了。

【陈景润慌忙整理衣服，同学们哄笑】

陈景润　对……对不起，同学们，你们不要喧闹……我们上课……

【教室里炸开了锅，男生揪女生辫子，放毛毛虫，纸飞机漫天飞】

陈景润　同学们不要喧闹！

陈景润　同学们不要喧闹！

【学生们先是愣住，随后哈哈大笑，乱作一团。陈景润沮丧至极，用教案猛敲了一下自己的头】

【音乐起，手风琴、吉他《忧郁摩天轮》】

2.摆地摊的大学生

背景：1954年10月—1955年2月，陈景润结束北京工作回福州老家养病

时间：1954年12月

【众演员换景。歌队甲、乙上场】

歌队甲　去年陈景润被分配到北京的中学教书，可是他不会讲课，一到讲台上就脑子空白、舌头打结，后来学校照顾他，安排他帮其他的老师批改学生作业。

歌队乙　可能是刚到北京，不适应那里的气候，他一年内住院6次，动了3次手术，耽误了工作，看病还花了学校不少钱，陈景润觉得给学校

和国家添麻烦了。再后来，他生病了，从北京回福州来休息，休息休息……

【陈景润在台阶处摆书摊】

中学生甲　（拿着书）高中数学……几何原理……这个书摊太奇怪了。

中学生乙　你们没发现啊，这个人已经在这儿摆了好几天了。现在还有一些小人书了，刚开始的时候啊，全是可怕的数学书，看着就跟天书一样！

中学生甲　老板，这本几何书能借吗？——老板？（见陈景润无反应，联合乙一起，大声地）老板！

陈景润　（吓了一跳）小朋友，你要借书吗？

中学生甲　我想借这本几何书。

陈景润　你要借几何书，你可是第一位借数学书的同学，你为什么要借这本几何书啊？

中学生甲　我对几何感兴趣，我现在初三，课本里的我都会了，想看看是不是有更有趣的几何题。这本书多少钱？

陈景润　（兴致盎然）来，你拿着，这是我的高中课本，不用钱，如果你看书过程中有什么不懂的，可以来问我，我们一起研究研究！

中学生甲　这么多书，不用钱，这样好吗？

陈景润　没关系，我每天都在这儿，你想什么时候还都可以。

中学生甲　谢谢老板！老板再见！

陈景润　同学等一下！这本书给你。

中学生乙　《花木兰从军记》？谢谢老板，老板再见！

陈景润　哎，同学。我这儿不仅有高中数学书，还有高等数学和线性代数，如果你们有兴趣的话，可以随时来找我……

【管理人员甲、乙上场，将手风琴和吉他手呵斥下场】

管理员乙　这是谁的书摊？

管理员甲　同志，你的营业执照呢？

陈景润　什么？

管理员乙　（比画着，用福州话）执照？营业执照？懂吗？

陈景润　（摇摇头）不懂……

管理员甲　也就是允许你摆摊的证明，没有营业执照是不能随便在这儿摆摊的，走，赶快收拾一下回去！

陈景润　（着急，从包里掏出毕业证书）哦。

陈景润　不对，我有，我有，您看这个行吗？

【王亚南上】

【管理人员接过毕业证书，仔细查看】

管理员甲　（大吃一惊）厦门大学毕业证？

管理员乙　（福州话）厦门大学毕业的高才生在这儿摆摊子啊，你是有什么任务吗？是组织派你来的吗？还是你有什么难处？你说，你说，说来听听……（步步逼近陈景润）

【中学生在一旁观察】

管理员甲　（拉着乙）好啦，好啦，队长，人家肯定有原因的，就让他在这儿摆摊吧，不要吵人家了。

管理员乙　对，对，陈同志，你好好看书，我们不吵你！

中学生　大学生哥哥，再见！

陈景润　再见！再见！

【中学生、管理人员下。王亚南走上来】

王亚南　陈景润，你果然在这里？可让我好找！

陈景润　王亚南校长……王校长，您怎么来了？

王亚南　来，咱们坐下聊！

陈景润　看到您太高兴了，我还记得上学时，您亲手给我发了一双鞋，您把自己的稿费都拿来买鞋给家里有困难的同学。

王亚南　给你们买鞋，是希望你们能走得更远，不要半途而废……

王亚南　你现在身体怎么样了？

陈景润　好多了，没事……

王亚南　景润，你没说实话！

陈景润　王校长，我……

【二人坐在方墩组合成的台阶上】

王亚南　你的情况我也刚听说，这次除了到福州开会，也要解决你的问题。前年国家急需人才，号召大学生尽快投入新中国建设，1950级的学生必须提早一年参加工作。我记得你当时毕业志愿表格里填写的是：少说话的地方！（笑）也是，你本来就是以同等学力入学的，加上要提前一年毕业，现在应该才20岁。虽然你的学习能力很强，但是个性内敛，表达能力和沟通能力都缺少锻炼……

陈景润　我……我一上讲台腿就发抖……

王亚南　谁第一次上讲台不紧张呢，紧张更说明重视。当时学校也考虑过，觉得像你这样的情况更需要机会去锻炼锻炼，希望你能正视缺点、克服困难，通过努力和锻炼把缺陷转变为优势。年轻人嘛，就是应该站到国家人才急需的第一线，对你本人也是一次新的挑战。只是没想到……看来你还是更适合做研究！

陈景润　（边说边收书摊）我现在也挺好，在这儿摆个书摊，自力更生。

王亚南　我知道你家里兄弟姐妹多，生活很困难，我们这一代大学生，大都经过战火磨炼，体验过饥寒交迫，知道世道艰辛，穷一点好，穷而后工。

陈景润　王校长，我从来不觉得贫穷是苦，贫穷的日子里也可能甜蜜。您知道吗？我在家族里是"景"字辈，在我们福州，日子过得好，叫作"滋润"，我父母希望我过得好，所以起名"润"。

【音乐起，小提琴手在后区高桥上演奏】

陈景润　我母亲44岁就过世了，她一辈子生了十二个孩子，只有六个活下来，我排行老三。不瞒您说，小时候，父母终日为生活奔波，家里孩子多，加上我又体弱多病、瘦小孤僻，我总觉得我从生下来那天起，就是个多余的孩子。……可是，在我八岁那年，有一天夜里，我母亲正在为家里的开销算账。家里没钱，账并不难算，但是，她怎么也算不清楚。在一旁做作业的我，一下就帮她算出来了。我母亲高兴极了，她用力地抱了我，我吓了一跳，这是我记忆里唯一一个母亲的拥抱，多甜蜜啊。可惜她过早离开了我，她出殡的那天，我没有去，我不知道该怎么办，于是，躲到一个角落里做数学题。（苦笑）躲到数学里，我就不难过了。

王亚南　你长大成人，又考上大学，你母亲泉下有知一定十分安慰。但是，我想她肯定希望你有更大的作为。你不能放弃数学专业，你的数学知识应该用到更合适的地方，而不是这个小人书书摊。

陈景润　我没有放下数学学习，您看，我边摆摊还能边读书，都没耽误！

王亚南　（看着书摊，思索片刻）景润啊，古人说，"独学无友，则孤陋而寡闻"，也就是说，一个人学习，容易流于孤僻、流于孤陋。学习环境很重要，不是说客观环境优越，而是要有可以一起探讨一起进步的老师和同学。一个人做学问，不仅要依靠自己的独立钻研，也需要老师的指点和朋友的帮助。其实，解放前，我曾经流落寄居在杭州的大佛寺，如果当年不是在那儿遇见我的至交郭大力先生，就根本不会接触到《资本论》，那么，我经济学研究的大门永远不可能打开。

陈景润　王校长您说得很对，这段时间我的确积了很多问题无门可求。

王亚南　那就跟我回去，跟我回厦门大学，厦门大学负责给你安排工作！

陈景润　王校长，我很笨，我怕做不来。

王亚南　怕什么！一定有适合你的工作！

【音乐起，钢琴、小提琴合奏《海滨音诗》】

【众演员上，换景，变化为厦门大学资料室】

【王亚南领着陈景润回到厦门大学，将陈景润安排在厦门大学数学系资料室工作】

王亚南　景润啊，从今以后，你就在数学系资料室工作！

陈景润　真的吗？真的吗！

王亚南　不要忘了我们厦大人的精神，自强不息，止于至善！

陈景润　自强不息，止于至善！

王亚南　加油！

【舞者出，曼舞在舞台中间】

【陈景润在舒缓的音乐声中看书】

【收光】

3.防空洞里的数学家

背景：1955年2月—1957年9月，陈景润在厦门大学数学系任助教

时间：1955年6月

地点：资料室

【歌队上】

歌队甲　在陈景润生命中重要的关口，王亚南校长将他从福州街边的小人书书摊边带回厦门大学，并把他安排在数学系资料室工作。如果不是爱才如命的王校长深知人才的价值，命运多舛的陈景润也许从此无缘于那颗数学皇冠上的明珠了。

　　歌队乙　一位是曾经在惊涛骇浪中将自己绑在船舱中读书的校长，一位是只知读书不知有雨的青年，师生情谊、知遇之恩，他们是"南方之强"的鲜活明证。

　　歌队丙　那些孤独面对满教室学生张口结舌的尴尬，那些傍晚书摊边不敢回家的落寞，那些日子都过去了……在美丽的校园里捧着书做着题，这是渔船回港的安宁，这是倦鸟归巢的幸福！

　　【陈景润抱着一叠资料准备整理排放到书架上，忽然被一本书吸引，

便投入地看起来】

工作人员　陈老师，下班了！

陈景润　哦，好好！

【工作人员下】

【李向东上】

李向东　老师您好！请问新来的陈景润，哦，陈老师，在哪边？

工作人员　他在资料室那边呢。

李向东　好的，谢谢！

【工作人员下，李向东从后面绕向陈景润，准备吓陈景润一跳】

李向东　陈老师！

陈景润　向东！

李向东　陈老师！

陈景润　（打断他）向东，你别笑话我了。还是叫我陈师兄吧！

李向东　陈师兄，在学校资料室工作怎么样？

陈景润　在资料室真是我梦寐以求的工作！有这么多书可以看，这么多资料可以查阅，真是太好了！

李向东　真羡慕你！我也想赶快参加工作。

陈景润　怎么？在学校学习不好吗？

李向东　别提了，做论文烦透了，那些公式定理真是枯燥无味！我呀，只想着赶紧参加工作！

陈景润　数学一点也不枯燥，它无处不在，笛卡尔说过："宇宙，是用数学的语言书写的。"数学就像抽象音符，谱写出整个宇宙的交响乐。

李向东　都说你不善言辞，可是，说到数学，你简直就是一个诗人！

陈景润　可惜，数学运算无法用语言表达，它就像沉默的演讲，历史上每一次复杂的运算都是精彩绝伦的数学演讲！

李向东　（翻书，掉出一张纸片）世界三大数学难题！

陈景润　李教授讲过，第一个是费马问题，第二个是孪生素数问题，还有一个就是哥德巴赫猜想。

李向东　没想到你当真还是研究啦，野心不小啊！打算解决哪个难题啊？

陈景润　哥德巴赫猜想！也许真的是启蒙越早，印象越深。我还记得沈元教授曾经说过，"数学是自然科学界的皇后，哥德巴赫猜想就是皇后王冠上的明珠"。现在我在资料室工作，很多书都能看到，我就想了解了解，哥德巴赫猜想到底难在哪里。

李向东　有志者事竟成！我相信凭着你对数学的热爱与执着一定会成功的！

陈景润　嗯！

【收光】

时间：1956年3月

地点：防空洞

【音效起，防空警报】

【群众某高喊"空袭了，空袭了，大家快进防空洞！"】

【众演员换景，场景变换为防空洞。众人紧张有序地进入防空洞】

【陈景润拿着一本书，误入高桥桥洞，找了个角落，自顾自地看起书来】

群众甲　三天两头来一回，烦不烦啊，照我说，干脆集中火力朝死里猛打一回。

群众乙　是啊，免得还得轮流海防巡逻，动不动就躲防空洞。

群众丙　听说今天这场就很猛，情况危急！不知道又要躲多久了。

李教授　（清点人数）大家都看看周围，是不是还有老师学生没有进防空洞？

群众丁　前几天刚开会强调了，这次的空袭很危险，不会有人不要命吧。

群众丙　教授，后面已经没人了。

群众甲　陈景润呢？

众　人　是啊，没看见陈景润！

群众乙　这个书呆子，不会又没听见防空警报吧，他上学的时候就出过这种状况，现在工作了，怎么还没接受教训！

群众丙　刚才我看他在资料室看书。

李教授　现在他人呢？

群众丙　后来我就不知道了。

群众某　教授，李向东也不见了！

群众丁　不会每次都那么幸运，这次他估计凶多吉少了。

李教授　不行，我得出去找他们！

众　人　李老师，外面危险，我跑得快，我去！

李教授　不要吵！你们全都待在这，哪儿也不许去！

【李教授跑出防空洞，寻找二人】

群众某　大家别着急，教授会把他们找回来的，咱们先坐下吧。

【李向东拿着手电筒四处搜寻】

李向东　陈景润！陈景润！（突然发现）陈师兄，在这儿啊！

陈景润　向东？

李向东　是我啊，你怎么没听到防空警报啊！

陈景润　听到了呀。

李向东　那你怎么不进防空洞？

陈景润　这不是防空洞吗？

李向东　这不是防空洞，这是桥洞！

陈景润　啊？哦……

【李教授在桥上寻找二人】

李向东　你还在这看书，快跟我回去！

陈景润　这里看起来也挺安全的，我们就待在这儿吧。

李向东　看来我还得跟师兄你学习，随时随地都要看书。

陈景润　习惯了。

李向东　习惯？

陈景润　（饶有兴致）是啊，要抓紧一切时间看书，吃饭、睡觉，甚至做游戏时也能看书。

李向东　做游戏时也能看书？

陈景润　小时候，街坊小孩不怎么爱跟我玩，他们玩的东西我都不懂，不过啊，有一个游戏不一样，我躲迷藏可厉害了！因为我有一个诀窍，就是每次找一个隐蔽的地方躲起来以后，就在那看书或者写作业，学习游戏两不误不说，还总是最晚一个被找到。有时候，天黑了，负责找人的小伙伴还没找到我，常常不是我把他们忘了，就是他们把我忘了。

李向东　看来啊，我也得不浪费时间，把毕业论文带到防空洞里去做。

李教授　陈景润、李向东？

陈、李　李教授！

李教授　你们俩在这里干吗？没听到空袭警报吗？

陈、李　听到了。

李教授　听到了还愣着干吗？还不赶紧跟我回防空洞？

【三人回防空洞】

李教授　你们俩，真是不要命！

【大提琴上场】

众　人　教授，你们回来啦？

李教授　人都到齐了吧？（众人排一排点人数）

众　人　到齐了。

李教授　（走近陈景润）景润，那边光线太差，你这样看书对眼睛不好。

陈景润　没关系，习惯了。

李教授　在资料室工作适应吧？

陈景润　太适应了，王校长带我回来的时候，问我想做什么样的工作，我说只要能让我学习和研究数学，做什么工作都可以。没想到，王校长居然把我安排在资料室，这可是这个世界上最好的工作，边工作还可以边学习，有那么多书可以看，有很多资料可以查阅，省了好多买书的钱。

李教授 （笑）你在资料室工作，是如鱼得水啊。（拿过陈景润的资料）景润，你真的把书撕成一页一页的啊！

陈景润 是啊，我一直这样，这样方便，吃饭可以看，上厕所可以看，您瞧，进防空洞也可以看。

李教授 景润啊，你不知道，王校长安排你到资料室工作顶住多少压力，你却这样对待资料室的书……

陈景润 这不是资料室的书，这是我自己的书。

李教授 哦……可是，不管怎么说，好好的一本书，拆了总是可惜。

陈景润 对，对，但是，我把书撕开，是为了带在身边方便，等整本书读好了，研究透了，我就会把它们一页一页重新订起来，还原它的本来面目，它又是一本完整的书了。

李教授 好，好！

陈景润 李教授，这是您上次推荐给我看的书——华罗庚先生的《堆垒素数论》，我已经读到第29遍了，里面的每一个公式、定理我都反复计算、反复求证核实。

李教授 很好！最近，毛主席向全国知识界、科技界提出了向科学进军的口号，中央召开了全国知识分子会议，周总理亲自主持并制定了国家科学发展的远景规划。我们厦门大学也应该乘着这股热潮，好好拼搏，"向科学进军"！二十多岁是最有创造力的年纪，好好干！

【陈景润解开褂子的扣子，在衣服袋里掏出了一沓稿纸，递给李教授】

陈景润 李教授，这是我最近写的一篇关于华先生《堆垒素数论》的论文，您看看……

李教授 《关于〈他利问题〉》……好！他利问题是数论的几个中心问题之一，华先生在这个领域取得了重大的研究成果。

陈景润　我的论文就是继续他利问题的研究，对华先生的结论有了一些改进。

李教授　什么？

陈景润　我改进了华先生的结论。

【音乐起，大提琴演奏《梦幻曲》】

李教授　看来真是初生牛犊不怕虎啊！你知道吗，华先生可是当前我国数学界的第一人，数学界的泰斗！你想改进他的理论，你知道这意味着什么？

陈景润　可是，您不是经常教导我们，在科学面前没有高低之分、辈分之别！

李教授　（拍着陈景润的肩膀）景润，没想到你看上去弱不禁风，可是在研究上这么有气魄，让人佩服！没错，人类的进步是需要勇气的，不管是自然科学还是社会科学，在科学的世界里不应该有所谓的权威、霸主，探索勇气、钻研精神是治学该有的态度。

【收光】

4.走向中科院

背景：1957年9月—1960年，陈景润调入中科院数学所任研究实习员

时间：1956年8月，全国数学论文报告会在北京召开

【音乐起，手风琴《共青团之歌》】

【众演员齐声哼唱】

【防空洞中歌队甲出列叙述】

歌队甲　李教授将陈景润的论文辗转交给了远在中科院的华罗庚，华先生读过以后，特别邀请陈景润参加在北京举行的"全国数学论文报告会"。华先生对他的学生说，你们待在我身边，倒让一个跟我素不相识的

青年改进了我的工作。"全国数学论文报告会"是一次数学界元老俊杰云集的"群英会"，陈景润不仅受邀参加会议，还要在会议上宣读论文！

【众演员哼响《共青团之歌》】

【陈景润拿着论文穿梭舞台而过，激动异常】

陈景润　华罗庚给我来信了！华罗庚请我去北京了！我要去中科院了！

【众人换景，转变为会议场景，歌队四人前排就座】

【陈景润再度站上孤独的讲台，灯光照着他】

陈景润　大家好，我叫陈景润，我……今天宣读的论文题目是……《关于〈他利问题〉》……

【陈景润低下头，局促不安，仿佛重回当年在北京中学上课的场景，耳边响起了各种声音】

歌队甲　好好准备论文宣读，好好展示我们厦门大学的实力！

歌队乙　老师，你的衣服穿反了，扣子也扣错了。

歌队丙　一个小年轻竟然班门弄斧，声称发现华罗庚先生研究成果中的问题，他也太狂妄自人了。

歌队丁　一个连中学老师都做不好的人，居然敢质疑当前数学界权威，吃了豹子胆了。

【歌队声音越来越急促，交错汹涌而出，陈景润愈来愈紧张，无所适从】

陈景润　对不起！我想要一个黑板……我……我算给你们看……

【会场一片哗然，陈景润跑下场】

【讲台灯光暗，专家席位灯光亮，众专家上，小声议论，交头接耳】

【华罗庚上】

专家乙　华先生。

众　人　华先生。

华罗庚　刚才陈景润同志已经做过了报告，现在我们来讨论一下把陈景润从厦门大学调到中科院工作这件事。大家畅所欲言，都提提意见！

【众人不语，暗中察言观色，独自斟酌】

华罗庚　老王，说说你怎么看。

老　王　那好，我说两句。陈景润才二十出头，这么年轻就有这样的成果不容易，如果把他放在更好的研究环境中，以后他一定大有作为。

专家乙　华先生，我知道您是惜才爱才之人，但是，陈景润这个人很怪，刚才在论文宣读大会上，他在台上一句话都说不出来，出尽洋相。我听说，他前几年在北京的一所中学里，就是因为不太会说话，不适应中学课堂，结果被辞退了。

专家丙　他那么年轻，个性又有些内向，加上之前工作问题，难免有演讲恐惧症，这是完全可以理解的。我们调他来是从事数学研究工作，只要他科研能做得扎实有创新，会写论文，口拙舌笨一点也无大碍啊。

专家丁　我可不同意，我们中科院这么多的数学家，科研都做得好，可是没有谁因此就不会说话了，语言能力也是一个人的基本素质。更何况，一个被中学辞退的人，如果我们中科院还把他调来，不是要闹笑话了吗。

专家乙　我们这里是中国科学院，是中国自然科学的最高学术机构，要为国家的经济和社会发展的宏观决策提供依据，为国家培养和输送高水平人才，为世界科技发展和人类进步做贡献。在这种地方工作的人，无论如何至少应该是各方面健全的正常人。我说的没错吧？

专家甲　话不能这么说吧，什么叫各方面健全的正常人，照你这么说，我天生就是色盲，难道就不配坐在这儿研究数学吗？

华罗庚　好了好了。你们可能都知道，我小时候得了小儿麻痹症，结果落下腿疾，走路一瘸一拐，像做"圆与切线的运动"，好多年以后才在美国治好了脚。相比起不会说话的陈景润，我更是个不健全的残疾人，（向专家乙）照你这么说，我应该第一个被中科院拒之门外咯……

专家乙　华先生，我不是这个意思……

华罗庚　你说得没错，我们中国科学院的人员，首先，应该是科学工作者，但是，我们要的不是高谈阔论专作嘶鸣的演讲家，而是肯下苦功夫的实干家。陈景润还年轻，如果因为他不善言辞，不会说话，就关上中科院的大门，这怎么能是中国最高学术机构该有的作为呢？

专家丙　就是，当年熊庆来教授发现华先生的数学天赋时，华先生也才二十来岁，要不是熊教授慧眼识才充当伯乐，把先生从老家调到清华大学工作，岂不是白白埋没了一个数学天才。

【音乐起，大提琴和小提琴合奏《梦幻曲》】

华罗庚　（踱步思索片刻）陈景润痴迷数学、拼命钻研的情况，厦门大学的领导都跟我详细说了，对待这样的人才，我们中国科学院应该打破常规、不拘一格，敞开大门、唯才是举。

【众人鼓掌】

【陈景润逐渐走到舞台中央，朝着华罗庚深深地鞠了一躬】

【众专家依次下】

【音乐起，钢琴、大提琴和小提琴合奏《圣母颂》】

【舞者上，慢慢起舞，渐渐靠近舞台前沿】

陈景润　（深深地吸了一口气）这就是数学的味道，汇聚着数学精英的气息，这儿就是数学的天堂、数学的圣地，是充满了数字和符号的世外桃源，从今往后，我就要在这儿生活了，我要用我所有的力量，登上数学的最高殿堂。

【音乐渐弱】

【收光】

5. 挑战"哥德巴赫猜想"

背景：同上

时间：1959年冬

【歌队纷纷从后区高桥上，开始叙述】

歌队甲　1957年，反右运动开始，中国进入多事之秋。"拔白旗、插红旗"改变了许多知识分子的命运。华罗庚作为"大白旗"的典型，遭到各种批判，陷入政治厄运之中。

歌队乙　（平静地叙述）"破除迷信，解放思想，敢说敢想敢干！""从书本中走出来，走到实践中去！""响应国家号召，下放到农村去！"

歌队丙　这是一个站起来的年代。

歌队丁　这是一个趴下去的年代。

歌队甲　这是一个激情过剩的年代。

歌队乙　这是一个常识缺失的年代。

歌队合　我们都在暗自猜想。

【主表演区灯亮】

【李向东拉着陈景润上，陈景润手里拿着一本书】

李向东　（小声地）都什么时候了你还在这看书，快跟着！去开会！

陈景润　最近怎么了，老是开会。

李向东　快走吧！

陈景润　向东你别着急，我告诉你一个秘密……

李向东　你都知道了？

陈景润　知道点眉目了，还没有完全知道！

李向东　说来听听。

陈景润　我要打败维诺格拉多夫。

李向东　维诺格拉多夫……就是那个证明了"1+3"、创造了哥德巴赫猜想研究最新世界纪录的维诺格拉多夫？

陈景润　是的！我要创造哥德巴赫猜想新纪录！

李向东　（叹气）原来你什么都不知道！

陈景润　我知道，王元、潘承洞都在进行哥德巴赫猜想研究，而且都有了一些成果。不过科学研究没有先来后到，华先生不也一直鼓励我们挑战难题、质疑定论吗？

【两个群众上，在墙上开始刷大字报。李向东紧张地把陈景润拉到角落里】

李向东　最近形势很微妙，怕是会有大动作了，以后你说话要小心。

陈景润　政治我不懂，不过你放心，我只有跟你在一起才能多说几句。

李向东　景润，从大学时你钻研数学的毅力就一直鼓励着我，让我发愤图强，甚至也争取到中科院工作，但是，现在这个形势，我劝你还是赶紧把哥德巴赫猜想的证明工作停下来吧。

陈景润　这是我的工作，工作怎么能停下来？

李向东　都什么时候了，我问你，最新的报纸你看了吗？

陈景润　我忙着做题呢，你知道吗，我解决了李教授当年在厦大给我们的数学难题"华林问题"，论文就快完成了。

李向东　景润，你听我说，今天这会你一定要去！你去开一次会，就什么都明白了！——（拿出资料）你看看这个学习材料吧！

陈景润　（边看边生气）数学理论研究怎么就不能联系实际了，"拔白旗、插红旗"，这是什么意思？

李向东　（小声地）你知道吗，华先生也被作为批判的典型，他和关肇直、张宗燧被当作三面"大白旗"，定性为"资产阶级学术权威"。

陈景润　华先生是国际著名的大数学家，他放着国外那么好的条件，回到国内，一边自己做科研一边培养科研人才，而且他一直鼓励我们创新挑战不畏权威，怎么就成了"资产阶级学术权威"了？

【会议成员上场。李向东示意陈景润不要再说】

成员甲　开会了！开会了！

成员丙　（看着高墙上的大字报）"拔白旗插红旗，坚决抵制白专道路"……

成员甲　陈景润呢？陈景润，到前面来！

成员乙　今天的会议……

群众甲　对不起，我迟到了！

成员甲　这么重要的会也迟到！下不为例，坐下！

群众甲　下次不敢了。

成员乙　今天会议的主要内容就是解决陈景润的问题，大家有什么意见都可以畅所欲言！来，说吧！

成员一　我来说！我们是新时代的建设者，不仅要肯钻研业务、做好本职工作，更应该注重政治学习，要成为"又红又专"的新一代！

成员二　我不同意！陈景润一心科研，成绩突出，这几年发表了多篇很有分量的论文，算不上"白专"，顶多就是个"安、专、迷"！

成员三　像陈景润这样，只知道埋头研究，置身事外，就是典型的"白专"！

成员四　为什么要把陈景润说成"白专"？他为了不打扰别人休息，他单独搬到一间由厕所改造的小房间里，没日没夜地搞研究，空间狭小不说，冬天还没有暖气，这样的"科学青年"难道不值得我们学习吗？

成员五　当前形势严峻，思想问题严重，而这个"科学青年"居然还躲在那个小房间里搞"古人、洋人、死人"的东西！

陈景润　我就是一个热爱数学的人，做着一份研究数学的工作。

成员六　对呀！人类历史上伟大的科学家，古代的阿基米德，中世纪的哥白尼、牛顿，近代的爱因斯坦、特斯拉，哪一个不是古人、洋人、死人，正是有了他们，才有了影响人类文明的重大发现。

成员甲　我们今天开会讨论的是陈景润的问题，（指着那些陈景润的支持者）某些同志这样美化他拔高他有什么企图！你们要小心！不要左右不分，黑白颠倒！

成员乙　陈景润，你自己说说，你有多少次活动没有参加，多少次学习没有到场？

成员七　华罗庚那面"大白旗"已经倒了，我看，你这面"小白旗"杠子插得很牢啊。陈景润你还不好好交代！

成员乙　说吧，当年华罗庚为什么把你这个无名小卒调到中科院？

成员甲　说吧，当年华罗庚为什么把你这个无名小卒调到中科院！

众　人　说！说！你们有什么关系！

陈景润　你们说什么，华老师是我的老师，他带领我们一起研究一起探讨。

成员乙　打倒资产阶级学术权威！

众　人　打倒资产阶级学术权威！

成员甲　陈景润，你不要怕，你要成为又红又专的科学青年，你要有信心打倒资产阶级学术权威……

陈景润　（打断）白专红专我不懂，我只知道学习，做研究！（愤然走出会议室。）

成员甲　哼！顽固的小白旗！散会！

【收光】

6.暴风雨中的猜想

背景：1962年秋，陈景润回到中科院数学所，升任助理研究员

时间：1962年秋

【音乐起，小提琴《如歌的行板》】

【在歌队的叙述中，陈景润背着包袱，慢慢穿过舞台】

歌队乙　在政治风浪中，在时代夹缝里，他近乎苟且偷生，却从来没有忘记向哥德巴赫猜想这一世界难题的顶峰攀登。最终，陈景润这面"最顽固的小白旗"，还是被无情地拔掉了，他被下放到东北一个化学研究所。

歌队丙　陈景润说，研究数学没有秘诀，就是拼命，就像爬山。如果有十条路，别人试了一两条路不通，可能就算了，而他要试过十条路，才知道哪条路通向最高峰。凡是别人走过的路，他都走了。陈景润在东北的化学所里度过了两年的漫长时光，这段时间里，他做的唯一一件事就

是洗涤实验仪器。1962年秋，阔别两年的陈景润再次回到中科院数学所，升任助理研究员。

【领导和同事慢慢围聚过来】

同事乙　怎么还不来啊。

领　导　都这个点了，该到了。

同事甲　领导，您根本不用着急，大东北的化学所搞不了数学研究，留不住他的，他拼了命也会赶回来的。

同事乙　就算回来了，他搞的纯理论研究也行不通了。

【陈景润默默经过，肩上背着一个破旧的箱子，他的背有些弓，带着棉帽子，看起来老了许多。大家开始并未发现】

陈景润　我……我回来了……

【众人发现愈发瘦弱的陈景润，十分诧异。领导欲和陈景润握手，陈景润躲开】

领　导　陈景润，欢迎啊欢迎！回来了就好！欢迎回到我们中科院搞研究！天这么热，怎么还戴着棉帽子！

同事甲　广州会议开过了，陈毅同志都给知识分子行脱帽加冕礼了。

领　导　摘了吧。

【陈景润一脸憨笑，领导示意，同事甲帮忙取行李，同事乙帮拿着帽子。陈景润鞠躬表示感谢】

领　导　都是革命同志，不必客气。景润呐，你是一名科研工作者，应该注意点形象，还没立秋，你怎么就穿上袄子了，也不怕捂出痱子来。还有这裤子，腰带也不扎扎紧，就快掉啦！

陈景润　（提了提裤子）对不起，我……我有长期腹膜炎，不能扎紧，所以没有系裤腰带。

领　导　这样啊，看来你在东北是吃了一些苦啊，不过现在可赶上好时候啦，所里刚盖好新的宿舍楼，安顿你们这些科学工作者。你呀，不仅要懂得学习，更要保护好身体，身体是革命的本钱嘛。

【陈景润一边咳嗽一边点头称是。领导上前安慰。同事见状，拉过领导小声谈论】

同事甲　领导，他都病成这样了还怎么工作啊？

同事乙　就是啊，听人说，他经常一晚上不睡，第二天还两眼放光，就是一个科学怪人！

领　导　怪人有时候才是真正的人才！你们都是科学工作者，都是革命同志，要懂得互相帮助！

同事乙　我们倒是想和他互相帮助，可是他从来独来独往，也不搭理人，怎么互相帮助啊。

陈景润　（听到些许议论，走向领导，低着头）领导……

领　导　有什么事吗？

陈景润　（嗫嚅着）我想申请一个人住……

同事甲　一个人住？

领　导　你说什么？

陈景润　没什么，没什么……

领　导　对了，明天我们全所都要到采石场参加劳动，你可不能落后！

陈景润　（不断点头）是，是。

领　导　劳动不仅可以为国家建设做贡献，也能锻炼身体嘛。你看你，整天病恹恹的，怎么像干革命的！——走，我领你去看新建的宿舍。（欲下，又折回来，边拍着陈景润的肩膀边劝告）年轻人，要务实啊！

【陈景润头埋得更低了，不断点头】

【四人下。歌队丙上】

歌队丙　陈景润终于找到一个完美的居所，那是宿舍楼一个走烟囱的刀把形房间，原来堆放着一些废品垃圾，不到六平方米，摆下一张床一张桌子都困难，更不用说没有供暖了。他一辈子都在寻找一个属于自己的房间，不管多小多破，只求放得下一张床、一张桌子，他用一支笔一张纸就能忘记饥寒与病痛，算出温暖与满足。

【李向东和陈景润拿着劳动工具上】

李向东　景润，明天的劳动你不能再去了，我去跟领导说，你这病干不了重活，太危险了。

陈景润　没事，没事，我已经有了一个单间了，不能再搞特殊化！

李向东　你那个刀把间连供暖设备都没有，马上入冬了，到时根本没法住人，我劝你还是搬回公共宿舍去吧。

陈景润　（避开李向东）不要，千万不要，会影响别人休息。（鞠躬）谢谢你，谢谢！

李向东　（追上陈景润）景润，你从东北回来以后，变了很多，变得过分客气，而且，还有点胆小怕事、畏畏缩缩的。

陈景润　没有，没有……

李向东　你在东北的时候，他们打你了吗？

陈景润　没有，没有……

李向东　他们狠批你了？你跟我说呀！

【音效伴奏起，歌者上，女生哼唱《离别》】

陈景润　没有，没有……

李向东　景润，明天的劳动你不要去了……

【陈景润无言，下。李向东一脸困惑地下】

歌队丙　昏暗的灯光下，陈景润仍然不知疲倦地进行着演算。窗户纸掉了一角，他用胶水粘上。发现墨水瓶里的墨水都结冰了，他就在碗里倒了一些开水，把墨水瓶放进去解冻，然后继续进行验算。经过无数个日日夜夜的艰辛与心血，1966年春天，陈景润终于用"筛法"证明了"1＋2"。他的论文《大偶数表为一个素数及不超过两个素数的乘积之和》发表在当年第17期的《科学通报》上，成为哥德巴赫猜想研究的最好成果。可是，就在陈景润想要进一步改进哥德巴赫猜想"1+2"证明方法的时候，时代风暴更加猛烈地席卷而来，陈景润陷入了绝境。

【歌队丙下。歌者下】

背景：1962—1977年，陈景润在中科院继续从事数学研究

时间：1968年冬

【李向东来到陈景润的屋子外，二人隔着门对话】

李向东 （敲门）景润，陈景润，我是李向东！

陈景润 向东啊。

李向东 原来你在啊，所里的人说已经有一个多星期没见你出门了。你怎么生活啊？

陈景润 我买了几个馒头，需要的时候就去打瓶热水，就在屋子里做研究。

李向东 你还在做研究啊，都什么时候了！

陈景润 没事，没事，我就这么躲着，像小时候躲迷藏一样，过一段时间，他们就会把我忘了的。

李向东 景润，情况很不乐观！

陈景润 没事，没事，这几年各种风暴都经历了，都会过去的。

李向东 这次不一样！张教授的事你知道吗？

陈景润 本来应该不知道，可是他跳楼的时候刚好掉在我窗户外面。

李向东 半个月前，他还在揭发华先生的罪行，结果自己也遭人揭发了。现在很多历史问题重新翻出来了，外面风声鹤唳，人人自危。你赶紧把该收的东西收一收，千万别被他们发现，晚了就来不及了。

陈景润 我明白了。

李向东 你多保重！（跑下）

【一群红卫兵在舞台后方挥动着旗子，众红卫兵高喊着"革命无罪，造反有理"的口号上】

【音乐起，手风琴《革命造反歌》】

红卫兵头 打倒资产阶级学术权威，横扫一切牛鬼蛇神！给我搜！

【陈景润沉默站立一边。红卫兵搜刀把间，被褥等东西被一一扔出】

红卫兵头　陈景润，快点交出来。

陈景润　交什么？

红卫兵甲　你不要装傻！你躲得了革命的队伍，却躲不了革命的光芒。

【红卫兵搜身，搜到金戒指】

【两个红卫兵押着陈景润出，陈景润挣扎不了】

红卫兵乙　金戒指！

红卫兵乙　陈景润，你还藏着金戒指！你是想搞反革命吗？快说！

众红卫兵　说！

陈景润　（勉强抬起头辩解）我就是想存点钱，怕万一没工作了，还可以继续做研究，我没有占公家便宜，也没有拿别人的钱，这些都是我自己省吃俭用留下的。

红卫兵乙　你这是不相信国家，不相信人民！国家让你缺衣少食了吗？如果别人有小资产阶级思想还可以理解，你陈景润受到了多少国家的照顾，你自己想想，你工作才多少年，就进了多少次医院，你自己数一数，住院不要钱？吃药不要钱？国家为了你花了那么多钱，你还好意思说你没占公家便宜。你这个社会主义的寄生虫！你不仅没有主动交出来，现在还在这儿狡辩！

众红卫兵　寄生虫！打倒寄生虫！

陈景润　我有罪，我反思……

红卫兵头　不管是从事一般工作还是科学研究工作，我们都要树立不为个人，而要为国家服务、为人民服务的信念，人的思想如果过于狭隘，比身体疾病更可怕！

红卫兵乙　同志们！新中国建设困难重重，大量牛鬼蛇神潜伏在革命队伍中，他们看起来很健全，但是，（指指脑袋）这里已经不堪入目了！

红卫兵乙　打倒寄生虫陈景润！

众　人　打倒寄生虫陈景润！

打倒寄生虫陈景润！

打倒寄生虫陈景润！

【两个红卫兵将陈景润押至台前，唱起《革命造反歌》，红卫兵乙跟回队伍，众人喊口号"革命无罪，造反有理"，摆出"忠字舞"队列和造型】

红卫兵头　陈景润！全国上上下下都积极投身新中国建设，每个人都用实实在在的行动证明自己的忠诚，你放眼看看，多少人在农村辛勤劳作，多少人在工厂里埋头苦干，而你，却还在一心研究这些死人、洋人、古人的东西，你所研究的"哥德巴赫猜想"根本就是"伪科学"！就是在搞封、资、修，如果你有所悔悟，还想好好改造，就要深刻地反思自己的错误，从脑子里把这个毒瘤彻底拔去！

【"忠字舞"造型解散，众红卫兵恢复队伍】

众红卫兵　革命无罪，造反有理！革命无罪，造反有理！

红卫兵头　陈景润！任何时候认识到错误都不晚，知识分子尤其需要进行思想改造，不能当革命的寄生虫。（把手稿用力砸向陈景润）这些投身运动的革命同志就是你的镜子！（向红卫兵）

红卫兵头　陈景润研究的哥德巴赫猜想是跟着外国人跑。

众卫兵　跟着外国人跑。

红卫兵甲　拿着公家的工资……

众卫兵　拿着公家的工资……

红卫兵甲　吃着公家的粮食……

众卫兵　吃着公家的粮食……

红卫兵甲　却在研究一个外国人天马行空的猜想……

众卫兵　天马行空的猜想……

红卫兵甲　陈景润这是在追名逐利……

众卫兵　追名逐利……

红卫兵甲　陈景润这是破坏国家建设……

众卫兵　破坏国家建设……

红卫兵头　陈景润这是在卖国求荣！

众卫兵　卖国求荣……

红卫兵头　陈景润这是在……（被陈景润打断）

陈景润　（身躯颤抖，几乎咆哮起来）不，我没有卖国！没卖国！我是爱国的！运动员打乒乓球拿冠军是中国人的光荣，（从地上捡起手稿）我陈景润拿数学世界纪录难道就不是中国人的光荣吗？我陈景润拿数学世界纪录难道就不是中国人的光荣吗？！

红卫兵头　（拍掉陈景润手中的手稿）陈景润！你这是什么态度！把手稿给我烧了！让他彻底改造！

【众红卫兵走上高台，开始焚烧手稿，手稿在红光中挣扎起落】

【陈景润冲上前想要保护，被红卫兵押住】

【音乐起，手风琴《革命造反歌》前奏】

陈景润　你们不能烧我的手稿，不能烧啊……

红卫兵头　把这些洋人、古人、死人的东西给我烧干净！

众卫兵　革命无罪，造反有理！革命无罪，造反有理！（众卫兵下。）

【舞台上火光四起、一片惨红。陈景润快速地起身，冲向台阶欲抢救自己的手稿，被两个红卫兵反手扣到批斗台上】

红卫兵头　陈景润！还敢反抗！给我烧！

【音效起，巴伯《弦乐柔板》】

【舞台时空变化，仿佛进入陈景润的内心世界，红卫兵做静音的特殊处理】

【在众人的"静止"中，陈景润站直身子，将胸前的牌子取下，穿梭在红卫兵中间】

红卫兵头　任何时候认识到错误都不晚，知识分子尤其需要进行思想改造，不能当革命的寄生虫。这些投身运动的革命同志就是你的镜子！（向红卫兵）你们教教他如何深入反思。

红卫兵头　陈景润研究的哥德巴赫猜想是跟着外国人跑。

众卫兵　跟着外国人跑。

红卫兵甲　拿着国家的工资……

众卫兵　拿着国家的工资……

红卫兵甲　吃着国家的粮食……

众卫兵　吃着国家的粮食……

红卫兵甲　却在研究一个外国人天马行空的猜想……

众卫兵　天马行空的猜想……

红卫兵甲　陈景润这是在追名逐利……

众卫兵　追名逐利……

红卫兵甲　陈景润这是破坏国家建设……

众卫兵　破坏国家建设……

红卫兵头　陈景润这是在卖国求荣！

众卫兵　卖国求荣……

【众红卫兵下】

【巴伯《弦乐柔板》渐收】

【陈景润跪地拾起残余的手稿，歇斯底里地喊出："不……"】

【音乐起，小提琴《巴赫g小调第一奏鸣曲，BWV 1001 第一乐章》】

【陈景润绝望地起身走向高桥，纵身一跃】

【小提琴戛然而止】

【收光】

红卫兵某　这么高的楼跳下去，居然没死！不愧是数学家，跳楼连角度都计算好了！（下）

7.科学的春天

时间：1972年冬—1978年春

【音效起】

【众演员换景，伴随着歌队叙述，众人如仪式地逐一将方墩摆放成金字塔造型，一道强烈的光束照耀着金字塔】

歌队甲　动荡的岁月里，陈景润一直过着离群索居的生活，他奄奄一息的生命依靠着哥德巴赫猜想微弱而持久地继续燃烧。岁月幽暗，明珠愈发光芒四射；风暴猛烈，信念更加强大无敌。对陈景润来说，哥德巴赫猜想带他进入数学的纯粹世界，在这个世界里，灵魂一片澄净，胸中仍有希望！

【主舞台表演区，陈景润从高桥上慢慢走来，独白】

陈景润　（平静而有力）这么多年，外面世界的众生喧哗、动荡变革，我都无力参与，只有躲在这个小房间里获取自由与宁静，为了"哥德巴赫猜想"孤军奋战、穷尽一生，数字、符号、公式、公理、定理……我的世界里有你们陪伴就足够了，虽然有时觉得辛苦委屈，但是这些实实在在的工作带给我更多的是幸福和满足。

陈景润　（看着周围各种大字报）修正主义苗子、安钻迷、白专道路典型、寄生虫、科学怪人……给我贴什么标签都没有关系。鄙夷的神情，同情的目光，我也并不在乎，哥德巴赫猜想是我在漫漫黑夜中赖以生存的全部希望……

陈景润　我疾病缠身，病菌不断吞噬我的肺腑内脏，我的心力已经衰弱不堪，我的身体一天天被病痛控制，但是，我的脑细胞却异常活跃，我的工作不能停下，我的生命不能停止。哥德巴赫猜想！对于数学研究而言，它是一个世界难题，对于我的人生而言，它是生命的基本保障和最高意义！它陪我度过最艰难的岁月，在我饥饿的时候，它让我精神充盈；在我孤单的时候，它帮我驱赶寂寞；甚至，当我病痛缠身的时候，它让我不药而愈。

【陈景润指着左区角舞台贴满稿子的墙壁，表情愈发坚毅】

陈景润　我也知道，科学研究是一次又一次的冒险，很多人终其一生也无法得到最后的结果，也许哥德巴赫猜想最终也只能是一个猜想，又或者这个猜想最终被证明是错误的，那么，我的一生就是一场徒劳！可是，如果停止了追求的脚步，那么，我的生命就已经结束了。（语气越来越坚定）数学是我存在的意义，哥德巴赫猜想是我生命的目标！再给我一点时间吧！我要把哥德巴赫猜想由猜想变成一个定理！

【在陈景润独白的同时，众人各居一地，奋力书写，仿佛同时在进行着最复杂的数学运算，并向空中抛撒稿纸】

【随着音乐越来越激昂，众人起身绕着金字塔做更为激烈的运算，越来越快，让人血脉偾张。舞者的舞蹈也随之渐入激昂】

【最后，陈景润站上"金字塔"顶，与众人同时将稿纸抛向高空，音乐戛然而止，舞者定格。漫天飞舞的稿纸悠然飘扬、秩序井然】

【陈景润走下一级，坐在金字塔中间，回首抬望如明珠一般的舞者】

【收光】

【众人下】

【光复起】

【舞者出，登上"金字塔"舒缓舞蹈。陈景润和舞者在高台上相逢，手稿从空中缓缓飘落。之后，陈景润走下最高点，坐在高台上，回身看着舞者】

【收光】

【歌队甲、乙、丙、丁出，音乐起，叙述】

歌队甲　1972年，陈景润终于改进了古老的筛法，科学完整地证明了哥德巴赫猜想中的"1+2"。他将心血交给了北大教授闵嗣鹤，结论的正确性得到了确认。

歌队乙　1973年，《中国科学》杂志完整地刊登了陈景润的研究成果。新华社发文评论"这是20世纪数学的最大成就之一"。

歌队丙　这一成果震惊了世界数学界，国际上称之为"陈氏定理"！

【音效起，《科学的春天》】

歌队甲　人间四季，草木枯荣，挺过了寒冬，必将迎来春天。

歌队乙　科学的春风温暖着中国，春风约我唱支赞歌……

歌队丙　陈景润这棵坚韧的小草，经历过风雨，也感受着温暖，他曾多次得到毛泽东、周恩来、邓小平等国家领导人的亲切关怀，他心怀梦想，用生命与时间赛跑，用拼搏顽强的精神见证了春天的力量。

【舞台后方，鲜红的五星红旗飘扬，陈景润的身影映衬在鲜艳的红旗上】

歌队丁　1976年，美国数学家访华代表团在交给美国科学院的访华报告中写道："在中国数学研究所，华罗庚的一批学生，在解析数论方面做出了出色的成绩。近年来，那里所得到的杰出成果是陈景润的定理，这个定理是当代在'哥德巴赫猜想'研究方面最好的成果。"

歌队合　1978年3月18日，全国科学大会在北京人民大会堂开幕。邓小平在讲话中强调："现代化的关键是科学技术现代化""知识分子是工人阶级的一部分""科学技术是生产力"。

歌队甲　这一年，作家徐迟的报告文学《哥德巴赫猜想》在《人民文学》上发表，这篇报告文学轰动一时，陈景润的故事震撼了中国人的心灵。

歌队乙　有人说《哥德巴赫猜想》的诞生推动了思想解放的浪潮。

歌队丙　它呼吁人们尊重科学知识、尊重知识分子。

歌队丁　陈景润也从"科学怪人"变成了"全民偶像"。

【音效《科学的春天》渐收】

8. 生命的春天

时间：1978年春—1980年夏

【歌队上，叙述】

歌队丙　科学的春天来了，生命的春天在哪里？

歌队丁　数学家陈景润遇上了大难题，关于爱情的猜想怎么解？

歌队戊　最美人间四月天，陈景润的爱情，姗姗来迟，来了，就再也不走了。

歌队己　这些年，陈景润的身体透支严重，腹膜炎始终没有好好治疗，他住进了北京解放军309医院，在那里，他遇到了人生的亲密伴侣——年轻美丽的由昆医生。

【由昆从后区高桥上，捧着英语书，读英语，陈景润远距离对话】

【音乐起，吉他《小草》】

陈景润　每周一三五上白班，二四六上夜班，每周一三五早上七点在露台学英语，二四六改为早上九点……

由　昆　Without you, I'd be a soul without a purpose. Without you, I'd be an emotion without a heart...

【陈景润看到由昆，欲言又止，无从开口】

【二人在对话中慢慢走近】

陈景润　由医生，又在学习英语啊。

由　昆　嗯。

陈景润　我们一起学习英语吧。

由　昆　那样会影响您的休息吧，也耽误您"1+1"的研究！

陈景润　不会，不会，医生也常说我应该出来走动走动，晒晒太阳！（整理衣服，鼓足勇气走近）我喜欢吃面条，你呢，喜欢吃什么？

由　昆　我是南方人，不喜欢吃面条，喜欢吃米饭。

陈景润　（自顾自地）你喜欢吃米饭，我喜欢吃面条，好！好！

由　昆　米饭和面条根本不合适。

陈景润　怎么不合适？

由　昆　面条是大数学家，是名人，好多人崇拜，米饭就是普普通通的医生。

陈景润　面条身体不好，米饭可以照顾它，很合适。

由　昆　面条煮老了，米饭才刚下锅。（停顿）听说您要去美国开会，要去两三个月，等你回来，我在这儿的进修学习也结束了，要回武汉继续工作了。

陈景润　那我们得抓紧决定！

由　昆　决定什么？

陈景润　决定我们在一起！我这辈子都在追寻哥德巴赫猜想中的"1+1"，一直以来，我以为人生中没有任何喜悦能够超越一次复杂求证成功后的兴奋激动！直到遇见了你，你是懂我的，我希望你能陪着我一起，我们一起实现生活里的"1+1"！

由　昆　可是，身份、年纪、性格习惯……我们有那么多不同……"1+1"哪有那么简单？（犹豫徘徊着）

陈景润　只要坚持下去，"1+1"并不难！

【二人对视，由昆慢慢走下，陈景润思考片刻，追向由昆】

陈景润　由，等等我！

【陈景润追上由昆，二人携手走下】

【音乐起，乐队合奏唱《小草》】

【歌队甲、乙、丙、丁出，叙述】

歌队甲　陈景润研究哥德巴赫猜想和其他数论问题的成就，至今仍然在世界上遥遥领先，被誉为"哥德巴赫猜想第一人"。

歌队乙　1999年10月，国际小天体命名委员会批准，将中国科学院北京天文观测中心施密特CCD小行星项目组发现的、国际永久编号"7681"的小行星正式命名为"陈景润星"。

歌队丙　2018年12月18日，庆祝改革开放40周年大会隆重召开，中共中央总书记习近平发表重要讲话。大会为改革开放以来在各行各业有突出贡献的100名同志颁授改革先锋奖章。我校校友陈景润获评"激励青年勇攀科学高峰的典范"。2019年，在庆祝新中国成立70周年时，陈景润被评为"最美奋斗者"。

歌队合　邓小平说过，中国要是有一千个陈景润就了不得了。

【歌者唱《小草》】

【陈景润手里捧着书，和由昆一起从高桥走来】

【陈景润将手中的书交给由昆，独自走下舞台，低声哼唱着《小草》，走向远方】

【左区角舞台，陈景润化身完成运算，手稿粘贴了整面墙，他醉心其间】

【音效起，邓小平讲话响起】

【音效起，《我和我的祖国》】

【收光】

剧　终

2014年4月，厦门大学原创话剧《遥望海天月》在建南大会堂首演，同年入选"共和国的脊梁——科学大师名校宣传工程"，图为陈景润剧照

剧照：防空洞里的数学家，图为李教授查看陈景润关于华罗庚先生
《堆垒素数论》的论文《关于〈他利问题〉》

剧照：摆地摊的大学生，图为时任厦门大学校长王亚南与
陈景润在福州会面

剧照：话剧充分融汇表演、朗诵、音乐、舞蹈等多种艺术表现形式，
图为学生歌者

剧照："迎接科学的春天，建设社会主义现代化"，
图为学生歌队与演算中的陈景润

2014年10月，剧组赴清华大学交流演出，图为
两校师生在新清华学堂交流画面

2015年9月，剧组赴京参演"共和国的脊梁"专题节目录制，
图为北京人民大会堂现场师生合影

2019年7月，为献礼新中国成立70周年暨庆祝澳门回归20周年，剧组"科学家主题舞台剧巡演澳门行"演出活动，图为澳门大学大会堂演出现场

音乐舞蹈史诗
《南强颂》

（2020年版本）

编剧：朱水涌

导演：陈　洁

主题

以音乐舞蹈史诗的格局，通过舞蹈、歌唱、音乐情景、舞美等艺术形式，按历史进程与精神逻辑，选取各个历史发展阶段中最有代表性的人物、故事与文化意象，表现厦门大学近百年来与中华民族共命运的历史发展与文化品性，突出"南方之强"在历史磨砺中形成的"爱国、革命、自强、科学"四种精神，展示厦门大学丰富深厚的光荣传统与大学文化，表现厦大在中华民族伟大复兴与建设"中国特色，世界一流"的"世界之大学"百年梦想中的奋进历程。

全剧分序幕、爱国伟业、烽火自强、英雄大学、学府春潮和尾声六个部分，整部史诗的音乐以《厦大校歌》为主旋。

序幕　中国梦·南强梦（舞蹈《腾飞》）

【抒情、奋进、梦幻般的音乐与舞蹈，结束在延缓与轻盈中】

第一幕　爱国伟业

【抒情梦幻的序幕骤然变换为乌云压城城欲摧的情景】

朗诵：

20世纪初的中国，乌云压城，内忧外患。饱经磨难的中国人民，一次次地呐喊，一次次地战斗，苦苦地寻求着中华民族的复兴之路，期盼着古老民族在苦难中的重新崛起。

1919年5月，被毛泽东主席称为"华侨旗帜，民族光辉"的陈嘉庚先生，怀着"志怀祖国，希图报效"的赤子衷肠，抱着"教育为立国之本，兴学乃国民天职"的坚定信念，乘着五四爱国运动的救亡浪潮，从新加坡回到故乡，开始了创办厦门大学的兴邦伟业。

1921年4月6日，中国第一所华侨创办的大学——厦门大学宣告成立。

面朝大海，春暖花开。厦门大学从此坦开了瀚海胸怀，披着五老峰的风采，向着"世界之大学"的远方，向着实现中华民族伟大复兴的中国梦，启——航。

1. 舞蹈《启航》

【画外音】

挟裹着马六甲海峡的风云际会，

翻腾着黄河民族从欺辱走向复兴的心潮，

您来了！

我们的校主陈嘉庚，

在民族内忧外患的危难时刻，

发出了一声"教育是立国之本"的呐喊。

【音乐开始陆续出现《厦大校歌》的主旋律片段，主旋律在变奏延伸】

【表现陈嘉庚倾资办学的歌舞表演，歌舞突出陈嘉庚创办"世界之大学"高远目标与"出卖大厦办厦大"的精神血性】

【画外音：陈嘉庚《筹办厦门大学演讲词》片段】

"今日国势危如累卵，所赖以维持者，唯此方兴之教育与未死之人心耳。"

"民心不死，国脉尚存，以四万万之民族，绝无甘居人下之理。今日不达，尚有来日，及身不达，尚有子孙，如精卫之填海，愚公之移山，终有贯彻目的之日。"

【歌舞结束在"出卖大厦办厦大"的惊世举动上，背景出现当年以"出卖大厦办厦大"为题的新闻报道】

2. 表演唱《群贤毕至》

【角色扮演：林文庆、林语堂、鲁迅、莱德、戴密微、周淑安（女）和男女学生若干人】

【背景：1926年林文庆校长与厦门大学教师合影，建校初期厦大的建筑、教学科研情景】

【音乐声中，扮演林语堂、鲁迅、顾颉刚、林文庆校长与外国教授莱德、戴密微等各自登场，一群20年代装束的教师涌至台上，构成与1926年旧照片相似的队伍】

【画外音】

厦门大学从创办开始，陈嘉庚就不惜重金，从国内外广聘名师来校执教，决心将厦大建成一所"能与世界各大学相颉颃的大学"。群贤楼前，一时大师云集，精英荟萃。

【群贤毕至歌词】

林文庆（创校初期校长）领：

哎

千帆竞发，鹭江深且长，

东南崛起的大学，

放飞起民族与国人的梦想；

用爱国华侨的信念与心血，

献给华夏子孙与中华民族的明天。

合唱：

群贤楼前聚集四海精英，

五老峰下汇合名师群贤，

培养专门硕才，抒写创业的篇章，

研究高深学问，遨游知识的海洋，

阐扬世界文化，挥洒人类的文明。

啊！

我们向着大海呼唤，

百年树人，止于至善；

我们向世界宣告：

振兴中华，自强，自强！

林语堂领：

哎，

白鹭翱翔，大海千重碧浪，

从北方回到南方，

放歌于故乡的海滨黉堂。

愿热血青年的意志与憧憬，

点燃人生火炬与中华民族的希望。

合唱：

群贤楼前聚集四海精英，

五老峰下汇合名师群贤，

培养专门硕才，抒写创业的篇章，

研究高深学问，遨游知识的海洋，

阐扬世界文化，挥洒人类的文明。

啊！

我们向着大海呼唤，

百年树人，止于至善；

我们向世界宣告：

振兴中华，自强，自强！

莱德（厦大早期美籍教授）领：

哎

浪花飞扬，大海万般神秘，

中国的东南学府，

激发着生命与科学的神奇。

汇合东方西方的文化与智慧，

创造美丽厦大与海洋世界的奇迹。

合唱：

群贤楼前聚集四海精英，

五老峰下汇合名师群贤，

培养专门硕才，抒写创业的篇章，

研究高深学问，遨游知识的海洋，

阐扬世界文化，挥洒人类的文明。

啊！

我们向着大海呼唤，

百年树人，止于至善；

我们向世界宣告：

振兴中华，自强，自强！

林文庆（白）：同仁们，"大学之道，在明明德，在亲民，在止于至善"。

让我们跟着嘉庚先生的足迹，向前走啊！

【林文庆、林语堂、鲁迅、莱德等先贤在歌声中下】

合唱（抒情地）：

东南学府，千秋伟业，

你用大海拥抱世界的英才，

你用生命孕育民族的未来，

在民族从屈辱走向富强的征程上，

你用校主的爱国情怀，

抒写下呼唤中华复兴的诗篇。

3. 舞蹈《追寻》

【风云骤变，音乐由缓慢转变为紧张、沉重，天幕出现中共厦门大学党支部旧址】

【画外音】

1926年2月，中共厦门大学支部在厦大囊萤楼成立。这是福建省第一个中共党支部，厦大学生罗扬才任支部书记。革命的星星之火，从这座美丽的学府燃向整个闽西南大地。

【舞蹈从熊熊革命烈火开始，背景是爱国学生的革命活动】

【表现罗扬才烈士为信仰英勇斗争、英勇就义的革命精神】

【画外音】

1927年，风云骤变，"4•12"反革命政变爆发，罗扬才坚守阵地，指挥与掩护战友突围，不幸被捕，英勇就义。

临危不惧，坚贞不屈，大义凛然，罗扬才烈士用鲜血和生命，抒写了厦门大学革命精神的光辉一页，激励着厦大人前仆后继地走在民族独立、人民解放的革命道路上。

【音乐中，在不同历史时期牺牲的厦大革命烈士相继出现。这些用自己的生命写下革命春秋的烈士组成一组（或几组）英勇奋斗、舍生取义的雕像】

杨世宁（早期工人运动领导人）：革命不怕死，怕死不革命。

高捷成（第一代红色金融家，红军会计师）：救国才能顾家，国亡家安在？

陈康容（抗战女英雄）：青春无价比，团聚何须提，为了伸正义，岂惧剥重皮。

应家骥（解放战争时期年轻的闽西南游击队领导人）：幸福美满、平等自由的社会就要到来，黑暗终将过去。

【独唱与歌表演：《追寻》】

第二幕 烽火自强

朗诵：

1937年7月1日，陈嘉庚将厦门大学无条件地献给了自己的祖国，厦门大学改为国立。此时的中国，山雨欲来风满楼。

7月6日，清华大学萨本栋教授受命于危难之际，出任国立厦门大学校长；第二天，卢沟桥事变爆发，全面抗战的炮声打响。

华北沦陷，南京失守，清华、北大、南开被迫西迁；国难日深，战火蔓延，中国已经没有一块能容下青年读书的地方。正是在这危亡时刻，萨本栋果敢地带领厦大师生内迁山城长汀，发出了铿锵誓言："不到最后一课，绝不放弃质量与技能的培养。"

烽火硝烟，弦诵不辍，危难之际，自强奋斗。南强学子用青春热血，发出豪迈的战叫："有一秒钟的时间，也是为着杀敌而活着，为着民族的明天而读书"。

【音乐起，《八百里足迹》前奏】

【朗诵继续】

朗诵：

在战争威胁与山城困苦的双重困境中，厦门大学坚守住了中国高等教育的东南半壁，被誉为"加尔各答以东的第一大学"。

一段艰苦卓绝的淬炼岁月，成就了一个"南方之强"的宏伟梦想；一种自强不息的浩然大气，为中国高等教育的历史，留下了一段永不泯灭的足迹。

4. 舞蹈《八百里足迹》

【表现厦大师生在抗战全面爆发后，在萨本栋校长的带领下，跋涉崎岖山路，果断内迁山城长汀，在敌寇轰炸中坚持办学，弦歌不辍】

【舞蹈后半部插入画外音】

【画外音】

山城长汀，"举目凄凉无故物"。没有宿舍，没有教室，厦大师生就在祠堂、神庙里办公教学；没有电灯，萨本栋校长拆掉自己的小车，将汽车发动机改装成发电机，让山坳中的厦大亮起了灯光。

【音乐转换成抒情性很强的旋律】

5. 双人舞《烽火情抒》

【满怀深情的双人舞，通过男女相扶、相持、相互关心、相互激励的舞蹈语汇，表现萨本栋在烽火硝烟中为厦大呕心沥血、鞠躬尽瘁的品格，颂扬萨本栋校长撑着病苦、自强奋斗，坚守住高等教育的东南半壁江山的勋业】

画外音：

烽火岁月里，艰难困苦中，萨本栋校长亲力亲为，自强奋斗，带领厦大师生坚守在山城艰苦办学，顽强抗战，实现了陈嘉庚先生南方之强的宏愿。战时的厦大，担负起粤汉铁路线以东国立最高学府的全部责任，成了战乱中千千万万中国青年求学的理想归宿。然而，萨校长累倒了，一天比一天严重的胃疼与腰痛，折磨着我们这位原本是网球运动员的年轻校长。

【激昂的抗战战歌响起】

6. 歌表演：厦大历史歌曲《铁声歌咏团团歌》

【厦大青年，铁血青春，或衣裳上印着"铁声歌咏""救国服务团"，或举着"厦大剧团"的小旗帜，手中拿着《唯力》《救亡》杂志，奔向烽火硝烟中，表现厦大师生在抗战烽火中为国家战后建设勤奋学习，一腔热血地投入抗日救亡活动】

【扮演谢玉铭教授的演员上】

众：谢老师。

谢玉铭：同学们，在这国族存亡的关头，救亡的责任，紧压在每个中华国民的双肩。凡是不愿做亡国奴的人们，都不能逃避这大时代的责任。我们要尽我们的能力，

众：尽我们的能力，

谢玉铭：必死的信心，

众：必死的信心，

谢玉铭：担当起救亡的责任与使命。

众：担当起救亡的责任与使命。

【谢玉铭教授指挥大家合唱《铁声歌咏团团歌》】

第三幕　英雄大学

朗诵：

1949年10月1日，中华人民共和国成立，厦门大学掀开了历史的崭新一页。

曾记否？防空洞里攻关克难的科学实验。

曾记否？黑夜里浪涛间的站岗放哨。

海防前线的英雄大学，以"带枪的大学生"形象，谱写了一曲东南

学府的别致交响。

英雄大学，肩负着培养国家建设急需的干部和科学家的使命，打开了"面向海洋，面向东南亚"的大门，在王亚南校长的辛勤领导与直接影响下，造就了一批批共和国的栋梁之材。

7. 歌舞《没有共产党就没有新中国》

【新中国成立，厦门解放。在《没有共产党就没有新中国》的歌声中，厦门大学迎来人民大学的新时代，翻开了历史崭新的一页】

【凤凰花开，厦门大学迈开了人民大学的崭新步伐】

8. 歌表演：厦大历史歌曲《厦门大学战歌》

【海防前线，炮声依然。带枪的大学生以《厦门大学战歌》为主旋律，体现出置身于海防前线的厦门大学师生在学习文化研究科学的同时，坚持海防前线的斗争生活，体现了英雄大学带枪的大学生的精神风貌】

9. 舞蹈《摘取科学的皇冠》

【表现数学王子陈景润在王亚南校长的扶持、激励下，攀登科学高峰，摘取了哥德巴赫猜想这颗数学皇冠上的明珠】

【视频：王亚南形象，陈景润形象，师生们不息的数学演算，滚动着的科技图案与数学公式，抛向空中的数学演算稿纸】

画外音：

伯乐相马，马越奇峰。有一次，王亚南校长遇到了正处在人生低谷的厦大毕业生陈景润，便毫不犹豫地将陈景润带回厦大，之后又把他送往中国科学院，掖持、激励他坚持梦想，执着前行。陈景润从此将攻克数学世界难题当作自己的生命，一如既往，不屈不挠，最后摘取了哥德巴赫猜想这颗数学皇冠上的明珠。

10. 情景表演、歌表演《到祖国最需要的地方去》

【延续《摘取科学皇冠》的音乐，在防空洞的背景中，表现师生坚守岗位、勤奋学习，为新中国社会主义建设培养优秀人才】

画外音：

1952年院系调整，厦门大学为全国输送大批专业人才，成为当代中国大学人才最重要的母校之一；1963年，厦门大学被确定为国家重点建设大学，成为当时全国14所重点大学之一。这座身处海防前线的海滨学府，坚持在炮火中、在坑道里教学科研，为祖国培养了大批社会主义的建设者与接班人。

【音乐转向《到祖国最需要的地方去》的变奏与主旋律，在歌声中表现出厦大人到农村去，到边疆去，到祖国最需要的地方去的时代风貌】

第四幕　学府春潮

朗诵：

春潮涌动，水击中流。春天里，中国改革开放的总设计师邓小平走进了厦门大学的美丽校园，向上弦场的欢迎人群挥手致意。厦门大学和它的城市一起，被推上中国改革开放的前沿。

为改革开放铺展经济改革的画卷，为祖国的统一大业谱写两岸诗篇，为实现中华民族伟大复兴的中国梦托起明天的太阳，厦门大学跨越一个又一个的历史关节，一次又一次地刷新了"世界之大学"的起跑线，走向创建"双一流"的新时代新征程。

11. 歌舞《春的希望》

【在邓小平视察厦门大学与神州大地改革开放春潮的背景下，呈现厦门大学"自强不息，止于至善"的蓬蓬勃勃景象】

12. 歌舞《以德树人，创新创业》

【李克强总理视察厦门大学，参观厦门大学学生创新创业展；第四届全国大学生互联网+创新创业大赛在厦大举行情景；无人飞机、太阳能、支边支教等厦大学生红色之旅与学习、创新景象】

13. 表演唱：厦大原创歌曲《当我们海阔天空》

【以第四届全国大学生"互联网+"创新创业大赛吉祥物涌仔为主体形象，通过原创歌曲《当我们海阔天空》表演，展示厦门大学学生在弘扬嘉庚精神、继承革命传统、培养德智体美劳的成长道路上的青春活力】

　　当我们海阔天空，

　　我们背上行囊奔向远方。

　　开辟红色筑梦的大道，

　　编织海上丝绸彩虹，

　　我们像海鸥逐浪，

让青春舞动迎来一个惊艳芳华。

当我们海阔天空，

我们直挂云帆奔向远方。

听从蓝色海洋召唤，

指点五洲风云激荡，

我们像雷鸣电闪，

让青春舞动迎来一个惊艳芳华。

啊！

不向挫折低头，

不负使命担当，

弘扬嘉庚精神自强至善，

扎根中国大地抒写人生华章，

新时代大学生博学笃行，

放飞梦想攀登高峰。

14. 歌舞《群英逐鹿，上天济海》

【厦门大学嘉庚号科考船乘风破浪；厦门大学"嘉庚一号"火箭发射成功；一个个厦大创新型科研团队与一份份厦大人在各领域的科学创新成果】

【音乐中一群身穿实验室白大褂的教师上】

甲：听，我们的嘉庚号科学考察船的汽笛响起来了！

乙：看，厦门大学的"嘉庚一号"火箭飞上了苍穹！

丙：忆往昔，校主为捍卫中国海权创立航海、海洋专业；看今朝，厦大人在海洋强国征程上乘风破浪。

丁：站在历史新起点上，厦大人逐鹿科学尖端，攀登重大领地，上天济海，奋进于世界一流的伟大征程。

【舞蹈：激昂的音乐，激昂的舞蹈，表现厦大人上天济海，乘风破浪，攀登科学高峰，创造世界一流的决心与意志】

15. 海纳百川，走进世界

【以厦大马来西亚分校的创建为主干，配以孔子学院、国际大学日、国际交流合作等国际学术交流与合作情景】

【通过三组不同民族不同肤色汇合起来的歌舞，表现厦门大学走进世界、跻身世界名校之林的矫健步伐与佳绩，体现厦大海纳百川的性格，突出国际化办学的发展之路】

尾声　跨越梦想

朗诵：

风雨中，我们的校主亲手垫下的第一块基石，今天已经化作了海峡西岸的云蒸霞蔚；国势危急之际厦大人唱出的"南方之强"，今天已唱过高山，唱过平原，唱过海峡，在五大洲四大洋都有它熟悉的回响。

冬天延续了秋天的印象，

夏天绽放着春天的思想，

弘扬嘉庚精神，秉承"自强不息，止于至善"校训，为全面实现中华民族伟大复兴的中国梦，实现厦门大学两个百年梦想，我们不忘初心，牢记使命，跨越梦想，在"中国特色，世界一流"的征程上奋进，奋进，永远奋进!

16. 舞蹈《跨越奋进》

17. 尾声 与梦想同飞

合唱《厦门大学校歌》

剧照:舞蹈《起来 起来》

剧照：情景表演《激浪》

剧照：舞蹈《启航》

剧照：舞蹈《烽火情抒》

剧照：歌舞《没有共产党就没有新中国》

剧照：歌舞《厦门大学战歌》

剧照：舞蹈《摘取科学的皇冠》

剧照：合唱《党是我们心中的太阳》

中国经典交响合唱组
《长征组歌》

（2013年版本）

The Long March Suite:
Classic Chinese Symphonic Chorus

歌　词：萧　华　朗诵词：王晓红

翻　译：杨士焯

序曲 《飘动的篝火》
Prelude *The Sparkling Campfire*

朗诵词：

二十世纪的天空，风起云涌变幻莫测，

伴随着一个伟大的国度从危难走向复兴。

在这交织着苦难和辉煌的历程中，

有这样一个故事至今流传，令人回味，

这就是中国的两万五千里长征！

为了保卫家园，为了追求自由、平等、民主、解放，

30万中国年轻人组成了一支钢铁队伍。

他们徒步行走二万五千里，历时整整一年，

从中国的南方走到中国的北方，走到抗争的最前线。

他们以感天动地的大无畏精神，英勇抗敌，走向胜利，

他们满怀理想，不惧艰险，不怕牺牲，书写了人类历史上的不朽华章。

让我们用歌声，再一次记取历史长河中的瞬间。

让我们抒华章，再一次感悟永不屈服的伟大精神。

Recitation:

Uncertainties permeated the sky of the 20th century.

A great nation rose from ruin to revival.

During the eventful journey which intertwined miseries with glories, a story is carried on till today. That is the Long March of China!

To defend the motherland and to pursue freedom, equality, democracy and liberation, 300,000 Chinese young people were assembled to form an invincible army.

They marched 25,000 li (12,500 km) from the south to the north for a whole year, before they finally reached the battle-front.

They fought bravely against the enemies and strove for victory with their invincible spirit.

They were filled with ideals; they feared no hardships, dangers, or death. Their story has gone down in history.

Let's once again recall the great moments in history with our songs. Let's once again feel the spirit of perseverance with our lyrics.

歌词：

总有一段往事让人回想

总有一条长路让人难忘

总有一团篝火　在风雨里飘摇

照亮荒原的夜空

映红年轻的脸庞

冰凉的未必冰凉

滚烫的依然滚烫

梦也雄浑　歌也悲壮

留一段故事让后来者思量

总有一个高度让人仰望

总有一种信念让人昂扬

总有一团篝火　在风雨里燃烧

穿过遥远的时空

温暖我们的心房

芳草掩埋了足迹

青春凝成了雕像

云水苍茫　旗帜飞扬

那一曲长歌在天地间回响

Synopsis:

This prelude is to recall and eulogize the great feat and immortal spirit of the Long March, and to arouse people's respect and admiration for this historic miracle and its great spirit.

《长征组歌》
The Long March Suite

第一曲　《告别》

朗诵词：

电闪雷鸣的风暴，冲乱了飞鸟的迁徙。

支离破碎的家国往事，安排着百姓的命运。

迁徙，是生命的自然规律，

迁徙，是人类的恒久姿态。

迁徙，是为了那古老的理想 ——自由与解放。

每一次迁徙都是义无反顾的征程，

每一个征程都是挥手告别的新生。

告别历史与过往，

告别故土与家园，

告别亲人与朋友……

离别像死亡一样美丽，它让我们青春永驻；

启程像新生一样伟大，它让我们生生不息。

歌词：

红旗飘，军号响。子弟兵，别故乡。

红军急切上征途，战略转移去远方。

男女老少来相送，热泪沾衣叙情长。

紧紧握住红军的手，亲人何时返故乡？

乌云遮天难持久，红日永远放光芒。

革命一定要胜利，敌人终将被埋葬。

No. 1 *Saying "Farewell" to the South*

Recitation

Just like a thunder storm interferes with the migration of birds,

The fragmented, broken nation determines the destiny of her people.

Migration is a natural law of life for the birds.

And migration is a long-lasting human endeavor.

Migration is for the sought-after freedom and liberty.

Each migration is an unrelenting march.

Each march starts with saying farewell—

Saying farewell to history and the past,

Saying farewell to our hometowns,

Saying farewell to our families and friends.

Parting is as beautiful as death, because it gives us the eternity of youth;

Parting is as great as rebirth, because it gives us the perpetuity of life.

Synopsis:

With waving flags and resonant bugles, those brave and strong soldiers bid farewell to their hometown and family, starting their journey in pursuit of their ambitions and aspirations.

第二曲 《突破封锁线》

朗诵词：

自由是一条湍急的河流，

在我们的心里夜夜奔腾。

生存与解放，是天赋的使命，使命在高处。

生存与解放，是人类的信仰，信仰在远方。

古往今来的每一次远征，都开启了生存的拓荒。

世世代代的每一次起航，都呼应着自由的召唤。

雷霆万钧的轰鸣是凄美的骊歌，

熊熊燃烧的火焰是盛大的仪式。

漫漫长征路，烽烟两万五。

你用生命成就信念，你用青春祭奠自由！

歌词：

路迢迢，秋风凉。敌重重，军情忙。

红军夜渡于都河，跨过五岭抢湘江。

三十昼夜飞行军，突破四道封锁墙。

不怕流血不怕苦，前仆后继杀虎狼。

围追堵截奈我何，数十万敌军空惆怅。

No. 2 *Breaking the Blockades*

建南大舞台
厦门大学校园文化精品

Recitation

Freedom is a torrential river, raging in our heart day and night.

Survival and liberation are an inborn mission, a mission as high as the sky.

Survival and liberation are mankind's faith, a faith in the farthest distance.

Each expedition through the ages leads to survival.

Each sailing through generations echoes the call of freedom.

The roaring of thunder is a sad and beautiful song.

The burning flame is a grand ceremony.

The journey is as long as 25,000 li.

You build faith with your life, you pay homage to freedom with your youth!

Synopsis:

The journey was long and arduous, and the wind in autumn was cold.

The brave and strong soldiers traversed mountains and rivers, and fought

fearlessly to break the blockades.

第三曲 《遵义会议放光辉》

朗诵词：

历史是汹涌的海浪，一时进，一时退。

时间是一杆精准的秤子，良心与道德，尊严与品格，一一掂量。

跟随正义的脚步，踏上解放的征程。

脱去的是锁链，获得的是新世界。

一切历史都是当代史，因为生命不息！

一切历史都是抗争史，因为奋斗不止！

歌词：

苗岭秀，旭日升，百鸟啼，报新春。

遵义会议放光辉，全党全军齐欢庆。

万众欢呼毛主席，革命路线指航程。

雄师刀坝告大捷，工农踊跃当红军。

英明领袖来掌舵，革命磅礴向前进！

No. 3　*The Epoch-Making of the Zunyi Conference*

Recitation

History is a billowing sea, ebbing and flowing.

Time is a scale on which conscience and morality, dignity and integrity, are all weighed.

Follow the footsteps of justice, and embark upon the journey to liberation.

Shake off the chains, and we will win a new world.

All history is a history of the present, for life is endless!

All history is a history of struggle, for struggles never cease!

Synopsis:

In the picturesque Miaoling Mountain, with the rising sun, the chirping of birds heralded the coming of spring. Like a beacon, the Zunyi Conference illuminated the path ahead and inspired the brave soldiers to stride ahead.

第四曲　《四渡赤水出奇兵》

朗诵词：

那一年，粮食耗尽；

那一年，残雪枯草。

漫天风雪如万匹白练翻动，

他张开双臂，迎接无名时代壮烈的牺牲。

穿上战服，拿起武器，只为驱赶战争。

我们不愿，以暴力对抗暴力。但却不惧，以生命换取生命。

蛮荒与文明，多少兴衰成败？

战争与和平，多少悲欢离合？

从来就没有什么救世主。

自我拯救，是感召生灵的不二法则。

自我解放，是告慰天下的必经之路。

歌词：

横断山，路难行。天如火，水似银。

亲人送水来解渴，军民鱼水一家人。

横断山，路难行。敌重兵，压黔境。

战士双脚走天下，四渡赤水出奇兵。

乌江天险重飞渡，兵临贵阳逼昆明。

敌人弃甲丢烟枪，我军乘胜赶路程。

调虎离山袭金沙，毛主席用兵真如神。

No. 4　*Surprise Tactics in the Four Crossings of the Chishui River*

Recitation

That year, the food supply was depleted;

That year, snow and withered grass were everywhere.

The snowy sky seemed like the waving white silk cloth.

He opened his arms, embracing the sacrifice in this unknown era.

In his armor, and armed with weapons, he fought to end the war.

What we did not want was to use violence against violence. But we did not fear to sacrifice our lives for others.

In the fight between barbarism and civilization, there have been numerous successes and failures.

In order to stop war for peace, there was endless sadness and departing. And there was no savior in the world.

Self-salvation is the only way to enlightening living creatures. Self-emancipation is the sure route to comforting the world.

Synopsis:

Confronted with precipitous roads and innumerable enemies, brave soldiers crossed the Chishui River with surprise tactics four times and successfully fended off the enemies.

第五曲 《飞越大渡河》

朗诵词：

燃烧的太阳炙烤大地，大地一片苍茫。

静默的露珠折射世界，世界幻影重重。

烈日摧毁万物，露珠滋养生命。

请你告诉我，烈日与露珠哪一个更强大？

担架上沉甸甸的思索，谁是天生的赢家？

仓促的步伐，还来不及写上名字。

带着殉道者的灵魂上路，胜利，向我们走来！

歌词：

水湍急，山峭耸。雄关险，豺狼凶。

健儿巧渡金沙江，兄弟民族夹道迎。

安顺场边孤舟勇，踩波踏浪歼敌兵。

昼夜兼程二百四，猛打穷追夺泸定。

铁索桥上显威风，勇士万代留英名。

No. 5 *Crossing the Dadu River*

Recitation

The burning sun is scorching the vast land,

The silent dew refracts the kaleidoscopic world.

The sun destroys everything, while the dew nourishes life.

Tell me, please, which is stronger, the sun or the dew?

Heavy thoughts on my stretcher, I wonder who is the born winner?

The pace is so fast that there is no time to put down the answer.

March on with the spirit of the martyrs. Victory is on the horizon!

Synopsis:

Despite the turbulent stream and intimidating barriers, those brave soldiers crossed the river to fight their enemies. Their bravery on the bridge of iron chains is known far and wide.

第六曲 《过雪山草地》

朗诵词：

白茫茫的大地，赤裸裸的生命。

总是在生命的边缘，才看见死亡的深渊。

无论平民还是贵族，无论国王还是臣仆，

死亡是最后的宿命，它在等待收复生命的一切。

你抱怨它来得太早，还来不及从容整装微笑转身。

然而，让我们对死亡念念不忘的，却是生命的千姿百态。

生命如此美好，让我们猝不及防！

生命如此璀璨，让我们惶恐不安！

闭上眼睛，困苦纤毫毕现。

面对死亡，生命豁然开朗。

歌词：

雪皑皑，野茫茫，高原寒，炊断粮。

红军都是钢铁汉，千锤百炼不怕难。

雪山低头迎远客，草毯泥毡扎营盘。

风雨侵衣骨更硬，野菜充饥志越坚。

官兵一致同甘苦，革命理想高于天。

No. 6 *Traversing Snowy Mountains and Grasslands*

Recitation

Vast is the snowy land, naked as life.

It is always at the edge of life, that death can be seen.

Whether it is a civilian or a nobleman, a king or a servant,

Death is the final destination. It is waiting to reclaim everything in life.

We blame death for coming upon us too soon, before we can pick ourselves up and smile.

However, we remember death not because of death itself, but because of the vitality and variety of life.

Life is so wonderful, so it seldom occurs to us that we need to prepare for death!

Life is so glorious, such that we are so anxious about death!

Close your eyes, and all hardship appears vividly before us.

Face death, and our life becomes enlightened.

Synopsis:

Confronted with snow storms, wilderness, high plateaus and severe cold, the soldiers were dressed in rags and tatters and had no food. Nonetheless, they marched on through thick and thin with their invincible will and lofty ideals.

第七曲 《到吴起镇》

朗诵词:

人们说，远方才是我该去的地方。

于是，我担负着光荣的使命离开了你。

人们忘了说，母亲是尽职的敲钟人。

想念的钟声，总在午夜十二点撼动年轻的心。

勇士的心是一团火焰，满腔的热血已经沸腾。

一切囚禁终将瓦解！一切阻碍必将崩塌！

冲破一切险阻，收复被侵犯的土地，

我们是自由解放的使者。

歌词:

锣鼓响，秧歌起。黄河唱，长城喜。

腊子口上降神兵，百丈悬崖当云梯。

六盘山上红旗展，势如破竹扫敌骑。

陕甘军民传喜讯，征师胜利到吴起。

南北兄弟手携手，扩大前进根据地。

No. 7 *Arriving at Wuqi Town, the Destination*

Recitation

People told me that a far-away place was where I should go.

With my glorious mission, I said farewell to you.

But they forgot to tell me that mother is a dutiful bell-ringer.

Her bells always stir the young heart at midnight.

The brave heart is like flaming fire and the blood in the body is boiling with fury.

All captivity will collapse inevitably! All obstacles will crumble!

Breaking through all the barriers and reclaiming our invaded land,

We are the messengers of freedom and liberation.

Synopsis:

People danced to the gong and drum to celebrate the arrival of soldiers from the south. From now on, soldiers from the north and the south will work together and move forward to secure more victories.

第八曲 《祝捷》

朗诵词：

阅读一本书，亲近一个人，翻过一座峰，打开一扇门。

坚忍的脚步，踏醒历史的城门，这是解放之城。

至死不渝，是对自由的渴望，是别后余生的新世界！

所以坚持真理，所以选择忠诚，所以守护信仰。

这旷世的传奇，将凝固成历史传播于世。

创造奇迹的，是热血的信念。

233

见证奇迹的，是悠远的历史。

坚定的信念，必将形成惊世骇俗的力量！

歌词：

大雪飞，洗征尘。敌进犯，送礼品。

长途跋涉足未稳，敌人围攻形势紧。

毛主席战场来指挥，全军振奋杀敌人。

直罗满山炮声急，万余敌兵一网尽。

活捉了敌酋牛师长，军民凯歌高入云。

胜利完成奠基礼，军民凯歌高入云。

No. 8 *Victory Celebration*

Recitation

Read a book to know a person; climb over a mountain to open a door.

With firm footsteps, we open the gates of history. This is a city of liberation.

We never regret our choices till death, because we have longed for liberty, and a reborn new world!

That's why we insist on truth, choose loyalty, and uphold our beliefs.

This unparalleled legend will go down in history.

It is strong faith that has created the miracle.

It is time-honored history that has witnessed the miracle.

Unshakable faith will inevitably form invincible strength!

Synopsis:

The floating snow washed over the dust on the clothes of soldiers. Now the soldiers can easily defeat the enemy if they dare to invade. After completing the ground-breaking victory for the arrest of the enemy's commander, the resonant song of triumph soared high into the sky.

第九曲 《报喜》

朗诵词：

你千里跋涉，登上世界之巅。

你万马奔腾，驰骋大千世界。

你是连接两个时代的桥梁，

你是照亮黑夜的万丈光芒！

正义与邪恶的对抗，民族与世界的共存。所有的一切，谁来判决？

人类与自然的和谐，生存与死亡的轮回。所有的一切，谁来主宰？

正义是返回光明的灯塔！正义是获得重生的涅槃！

歌词：

手足情，同志心。飞捷报，传佳音。

英勇二四方面军，转战数省久闻名。

历尽千辛万般苦，胜利会聚甘孜城。

全军喜迎胜利果，欢呼北上并肩行。

边区军民喜若狂，红旗招展迎亲人。

No. 9 *Announcing the Good News*

Recitation

You have trekked thousands of miles to climb to the top of the world.

 You have travelled around the world with force and power.

You are the bridge that connects two eras.

You are the light illuminating the dark night!

Who is to judge the confrontation between justice and evil, and to coordinate the coexistence of the nation and the world?

Who is to decide the harmony of man and nature, and the cycle of life and death?

Justice is the beacon of light! Justice paves the way to rebirth.

Synopsis:

After going through innumerable ordeals, the soldiers finally reached the destination in the northern part of Shaanxi province. People were jubilant at the good news and they reached out their hands to welcome the soldiers.

第十曲 《大会师》

朗诵词：

远征的脚步暂时停歇，胜利之门刚刚开启。

命运的安排，比我们想象的更周密。新的挑战，在下一个路口等待。

远离了故乡，我们创造了自由和平的新世界。

远离了家乡，我们拥抱着歌唱团聚的新同志。

欢乐，属于即将经历的人生；

欢乐，属于即将到来的日子；

世世传颂的是动情的乐曲和美好的乐园，

代代吟诵的是遥远的乡愁和醉人的歌谣。

歌词：

红旗飘，军号响。战马吼，歌声亮。

铁流两万五千里，红军威名天下扬。

各路劲旅大会师，日寇胆破敌魂丧。

军也乐来民也乐，万水千山齐歌唱。

歌唱领袖毛主席，歌唱伟大的共产党。

No. 10 *The Grand Reunion of the Three Armies*

Recitation

The steps of the expedition came to a halt, and the gate of triumph had just opened.

The arrangements of fate were more sophisticated than we had anticipated.

New challenges were just around the corner.

Away from our homeland, we created a world of freedom and peace.

Away from our homeland, we embraced new friends and celebrated reunion.

Happiness belongs to the new life that we are going to experience;

Happiness belongs to the days to come;

Beautiful melodies describing the pursuit of idyllic life have been carried on century after century.

Nostalgic ballads depicting profound affection for the homeland have gone down from generation to generation.

Synopsis:

With waving flags, resonant bugles and roaring war horses, the invincible army marched 25,000 li. The fame of those brave soldiers spread far and wide, and their feat was celebrated across the country.

尾声　朗诵词

《长征组歌》，记录了人类历史上伟大而悲壮的征程。

当年从南方出征时约30万人，一年之后到达北方时，只剩下3万余人。

八十多年过去了，年轻的生命已经消逝，

他们的精神、理想和追求却永存人间。

Postlude　Recitation:

The Long March Suite pays tribute to one of the greatest epic expeditions undertaken in human history.

300,000 people started out from the South. However, when they arrived in the North one year later, only 30,000 survived.

Over the last eighty years, almost all of the 30,000 young soldiers who survived the Long March have passed away.

However, their spirit, ideals and aspirations live on forever.

2013年6月，厦门大学经典交响合唱组曲《长征组歌》赴新加坡、马来西亚演出。图为马来西亚雪隆嘉应礼堂演出现场

时任中国驻马来西亚大使柴玺携夫人观看演出

新加坡滨海艺术中心演出现场

《长征组歌》新马演出剪影

《长征组歌》新马演出剪影

中国经典合唱曲
《黄河大合唱》

（2014年版本）

The Yellow River Cantata:
A Classic Chinese Chorus

朗诵词：朱水涌　　歌　词：光未然

翻　译：张礼龙

序曲 《红旗颂》

朗诵词：

万古江河，奔腾不息，那是人类文明的发源地。

九曲黄河，夭矫如龙，那是世界四大文明的摇篮之一。

数千年的中国历史长河，渚岸望江，

有波涛汹涌，有平川缓流。

数千年的人类文明发展，盛衰沉浮，

有悲欢离合，有战争与和平。

但大河奔流不息，人类征程不止。

中华民族的母亲河，一路接纳万水千山，一路汇聚滚滚洪流，

"奔流到海不复回"。

中华民族的伟大旗帜，一路直面挑战，一路战胜苦难，

一路在冲突与融合中呼啸飘扬，

在民族复兴的伟大征程上，飞扬起华夏子孙的光荣与梦想！

Prelude : *Ode to the Red Flag*

Recitation:

River of ancient times, forever running, is the birthplace of human civilization.

The zigzagging Yellow River, moving forcefully like a dragon, is the cradle of one of the world's four ancient civilizations.

The long Chinese history of thousands of years is like a river. We can see by the river bank:

There are surging waves and smooth flow through flat land.

In the thousands of years of human civilization development, there have been ups and downs,

With joys and sorrows, war and peace.

But the river has been running endlessly, so is the succession of mankind.

The mother river of the Chinese nation, passing through mountains and gathering water from many other rivers,

Surges all her way to the ocean and never returns.

She is the great banner of the Chinese nation, meeting challenges, and overcoming hardships,

Pouring loudly through conflicts and merging,

On the great journey of national rejuvenation, carrying on the glory and dream of the Chinese people!

《黄河船夫曲》

朗诵词：

当人类在劳动中发出"杭育，杭育"的号子时，

一种文明的最初表达便划开了混沌的时空；

当船夫们在黄河波涛中发出"咳哟，咳哟"的呐喊时，

中华民族的辉煌便打开了最初的篇章。

盘古开天，女娲造人，仓颉造字，

一个个古老的传说，在黄河的滚滚浪花中翻腾闪耀。

秦皇汉武，诸子百家，丝绸之路，四大发明，

一代代的历史风流，一个个的文明传奇，

见证了中华民族的源远流长，

还有那魅力无限的东方创造。

让我们再听听黄河船夫们的倔强呼喊，

让我们再感受一下中华儿女在历史风浪中的英雄步伐。

Song of Yellow River Boatmen

Recitation:

When mankind first made the cry "hang yo, hang yo" in his labor,

A kind of civilization was nurtured and the chaotic space was opened;

When the boatmen made the cry "hey yo, hey yo" through the waves of the Yellow River,

The Chinese nation started her brilliant first chapter.

Pangu separated heaven from earth; Nuwa made men; Cangjie created Chinese character;

Ancient legends have been told and passed down through the rolling waves of the Yellow River.

Emperors of Qin and Han Dynasties, hundreds of schools and thinkers, the Silk Road, and the four great inventions,

Brilliant heroes of one generation after another, countless miracles of civilization,

Have been witnesses to the long history of the Chinese nation,

And the oriental creation that is infinitely charming.

Let us hear again the unyielding cry of the Yellow River boatmen,

Let us feel again the heroic strides of the Chinese people in the historical storms.

歌词：

咳哟！划哟……

乌云啊，遮满天！波涛啊，高如山！

冷风啊，扑上脸！浪花啊，打进船！

咳哟！划哟……

伙伴啊，睁开眼！舵手啊，把住腕！

当心啊，别偷懒！拼命啊，莫胆寒！

咳！划哟！咳！划哟！咳！划哟！咳！划哟！

不怕那千丈波浪高如山！

不怕那千丈波浪高如山！

行船好比上火线，

团结一心冲上前！

咳！划哟！咳！划哟！咳！划哟！

咳！划哟！咳哟！划哟……划哟！

冲上前！划哟！冲上前！划哟！

冲上前！划哟！冲上前！咳哟！咳哟！

哈哈哈哈……

我们看见了河岸，我们登上了河岸，

心啊安一安，气啊喘一喘。

回头来，再和那黄河怒涛决一死战！

决一死战！决一死战！决一死战！

咳！划哟……

Lyrics:

Hey! Row...

Black clouds concealing the sky! Waves high as mountains!

Cold winds hitting the face! Water splashing onto the boat!

Hey! Row...

Brothers, open your eyes! Helmsmen, keep the helms firm!

Take care, don't be lazy! Strive hard, and fear not!

Hey! Row! Hey! Row! Hey! Row! Hey! Row!

Do not be afraid of the mountainous waves!

Do not be afraid of the mountainous waves!

Boating is like fighting in the frontline;

Be united and charge forward!

Hey! Row! Hey! Row! Hey! Row!

Hey! Row! Hey! Row... Row!

Charge forward! Row! Charge forward! Row!

Charge forward! Row! Charge forward! Hey! Hey!

Hahahaha...

We have seen the bank and we have come ashore,

Take a short break and have an easy breath.

Come back to the stormy waves of the Yellow River and fight to win the

battle!

Fight to win the battle! Fight to win the battle! Fight to win the battle!

Hey! Row...

《黄河颂》

朗诵词：

黄河诞生于巴颜喀拉山脉，

先是昂首北上，接着俯冲南下，然后逶迤向东，

从巍巍昆仑山下，倾泻于浩瀚无际的大洋。

黄河金涛澎湃，九曲连环，

它携带万仞黄土，铺散千里平原，

把中原大地，劈成血脉相连的南北两半，

哺育了勤劳勇敢的中华，海纳百川的中华，

自强不息、生生不已的中华。

"黄河远上白云间"，天玄地黄古国浩然！

Ode to the Yellow River

Recitation:

The Yellow River springs from the Bayan Har Mountains,

First moving up north, next falling down straight south, and then slowly

flowing to the east.

She pours herself from the lofty Kunlun Mountains to the boundless

ocean.

The river surges with her golden waves and zigzags continuously about

nine times,

Carrying tons of yellow soil and scattering it on the plain thousands of

miles around,

Splitting the central plain into the northern and southern parts that are still

related by blood,

Having nurtured the Chinese nation that is diligent, brave, and tolerant,

The Chinese nation that is striving constantly and endlessly,

"The Yellow River is climbing to white clouds" and the ancient country is

great and mighty!

歌词：

我站在高山之巅，望黄河滚滚奔向东南。

惊涛澎湃，掀起万丈狂澜；

浊流宛转，结成九曲连环；

从昆仑山下，奔向黄海之边；

把中原大地劈成南北两面。

啊，黄河！你是中华民族的摇篮！

五千年的古国文化，从你这发源；

多少英雄的故事，在你的身边扮演！

啊，黄河！你是伟大坚强，

像一个巨人出现在亚洲平原之上，

用你那英雄的体魄筑成我们民族的屏障。

啊，黄河！你一泻万丈，浩浩荡荡，

向南北两岸伸出千万条铁的臂膀。

我们民族的伟大精神，

将要在你的哺育下发扬滋长！

我们祖国的英雄儿女，

将要学习你的榜样，

像你一样的伟大坚强！

像你一样的伟大坚强！

Lyrics:

Standing on the peak of mountains, I watch the Yellow River running rapidly towards the southeast.

With waves pounding loudly and surging extremely high;

The river carries muddy yellow water flowing continuously in nine loops;

From the foot of Kunlun Mountains to the edge of the Yellow Sea;

Splitting the Central Plain into northern and southern parts.

Ah, Yellow River! You are the cradle of the Chinese nation!

You are the source of the 5000-year-old ancient culture;

Countless heroic stories have taken place around you!

248

Ah, Yellow River! You are great and mighty

You emerged on the Asian Plain like a giant,

You have acted as our national defense barrier with your heroic spirit.

Ah, Yellow River! You flow down thousands of miles majestically,

Extending millions of iron arms to the northern and southern banks,

The great spirit of our nation,

Shall grow under your cultivation!

The heroic children of our nation,

Shall take you as their model,

Be as great and mighty as you are!

Be as great and mighty as you are!

《黄水谣》

朗诵词：

"黄水奔流向东方，河流万里长。

水又急，浪又高，奔腾叫啸如虎狼"，

黄河既给华夏大地带来肥沃的土地，

也给神州携来一次又一次的洪患劫难。

中国人歌于斯，哭于斯，聚国族于斯，

以数千年积蓄的能量，投身演出了千年的悲喜，万年的坚强。

Song of the Yellow River

Recitation:

"The yellow water is running to the east, and the river is thousands of miles long.

With rapid flow and high waves, she is howling like a tiger",

The Yellow River has fertilized the Chinese land,

But also brought flood and devastation again and again.

The Chinese people sing for her, cry for her, and are united around her.

For thousands of years, they have gained their momentum, acted out tragedies and comedies, and now will be strong for tens of thousands of years.

歌词：

黄水奔流向东方，河流万里长。

水又急，浪又高，奔腾叫啸如虎狼。

开河渠，筑堤防，河东千里成平壤。

麦苗儿肥啊，豆花儿香，男女老少喜洋洋。

自从鬼子来，百姓遭了殃！

奸淫烧杀，一片凄凉，

扶老携幼，四处逃亡，

丢掉了爹娘，回不了家乡！

黄水奔流日夜忙，妻离子散，天各一方！

妻离子散，天各一方！

Lyrics:

The Yellow River flows towards the east, across thousands of miles.

Rapid water with waves surging high, it yells and howls like a tiger.

Channels dug, dams built, the eastern side of the river was turned into a fertile land.

Wheat was lush, flowers were fragrant; men and women, old and young, were filled with joy.

With the coming of Japanese aggressors, people suffered tremendously!

Devastation all over the place with rapes, killing, and burning,

Taking the old and young, people escaped in all directions,

With parents lost, they cannot return to their homes.

The Yellow River flows day and night, while families are broken with wives and children far apart!

Families are broken with wives and children far apart!

《河边对口曲》

朗诵词：

故乡，是生命中最深沉的记忆；

故乡，是灵魂得以栖息的土地。

当故乡遭受到强盗的蹂躏，

流亡的人们便发出黄河一般的冲天之气，

打回去，打回去，一同打回老家去！

Dialogue at the River Bank

Recitation:

Hometown is the deepest memory in life;

Hometown is the land for the soul.

When the hometown is ravaged by robbers,

The people who fled had a strong determination:

Fight back, fight back, let us fight our way home!

歌词：

张老三，我问你，你的家乡在哪里？

我的家，在山西，过河还有三百里。

我问你，在家里，种田还是做生意？

拿锄头，耕田地，种的高粱和小米。

为什么，到此地，河边流浪受孤凄？

痛心事，莫提起，家破人亡无消息。

张老三，莫伤悲，我的命运不如你！

为什么，王老七，你的家乡在何地？

在东北，做生意，家乡八年无消息。

这么说，我和你，都是有家不能回！

仇和恨，在心里，奔腾如同黄河水！

黄河边，定主意，咱们一同打回去！

为国家，当兵去，太行山上打游击！

从今后，我和你，一同打回老家去！

Lyrics:

Zhang Laosan, where is your hometown?

My hometown is in Shanxi, 300 li from across the river.

May I ask: were you farming or doing business at home?

With a hoe, cultivating land growing sorghum and millet.

Why did you come to this place, wandering lonely by the riverside?

Sad and heartbreaking: there is no news about my family.

Zhang Laosan, don't be sad, my fate is worse than yours!

Why, Wang Laoqi? Where is your hometown?

In the Northeast doing business. I have no news from my family for eight years.

That is to say, you and I both have homes but cannot go back!

Vengeance and hatred in our hearts blustering like the water of the Yellow River!

Be determined by the side of the Yellow River to fight our way back!

For the country, join the army, fight a guerrilla war in Taihang Mountains!

From now on, you and I shall fight our way home!

《黄河怨》

朗诵词：

1931年，"九一八"事变，

日寇的铁蹄踏进了东北的黑土地；

1937年，卢沟桥枪声响起，

全面抗战的烽火在大河上下熊熊燃起。

黄河呜咽，一寸寸国土在沦丧；

黄河受难，满耳是大众的嗟伤。

风啊，你不要叫喊！云啊，你不要躲闪！

请听一曲民族灾难中的《黄河怨》。

The Yellow River Indignation

Recitation:

After the Incident of September 18th, 1931,

The iron heels of the Japanese aggressors stepped onto the black land of the Northeast;

In 1937, gunshots ran out on Lugou Bridge,

Flames of war of resistance against Japan spread along the River all over the country;

With the Yellow River crying, China's territory was lost inch by inch;

With the Yellow River suffering, the sighing and crying of the people were heard everywhere.

Winds, don't howl! Clouds, don't dodge!

Please listen to "The Yellow River Indignation" that was created during the national disaster.

歌词：

风啊，你不要叫喊！

云啊，你不要躲闪！

黄河啊，你不要呜咽！

今晚，我在你面前哭诉我的仇和冤。

命啊，这样苦！生活啊，这样难！

鬼子啊，你这样没心肝！

宝贝啊，你死得这样惨！

我和你无仇又无冤，偏让我无颜偷生在人间！

狂风啊，你不要叫喊！

乌云啊，你不要躲闪！

黄河的水啊，你不要呜咽！

今晚，我要投在你的怀中，

洗清我的千重愁来万重冤！

丈夫啊，在天边！

地下啊，再团圆！

你要想想妻子儿女死得这样惨！

你要替我把这笔血债清算！

你要替我把这笔血债清还！

Lyrics:

Winds, don't howl!

Clouds, don't dodge!

Yellow River, don't sob!

Tonight, I will cry out my indignation and hatred to you.

Fate is so bitter! Life is so miserable!

Demons, you are so heartless!

My children, you had such a cruel death!

I have no animosity against you, yet you caused me to live shamelessly in this world!

Winds, don't howl!

Clouds, don't dodge!

Yellow River water, don't sob!

Tonight, I want to be embraced by you,

And washed away of all my sorrows and grievances!

My husband, in heaven

Or below the earth, let's reunite!

You must remember that your wife and children have died so wretchedly!

You must settle this debt of blood for me!

You must settle this debt of blood for me!

《保卫黄河》

朗诵词：

中华民族的历史，几经磨难，黄沙百战，

却总是仰天长啸，"不教胡马度阴山"。

华夏儿女的英姿，历经沧桑，驰骋疆场，

却总是壮怀激烈，"不破楼兰终不还"。

听！风在吼，马在叫，黄河在咆哮！

看！千山万壑，铜墙铁壁，

保卫黄河的烽火，燃烧在大江南北，

卷起大河万重浪。

Defend the Yellow River

Recitation:

In history, the Chinese people have undergone many sufferings and wars,

Yet, always shouting to the heaven, "we will never allow aggressors in".

The heroic Chinese people, having been through many hardships and battles,

Are always passionate and firm: "we will never return home until we kick out the enemy".

Listen! Winds howling, horses roaring, Yellow River raging!

Look! Around the thousands of mountains and valleys, we have built an iron wall.

The flames of war to defend the Yellow River are now spreading throughout China,

And the river is stirred with thousands of waves.

歌词：

风在吼，马在叫，黄河在咆哮，黄河在咆哮。

河西山冈万丈高，河东河北高粱熟了。

万山丛中，抗日英雄真不少！

青纱帐里，游击健儿逞英豪！

端起了土枪洋枪，挥动着大刀长矛，

保卫家乡！保卫黄河！保卫华北！保卫全中国！

Lyrics:

Winds howling, horses roaring, Yellow River raging, Yellow River raging.

West to the River, mountains are high; east and north to the river, sorghum is ripe.

Scattered on the mountains, are the Anti-Japanese heroes!

Amidst the protective green curtains of tall crops, Guerrillas are waging heroic and triumphant wars!

Carrying guns, swords and spears,

Defend homeland! Defend the Yellow River! Defend North China! Defend China!

《怒吼吧，黄河》

朗诵词：

太行山，青纱帐，风卷旌旗火正红；

秦时月，汉时关，"万里长征人未还"。

打败侵略者，黄河发出了决战的怒吼，

建设新中华，东方巨龙腾云驾雾，在万里苍穹翱翔！

Rage, Yellow River

Recitation:

In Taihang Mountains, in the green curtains of tall crops, flags are fluttering as flames of wars burning,

The moon and the landscape are the same as ancient times, yet our fighters have not yet returned.

The Yellow River is roaring for the final battle: Defeat the aggressors,

Build a New China and let the giant eastern dragon fly above clouds freely over thousands of miles!

歌词：

怒吼吧，黄河！

掀起你的怒涛，发出你的狂叫！

向着全世界的人民，发出战斗的警号！

啊！五千年的民族，苦难真不少！

铁蹄下的民众，苦痛受不了！受不了……

但是，新中国已经破晓；

四万万五千万民众已经团结起来，誓死同把国土保！

你听，你听，你听：

松花江在呼号；

黑龙江在呼号；

珠江发出了英勇的叫啸；

扬子江上燃遍了抗日的烽火！

啊！黄河！怒吼吧！怒吼吧！怒吼吧！怒吼吧！

向着全中国受难的人民，发出战斗的警号！

向着全世界劳动的人民，发出战斗的警号！

向着全世界劳动的人民，发出战斗的警号！

向着全世界劳动的人民，发出战斗的警号！

Lyrics:

Rage, the Yellow River!

Heave high your angry waves, scream out your wild howls!

To the people of the world, issue the warning of war!

Ah, the nation with a history of five thousand years has endured too much suffering!

People suppressed under iron heels have suffered enough! More than enough!

But, a New China is emerging;

Four hundred and fifty million people have united and vowed to fight till death to defend their motherland!

Listen, listen, listen:

Songhua River is wailing;

Heilong River is crying out in distress;

Pearl River is howling heroically;

Yangtze River is full of beacon fires for the war against the Japanese!

Ah, Yellow River! Rage! Rage! Rage! Rage!

To the suffering people of China, issue the call for war!

To the laboring people all over the world, give the command for fighting!

To the laboring people all over the world, give the command for fighting!

To the laboring people all over the world, give the command for fighting!

尾声　《和平颂》

朗诵词：

纵观千年历史，曾屡见兵戎，炮卷腥风，

但人类永远向往美好的和平。

回首峥嵘岁月，虽有过春秋争霸，群雄逐鹿，

但神州大地始终追求社会和谐、百姓祥和。

和为贵，和则兴，

和平是世界发展的主题，

和谐是人类永恒的愿景。

"不废江河万古流"，源远流长的中华文明，

将为世界和平的发展伟业，做出更大更重要的贡献。

Epilogue: *Ode to Peace*

Recitation:

Thousands of years of history has witnessed numerous bloody wars,

But mankind has always yearned for peace.

Looking back on the old days of twists and turns, we see warriors fight for more land and power,

But people in this same land have always pursued harmony, peace, and happiness.

Amiability is most valued condition that leads to prosperity.

Peace is the major theme for world development,

And harmony is the eternal vision of mankind.

Valuable elements will forever remain like the endless flow of a river,

And the long Chinese civilization will make a greater and more important contribution to world peace.

歌词：

浩渺苍穹，气象纷呈。

华夏英杰，踔厉峥嵘。

乘祥云兮穿星破月，驾神舟兮逐电追风。

游太空兮开新路，探宇宙兮保和平。

纵观历史，屡见兵戎；

春秋战国，争霸称雄；

八国联军，掠宝焚城。

十字军东征，历时二百余载；

两番世界战，数千万人丧生；

楼台宫阙化焦土，金汤社稷转瞬空。

冷看今日世界，仍有霸主横行。

枪林弹雨，炮卷腥风。

生灵殁于硝烟处，文明毁于兵燹中。

哀鸿凄凄兮呼唤宁静，反战声声兮怒冲九重。

地球村民，休戚与共。

以邻为伴，和睦乃生。

和为贵，和为明，和则顺，和则兴。

和是久旱之春雨，和是酷暑之清风。

和美家园，常系游子故国梦，

和谐社会，永在黎民百姓信念中。

和合交融，其力无穷。

令荒野苒苒兮秃岭葱葱，

长空朗朗兮碧水泠泠。

白鸽皎皎兮竟展新羽，

红柳袅袅兮摇曳翠英。

垂髫俏俏兮喜迎旭日，

黄发髻髻兮歌唱大风。

五洲四海兮三全其美，

两岸梅花兮一园春风。

化干戈为玉帛，扫阴霾见光明。

创千秋之伟业，开万世之太平。

茫茫夜海，灿灿繁星。

看，我飞船正与群星对话：

和平共处，共处和平。

听，我神舟正在昊空放歌：

和平万岁，万岁和平！

Lyrics:

In the boundless sky, there are all kinds of heavenly scenes.

The Chinese heroes are forever ready to scale the new heights.

They drive the spacecraft through winds and thunders, passing the moon
and stars;

They open new routes through space and explore the universe to ensure
peace.

With a glance at history, we see warriors constantly clashing in
battlefields;

In the Spring and Autumn Period and Warring States Period, kingdoms
were at war with each other for more land;

When the Eight-Power Allied Forces invaded China, treasures were
robbed and towns were burned;

The Crusades lasted nearly two centuries;

The two world wars claimed tens of millions of lives;

Pavilions and palaces were torn down and impregnable fortresses and
communities were destroyed in a twinkling of an eye.

In this world today, there are still aggressive overlords running wild.

Rains of bullets and storms of artillery are heard quite often;

Innocent people are being killed and civilizations ruined.

Sad people are crying for peace and angry protests against wars are reaching the sky.

We are all living in the global village, sharing weal and woe.

Neighbors must be treated as companions and harmony is ensured.

Harmony is valuable and wise; harmony leads to success and prosperity.

Harmony is spring rain after a long drought, and cool breeze in hot summer.

A peaceful hometown is the dream of an expatriate whose heart is never far away;

A harmonious society always remains in the expectation of the people.

Harmonious communication can be extremely productive and fruitful:

Wasteland can be turned into fertile fields with plants growing vigorously;

Sky can be made clear and rivers become clean;

Pigeons will extend their wings and fly freely in the air;

Long willow branches will sway gently in the breeze;

Well-dressed children will march towards the morning sun;

Older people will sing of the good time they have;

Peace prevails in all parts of the world.

Plum flowers will bloom on both banks of the Taiwan Strait as if they grow in one garden sharing the same spring breeze;

Swords are turned into plowshares, and clouds and fogs give way to sunshine.

A great cause for prosperity is initiated and a great time of peace and order is launched.

In the boundless heaven at night, there are plenty of stars shining.

Please look: my spacecraft is talking with the stars:

Peaceful coexistence; coexistence peaceful.

Please listen: my country is singing loudly towards the sky:

Long live peace; peace shall prevail!

2014年6月，厦门大学经典合唱曲《黄河大合唱》赴马来西亚参加"庆祝马中建交四十周年 —— 黄河大合唱暨马中合唱交流会"活动，图为马来西亚国油爱乐音乐厅演出现场

党委书记张彦、党委宣传部部长徐进功等领导亲切看望参演师生

马来西亚演出剪影 ①

马来西亚演出剪影 ②

马来西亚演出剪影 ③

马来西亚演出剪影 ④

第二部分

评注及观后感

"愿诸君勿忘中国"

——我所理解的嘉庚精神

陈 浪

陈嘉庚，一个让华夏儿女永远怀念的老人，在我心中，他是个爱国传奇，是个不灭的精神符号。

对嘉庚先生的认识，是个不断深入的过程。小时候，父亲总会带我去集美。在鳌园精美的石雕前，我仔细品读着嘉庚先生的创业生平，不仅感叹石雕的精美，而且感叹嘉庚先生对所办学校各种类型学生的日常守则和行为规范如此严苛，甚至细化到了握笔坐姿、洗澡休息等；在先生故居，我看到了古朴简陋的写字台、沙发、桌椅、蚊帐和床，还有那满是补丁的衣帽鞋袜。那时，嘉庚先生给我的印象，是细心与简朴。

2004年，我到厦大工作，时值学校纪念陈嘉庚先生130周年诞辰，领导嘱咐我找些陈嘉庚箴言，于是，我更加系统地翻看嘉庚先生的资料，第一次完整地了解了他的一生。再后来，学校排演《嘉庚颂》，我参与筹备，并现场观看了好几场。这场诗文诵读音乐会，通过配乐朗诵、独唱、大合唱、情景表演等多种表演形式，结合情景再现、电视短片和视频背景等实现情景交融，让我对嘉庚精神有了更深层次的了解。我渐渐发现，细心与简朴，只是嘉庚先生的一面；嘉庚精神有很多面，爱国是最重要的一面，陈嘉庚的一生，写满了"爱国"二字。

早年感受着祖国的内忧外患，陈嘉庚一辈子的梦便是"强国梦"：他随父创业南洋，用18万粒橡胶种子，打造了一座橡胶王国，也播下了一个实业救国的梦想；他参加同盟会，资助孙中山先生革命；他苦苦思索救国真理，最终选择了教育救国并为之泣血而行。在1919年回国筹办厦门大学时为新加坡同仁摆设的临别宴会上，陈嘉庚特意将餐桌摆成一个"中"字，吃中国菜、饮中国酒，并深情告诫大家"愿诸君勿忘中国"。自1913年起，他创办和资助了18所学校。为了创办厦门大学，陈嘉庚四处奔走，大声疾呼，并带头一次性捐款400万银圆——这个数额，相当于他当时全部资产总值。在1929年世界经济危机的沉重打击下，他的企业几近崩盘，但仍执意不肯舍学校保企业，发出了"企业可以收盘，学校绝不能停办"的铮铮誓言；他还卖掉了自己在新加坡的别墅，"宁可卖掉大厦，也要支持厦大"。后来实在无力支持厦大，便将学校无偿地献给国家。这样的毁家兴学，前无古人，我想，也应该是后无来者。

抗战爆发，陈嘉庚在南洋组织起了南侨总会，聚集起大量人力物力，为祖国抗战助力。在他的努力下，各地华侨"逐月汇回国的数千万元，为抗战军费的大部分"，"另有大量药品、物资，均为南侨总会供应"。然而，当时中国沿海口岸几为日寇所占，仅剩滇缅公路为唯一对外通道，运输物资急需大量司机，又是在陈嘉庚的感召和组织下，三千多南侨机工热诚回国，头顶着日寇的飞机轰炸，与敌人拼速度，比智慧，在这条生命线上为抗战浴血奋战。中华人民共和国成立后，陈嘉庚义无反顾地回到祖国，参与新中国的建设。

闽山苍苍，鹭江泱泱，嘉庚之风，山高水长。《嘉庚颂》的开场，最让我感动：舞台幕布上无数闪烁的星星汇聚成一片灿烂星河，慢慢演变呈现出嘉庚先生的形象；舞台上，芭蕾舞演员翩翩起舞，优雅、高贵。这时候，诗朗诵声起："您，是我们敬爱的校主，更是一位伟大的公民！您一生心系桑梓，一腔爱国情怀。您用敬业、诚信、友善，建立起庞大的商业帝国，用倾资兴学造福于万代千秋。您是'华侨旗帜，民族光辉'，以人民的利益为最高利益，以民族的需要为人生的最大需要，以国家的富强为人生的最终目标……"每次听到这里，我仿佛触摸到先生团结号召全体华侨报国的赤子之心，看见先生耄耋之年依然奔波祖国各地的忙碌身影，不禁潸然泪下。

嘉庚精神精髓是什么？我的回答是爱国。记得嘉庚先生的侄子陈共存曾对嘉庚精神作了这样的概括：有一种精神是一锅百年老汤，味正，绵长，常喝常鲜。有一种品格是一副百年老药，色正，料足，常备常用。有一种口碑是一座百年老店，斑斓，大气，百进不厌。事实证明，在任何年代，博大精深的嘉庚精神不仅永不过时，而且将超越时空，与日月同辉，长存人们心中。嘉庚精神，就如那夜空中最亮的星，始终照耀着后来者前进，激励着后来者在新时代爱国奋斗的道路上承前启后、继往开来。

（作者系厦门大学党委宣传部秘书）

来自心底的颂歌

—— 策划《嘉庚颂》诗文诵读会随笔

何秀珍

1982年的金秋九月一日是厦大开学日，注定是我一生中具有里程碑意义的日子。此时，我怀着忐忑和喜悦的心情来到梦寐以求的厦门大学，就读于哲学系哲学专业。初到厦大，我被雄伟的建南大礼堂以及承载校园文化的囊萤楼、映雪楼、鲁迅纪念馆、南洋研究所、图书馆、博学路、芙蓉湖乃至厦大的一草一木、一砖一瓦所深深吸引，而这一切都与一个伟大的名字有着紧密的联系——陈嘉庚。在之后的大学生涯里，我时常从书本、课堂中了解嘉庚先生的生平，与老师、同学们一道称他为"校主"，领会他亲自订立的"自强不息、止于至善"的校训，勤奋刻苦地学习，圆满地完成了学业，甚至收获了爱情。时光流转，我和我的爱人，我的弟弟、女儿、女婿都先后毕业于先生创办的厦门大学……一家五位至亲拥有同一位校主，受同样的校训陶冶，这是怎样一份"嘉"缘！

2013年，是我从市政协转岗到市委统战部工作的第二年，适逢嘉庚先生创办集美学校100周年。时任市委常委、统战部部长的黄菱同志交给我一个任务：负责对嘉庚先生倾资兴学，致力发展家乡教育事业的巨大贡献做个梳理，策划嘉庚先生百年教育成果展，进一步扩大嘉庚精神在全社会的感召力和影响力。我们与集美校委会、集美大学宣传部、厦门日报社、华亿传媒团队经过三个月的努力，于当年10月嘉庚先生创办集美学校百年庆典之际，将"嘉庚先生百年教育成果展"奉献给专程回厦参加校庆的海内外3000多名嘉庚学子、集美校友，引起热烈反响，受到广泛好评。从此，探究嘉庚先生伟大的一生，学习和弘扬嘉庚先生"忠公、诚毅、勤俭、创新"和爱国爱乡的伟大精神，便成为我在市委统战部这八年多来最重要、最有意义的工作任务之一。

2014年初，我们主动与市委宣传部、市委文明办沟通协商，提出将每年10月（嘉庚先生的诞辰月）设定为"嘉庚精神宣传月"的设想，并积极筹备首届宣传月启动仪式。特别让我们感动的是，同年10月嘉庚先生140周年诞辰之际，习近平总书记亲自给集美校友总会回信，高度评价嘉庚精神，把弘扬嘉庚精神提升到国家层面，指出先生"艰苦创业、自强不息的精神，以国家为重、以民族为重的品格，关心祖国建设、倾心教育事业的诚心，永远值得学习"，强调"实现中华民族伟大复兴，是海内外中华儿女的共同心愿，也是陈嘉庚先生等前辈先人的毕生追求。希望广大华侨华人弘扬'嘉庚精神'，深怀爱国之情，坚守报国之志，同祖国人民一道不懈奋斗，共圆民族复兴之梦"。总书记的回信使我们深受鼓舞，倍感振奋，着力宣传弘扬嘉庚精神的工作热情愈加高涨。为深入贯彻落实习总书记重要回信精神，彰显嘉庚精神的时代价值，宣传弘扬社会主义核心价值观，我们与研究嘉庚精神的各高校老师、专家学者进行深入探讨交流，积极与市、区相关部门商榷沟通，决定创作《嘉庚颂》，以诗文诵读音乐会的方式来歌颂嘉庚先生伟大光辉的一生，并将此作为2015年"嘉庚精神宣传月"的主题活动。

嘉庚先生是公认的伟人，嘉庚精神是一座耸立的丰碑。大家对《嘉庚颂》的期望都很高。要办好这样一场活动，首先要有好作品、好导演、好演员。印象中，母校厦大的朱水涌老师是研究嘉庚精神最为深透的专家之一，我便几番邀请，希望朱老师能主笔撰写《嘉庚颂》。节目计划于2015年10月推出，我们希望能在两个月内创作完成诗文创作，因为还需预留足够的时间编排节目，可谓时间紧、任务重。朱老师虽已退休，却仍兼任厦大教育研究会会长等职，工作十分繁忙，但在我几番请求之下还是愉快地应承了下来。胸藏文墨虚若谷，腹有诗书气自华，朱老师用心用情，短短两个月后便完成了6000多字的大型诗文作品《嘉庚颂》。

《嘉庚颂》以"永远的丰碑"为序，气势恢宏豪迈，呈现了嘉庚先生波澜壮阔、功昭千秋的伟大一生。上篇"倾资兴学赤子心"通过《异乡创弘业》《故乡开基业》《自强展宏图》三组节目，生动描述了嘉庚先生"久客南洋，心怀祖国，希图报效，已非一日"的心境，以勤劳诚心、自强不息的精神创立、开拓商业王国的同时，坚定"教育为立国之本，兴学乃国民天职"的信念，带着"改进国家社会，舍教育莫为功"的向往，勾画出中国南方现代教育王国的蓝图。随着1913年集美小学的第一声钟声敲响，嘉庚先生开启了家乡现代教育的课堂。随后，集美女子小学、集美师范、集美中学、集美幼儿园、集美水产、航海、财经等层级齐全的学校相继创立，浔江之滨建构起一个从幼稚园的学前教育到中等教育和职业教育的完备体系，矗立起拥有一座座现代教育琼楼玉宇的"集美学村"，在中国教育史上展开了一幅恢宏的画卷。

作为厦大学子，心中默念朗诵无数遍的应该是《自强展宏图》这一节目了。乘着五四爱国运动的东风，嘉庚先生向海内外中华儿女发出了创办厦门大学的通告。他说，"科学建设为建国首要之图""科学要发展，有赖于专门之大学的成立""非有高等教育专门学识，不足以躐等而达"。1921年4月6日，他用尽当年全部资产400万银圆建立的我国第一所由华侨创办的大学，即厦门大学成立了。5月9日，当他亲手为群贤楼群嵌上基石时，就奠定了厦门大学志存高远的起跑线，开启了中国南方之强群贤毕至的光荣与梦想。当经济与战争的灾难逼迫他的公司收盘的时候，他毅然做出"卖掉大厦办厦大"的惊世壮举。他为厦门大学定下的"研究高深学问，养成专门人才，阐扬世界文化""为吾国放一异彩""能与世界各大学相颉颃"三大任务，至今仍是千千万万厦大人向世界一流目标奋斗的精神力量。

下篇"烽火中的民族光辉"由《黄魂洒赤血》《千里生命线》《烽火情抒》《延安行》四组节目组成，集中展现了嘉庚先生作为"华侨旗帜"，在中华民族最危急的时候与祖国同呼吸、共命运的爱国情怀，讴歌了嘉庚先生与时代同行、与祖国同行、与我们党同行，为中华民族崛起、走向伟大复兴而奋斗终生的人生追求。尾声"光荣与梦想"表达了年轻一代牢记总书记教诲，传承弘扬嘉庚精神，为实现中华民族伟大复兴的中国梦接续奋斗、创造辉煌的决心，进一步阐释了嘉庚精神的深刻内涵与时代价值。

朱老师创作期间，我们召开了多场座谈会，与朱老师、厦门广电集团共同探讨谁来出任节目的"总舵手"——导演。最终，同样是厦大校友的厦门广电集团节目中心的王格胜同志和他的团队接过了这一光荣任务。紧接着选演员。我们同导演一起，征求了市委宣传部、市文广新局、歌舞剧院、小白鹭艺术中心、厦门艺术学校、厦门爱乐乐团等多个部门及相关专家的意见，一一拜访邀约，一一敲定主演阵容。但毕竟主演的人数有限，想要呈现出最好的舞台效果，群众演员也至关重要。我们积极与厦大、集大校领导、宣传部沟通，努力调动厦大、集大两所学校老师和学生艺术团的力量。在情景诵读篇章《烽火情抒》中，两位厦大在读学生扮演萨本栋校长及其爱人黄淑慎。演出时两位学生演员略显稚嫩却饱含深情的演绎感动了所有观众。厦大王虹教授在剧中扮演的嘉庚先生形象也得到了大家一致认可。与此同时，我们充分借鉴、运用集美各校参与嘉庚先生百年教育成果展项目的成功经验，在"倾资兴学赤子心"这一篇章中用实景展示教育成果，使诗文内容形象化、具体化，更加真实、感人。

节目编排中，我争取每周一至两次与导演组和厦大宣传部、集大宣传部一起，实地审看节目，认真打磨现场每一个细节。考虑到《嘉庚颂》诗文篇幅较长，且以诵读、合唱为主，想要抓住观众的心，必须出新招，有看点。经过导演的精心雕琢、演职人员的刻苦排练，诵读会呈现的是紧凑的节目架构，没有主持人，而是用短片串场使得章节过渡自然；内容丰富，形式生动，融合音、诗、舞、画、影像为一体。还巧妙地将《集美学村校歌》《厦门大学校歌》以及《团结就是力量》《没有共产党就没有新中国》《歌唱祖国》等观众们耳熟能详的歌曲融入节目。演出高潮迭起，掌声不断，全场观众多次自发合唱，效果震撼。

自2015年10月《嘉庚颂》诗文诵读音乐会开演以来，先后在厦门人民会堂、集美嘉庚剧院、厦门大学建南大会堂、嘉庚学院校区、厦门大学翔安校区等演出，共约3万名海内外嘉宾、厦大和集美学村师生现场观看，大获成功。香港集美校友会的一对夫妇看完演出后连呼感动："校主慈祥的笑容浮现眼前！";一位来自马来西亚的华侨观众感慨道:"嘉庚先生真伟大,不愧为'华侨旗帜、民族光辉'！";嘉庚先生的长孙陈立人在演出结束时主动走上舞台深情鞠躬,感谢在场的领导、演员和观众。他激动地说:"感谢大家用这么好的形式宣传嘉庚精神,这是对祖父最好的纪念。我们华侨虽然身居海外,但时刻惦记着祖国和家乡。我们将与祖国人民一起,共同为实现中华民族复兴之梦而努力！"《嘉庚颂》成功首演后,厦门大学将之列为每年新生入学教育的保留节目,所有演员均为在校师生担任,四年内在三个校区又组织了8场演出,观众近3万人。2016年,《嘉庚颂》获得了福建广播电视艺术奖综艺节目类一等奖,2017年获中国电视艺术家协会综艺峰会匠心盛典"年度匠心制片人"大奖。可以说,这个诗文诵读会不仅仅是演出,更是对我们所有参与者以及观众的精神洗礼、思想升华！

作为《嘉庚颂》诗文诵读活动的策划者之一,看到工作成果获得了认可,我心中充满了自豪与喜悦,同时深感肩上责任重大:以习近平总书记的重要回信精神为指导大力宣传弘扬嘉庚精神,对于在统战部工作的我来说,既是极其重要的政治责任,也是报答母校、奉献社会的义不容辞的责任。在2019年6月召开的全市教育大会上,省委常委、市委书记胡昌升高度评价陈嘉庚先生的伟大一生,指出嘉庚先生的崇高精神深深融入厦门这座城市的血脉,并矗立起一座不朽的丰碑。2020年6月,胡昌升书记又专程率队调研陈嘉庚纪念馆,对新时代传承和弘扬嘉庚精神提出了"要深挖时代价值,擦亮城市精神底色"的新要求。

从2014年至今,我市上下以"嘉庚精神宣传月"为平台,成功组织开展了一系列大型活动,如嘉庚论坛、"一座城·一个人——嘉庚精神·厦门故事"主题教育活动、大型交响乐《陈嘉庚》国内外巡演、"壮丽七十年,嘉庚精神伴我行"主题征文、"嘉庚"号科考船南海云上直播活动等,深入挖掘了嘉庚精神的深刻内涵和时代价值;2017年设立了陈嘉庚奖学金,用集友银行的部分股息分红,像当年嘉庚先生一样那样资助"海丝"沿线国家华侨华人学生和港澳台地区集美校友后裔来厦学习深造，三年来共资助了来自泰国、越南、缅甸、新加坡等10个国家的719名学生。2019年，在胡昌升书记和时任厦门市市长，现任省委常委、省委统战部部长庄稼汉的大力支持和批示下，我们把地铁一号线列车组共32部列车命名为"嘉庚号"，推动嘉庚主题车厢建设，把嘉庚精神带到群众身边，带入大家心里。这也是我为母校厦大，为宣传弘扬嘉庚精神略尽的一份绵薄之力。

"鹭江深且长，致吾知于无央""鹭江深且长，充吾爱于无疆"。先生之风，山高水长。嘉庚精神有如这深且长的鹭江，传承数十载，影响几代人。我能有幸成为校主的"弟子"、厦大的学子，从事着先生一生都倾心倾力的统战事业，心中永怀崇敬与感恩。

值此母校百年华诞之际，有感而发，作此随笔，以示庆贺。

2020年9月1日

（作者系中共厦门市委统战部常务副部长、市侨办主任、厦门大学哲学系哲学专业1982级学生）

我在《南强红笺》剧组的那些日子

黄瀚屹

厦门大学与党同龄，在2021年迎来了建校100周年纪念。百年办学历程，人才济济。在党的领导下，厦门大学学子以自强不息、止于至善的校训精神投入到党和国家波澜壮阔的革命斗争、国家建设、改革事业，为党和国家事业发展作出重要贡献。在这一历程中形成了陈嘉庚先生的爱国精神、罗扬才烈士的革命精神、以萨本栋校长为代表的艰苦办学的自强精神和以王亚南校长、陈景润教授为代表的科学精神，这四种精神是激励万千厦大学子接续奋进的精神养料。习近平总书记在党史学习教育动员大会上强调："了解历史才能看得远，理解历史才能走得远"。《南强红笺》是对厦门大学四种精神之"革命精神"的当代再现，以语言、舞蹈、音乐等艺术形式生动再现了历史上厦大师生干事创业的不畏艰苦、不怕牺牲的壮志豪情，为师生提供了更加多元的形式去深刻了解厦大历史、理解厦大的"革命精神"。

一、任重道远 —— 初遇《南强红笺》

中国共产党百年历程集萃，一封封红色家书犹如连接时代的纽带，见证着共和国的苦难与辉煌。厦门大学的革命前辈用生命与鲜血奉献党国事业，为后人留下了动人心弦的"就义书""无畏书""信仰书""忠诚书""诀别书""舍命书""正义书""决心书""示警书""不归书""光明书""明智书""告白书"，这些红色家书为当代青年尤其是厦大学子提供了了解革命历史的生动教材。习近平总书记曾说历史是最好的教科书、营养剂，以史为鉴，可知兴替。厦门大学百年建校史积淀着深厚的文化并激励着一代代厦大师生为党和人民事业奋斗终身。知悉马克思主义学院作为《南强红笺》统筹组织单位之一时，作为马院2020级硕士生的我又能够有幸参与到剧组，我倍感光荣，同时也深感责任重大。马克思主义学院与《南强红笺》舞台剧和厦大"革命精神"代表人物罗扬才烈士的联系十分紧密：《南强红笺》舞台剧的第一幕展现的是罗扬才、罗秋天、李觉民三位同志于1926年成立福建省第一个党组织的故事，囊萤楼是当时的创建地，也是现在马克思主义学院所在地之一。"囊萤星火，铁窗红笺"是第一幕的剧幕名，短短八个字提纲挈领地概括了初创党组织的艰辛。余下三幕分别是"红色银行，家国情书""特殊的战场，刀尖上的红笺""南侨花木兰，巾帼写红笺"，展现的是高捷成、肖炳实和白雪娇三位志士在革命年代提笔写家书的故事，以小见大，将爱国情怀书写在个人家书中，体现了流淌在华夏子孙血液中的家国情怀。

二、百炼成钢 ——《南强红笺》之排练

筹备工作做好后便是紧锣密鼓地开展排练工作，将剧本中所描绘的场景通过演员的语言、肢体、舞蹈的整体配合传递艺术感受，让观众能够感同身受。在正式排练之前，导演组多次召开会议，就剧本、舞美、道具等相关事项进行讨论，有时观点不一样大家也会争辩起来，但最后都能形成一个统一的意见。印象最深刻的是舞美杨朝铮老师和各位导演讨论各分剧幕的舞美设计，杨朝铮老师给出的舞美提案很完善，舞台上所展现的美感很到位，各位导演的想法也很巧妙。其中第四幕"南侨花木兰，巾帼写红笺"是以白雪娇为人物原型，分导演在展现女性的伟大光环时想运用较柔美的舞美设计，将木兰花的生长过程通过光影技术投射到一块纱布上，借意象表达女性奔赴祖国抗战前线的事迹，而其他导演则有不一样的想法。最终怎样呈现呢？让我们一起期待吧！

由于排练时间较为短暂，《南强红笺》排练采取主导演+分导演的形式。主导演为陈洁老师，有着丰富的导演经验，曾担任多项文艺展演的导

演；分导演为第一幕导演李鑫老师，第二、三幕导演李娜老师，第四幕导演付境老师。主导演统筹排练工作及舞美、视频等工作，分导演具体负责各剧目的排练工作。在《南强红笺》的排练过程中共有百余名师生参与，他们虽来自不同学院，但对话剧、舞台剧的热爱都是一样的。排练时间定在六月，待导演理清排练思路和计划后，《南强红笺》排练就正式展开了。由于有段时间的排练日程和学校期末考试的时间冲突了，几位导演助理细心统计演职人员的考试时间，在不影响大家复习、考试的前提下和导演沟通，错时安排各剧幕的排练。六月正值厦门炎热时期，有些剧幕不得不趁中午的休息时间开始排练：大家急匆匆吃完饭后赶往各排练地点，排练完再接着去上课。这一系列排练过程的点点滴滴汇聚成了完成《南强红笺》演出的一条心。身为《南强红笺》的一员，我也渐渐明白了厦门大学为什么在学科建设之外还有这般丰富多样的生活，那是因为有着一大批热爱艺术、认真工作、认真学习的师生。

话剧作为一种艺术形式为普罗大众所喜闻乐见，相较于电视、微视频，它能带给观众更直观、更生动的观赏体验。舞台上演员的调度、声光电等舞美的配合、场景的切换为一部话剧增色不少，而台下观众的投入、掌声则是回馈给所有演职人员最好的礼物。信札书写，鸿雁传书，话剧叙情，一起期待《南强红笺》在建南大礼堂的演出吧！

（作者系《南强红笺》导演助理，厦门大学马克思主义学院2020级硕士生）

远眺长汀的星空

郑启五

记得那一天是暑假中的星期天，理所当然的"双休日"，但厦门大学纪念百年校庆的紧锣密鼓一刻也不曾停歇，酷暑中大型话剧《长汀往事》举行了气势如虹的启动仪式。

作为庆祝建校百年特别创作的校史文化精品剧目之一，《长汀往事》再现抗战烽火中厦门大学为保卫教育坚守东南，内迁闽西长汀办学的艰苦岁月，讲述厦大师生在萨本栋校长带领下筚路蓝缕、奋发图强，伴随着民族血与火的洗礼，一步步踏实"南方之强"的光荣和梦想。

厦大相关部门的要员以及剧团的全体师生悉数到场，我作为"校史专家"的唯一代表也应邀出席，帽子有点大哦。老夫表面上一脸平静，实际却早已心潮起伏：我父亲郑道传1940年从长沙一中考入厦门大学，我母亲陈兆璋1942年从福州一中考入厦门大学，两人都是萨本栋的学生，他们在长汀厦大话剧团相识相知相恋。那时厦大学生每每演出话剧都轰动汀州古城，万人空巷，特别是萨校长的秘书王梦鸥原创的抗日话剧《燕市风沙录》。我是《燕市风沙录》的爱情结晶，我也是《长汀往事》的历史传承人，这才是我独一无二、与生俱来、血脉相连的身份！

从启动仪式的发言中获悉，七年来厦大师生排演的话剧《哥德巴赫猜想》等大获成功，《长汀往事》有经验可循，因此参演学生虽然耽误了一些课业，但在排演中获取的人生历练受益一生！此外，参演的学生提出申请，可获取人文学院戏剧选修课的学分，如此安排实事求是又十分人性化，听了都舒服。

宣传部楼红英老师善解人意，临时安排我上台发言，那我就不客气了，直言不讳：我以为陈景润攻克"哥德巴赫猜想"的事迹，个性多于共性，塑造成功相对容易；而萨本栋身为校长，艰苦办学，爱生如子，共性多于个性，一不小心，就可能被概念化或标签化。塑造好有血有肉的"这一个"，难度大矣！但"越是艰难越向前"不就是长汀精神的坚韧构成吗？我要替代我的父母亲及其长汀同学们声嘶力竭说一句："古今中外可曾见过一个为办学治校而倾尽心力活活累死的大学校长？厦大萨本栋绝无仅有！"这掷地有声的一句，惊天地、泣鬼神，是我校法学院李琦教授在校史演说里对萨校长最凝练的评价！

一个月后的晚上，宣传部通知我到翔安去看戏。什么戏，歌仔戏？不，是话剧，是清一色厦门大学翔安校区的理工科学子演出的话剧《长汀往事》。这么快？夜以继日的翔安速度？一种熟悉又陌生的感觉扑腾在心头——到翔安校区上课或讲座上百次，奔向话剧还是第一回。老实讲，一路上我是既兴奋又纠结：话剧"慢工出细活"，需要反复打磨。就凭着翔安校区临时招募的理工男女个把月的业余时光，能行吗？带着担心与疑虑，我走进了校区体育馆临时改建的剧场。

演出结束，夜已深深，校领导和全体演职员趁热打铁，马不停蹄，漏夜召开座谈。从演出一开始就沉浸在剧情中无法自拔的我当仁不让，第一个发言：首先赞美该剧台词大气硬气，从"国家选择了我，我选择了厦门大学"，到"厦大铁杉，国家脊梁"，无不掷地有声，余音绕梁。金句金句，这是一剧之魂，激起厦大人强烈的母校自豪感！

一张一弛，刚柔相济，萨校长亲手拆轿车为同学们送电的剧情温馨而浪漫：橙黄色的小灯亮起来了，男生女生沉浸在晚自修的幸福里。泪水盈满了我的眼眶，我仿佛看见了当年父亲母亲在那电灯下参加校园文学社团"笔会"的研讨、《诗与木刻》墙报的编创，我也是那电灯下校园爱情的结晶……

我还在剧中意外发现了两位老熟人：一位是经济系主任黄开禄教授，家父的恩师，我家的座上宾；另一位是校办秘书何励生先生，我同学钟安平的外公，我们国光楼老邻居。有图有真相啊，我忍不住在现场用微信向亲朋好友传递了二老"复活"的佳音。

剧中两次"跑警报"扣人心弦：那么多的人抱头乱窜，个个到位，把一个"乱"字体现得恰到好处，呈现出演员群体的兢兢业业。灯光音响强力配合，萨校长临危不惧，护生心切，场面极为震撼！

最是难忘落幕前萨校长的轮椅和铁衫，提炼出一座"为办好厦大而活活累死的大学校长"雕塑。它让我联想到莫斯科新圣母公墓中《钢铁是怎样炼成的》作者墓地：那一顶军帽、一把军刀的钢浇铁铸！

美中不足的是西迁长汀中的跋山涉水还可以展示得更有气势与力度——不仅是计划周全的撤离，更是斗志昂扬的挺进！迁徙的行李道具尤显仓促和单薄。我母亲就读长汀校区时的两只老式皮箱还在，如剧务需要，我立马捐给剧组。或许这就是家传的旧物不朽的归属！

子夜了，会议室依旧灯火通明，讨论你说罢来我登场，热烈滚滚。心潮起伏的我在翔安灯窗远眺长汀的星空，迎来了人生久违的不眠之夜……

（作者系厦门大学人口研究所研究生导师，兼任市作家协会副秘书长，省作家协会会员，长期从事台湾人口社会研究）

刚柔相济　意蕴深长

—— 关于话剧《遥望海天月》的台前幕后

张兴祥

近期，由王晓红编剧、王根导演的话剧《遥望海天月》在我校火热上演，博得广泛赞誉。王亚南是马克思主义在中国的重要传播者，中国经济学的首倡者与奠基者，杰出的马克思主义经济学家、卓越的人民教育家，是厦门大学"四种精神"的代表性人物之一。他生于国难当头、民族危难的大动荡、大变革时代，亲身经受大革命的洗礼，亲眼见证新中国的诞生。他的一生，辗转流离，跌宕起伏，绚丽而多姿，可以说，他身上就浓缩着一部波澜壮阔的近现代史。如何将这样一位充满传奇色彩的学者的故事搬上舞台，不论对编剧还是导演来说，都是一个不小的挑战。笔者因为负责王亚南纪念馆解说词的撰写，与王编、王导两位老师有了一些交集，因而对他们如何驾驭这些素材，多了一份"近水楼台先得月"的观感和理解。

编导历程：一些值得记录的细节

王老师乃中文系科班出身，在此之前对王亚南、对经济学知之甚少，但在短短的时间内，她就跨越了学科鸿沟，差不多变成行家里手了，这非常难能可贵。从文本角度看，她对王亚南这一人物形象的把握，包括个性、心理、情志、品格乃至学术方面的贡献等等，总体上是比较准确到位的。为了避免剧作在史实方面出现硬伤，她还猛补了一下近代史知识。而在剧本创作之前，她把大量时间花在对王亚南生平的调研、素材收集和整理上。厦大经济学院诸多专家学者给予鼎力支持，提供了很多有关王校长科学精神和教育思想的素材。他们对王校长的深厚情感和严谨治学的态度给她留下深刻印象，也受益多多。为了掌握第一手材料，她随宣传部组织的调研团队专程赴北京采访了王校长的儿子、同样是经济学家的王洛林先生。王老先生饱含深情地回忆了王校长的学术历程和一些生动的生活细节，这些细节在剧本的情节和情境中都有所体现。

当然，王老师在创作过程中也遇到了诸多困难，尤其是戏剧创作要从人物出发，就必须更全面、更深入地了解人物，从童年到晚年，从学术到生活，从战争时代到和平年代，她需要把握人物生活经历和思想深刻变化的那些关键节点。王老师遇到的最大困难是王亚南生平资料的匮乏。现有较为详细的传记只有两篇薄薄的《王亚南传略》及其他一些零星资料，相对于王校长丰富曲折的人生和在中国经济学界的地位，实在不相匹配，尤其是个人生活方面鲜有记录。因此，剧本许多涉及友情和爱情的场景，只能在时代氛围和个人大事记的基础上进行合理虚构。另一个较大的困难是如何将王校长的学术思想和贡献、勇于探索又扎根现实的科学精神通过人物行动展示出来。舞台上要直观呈现这些内容，是有相当难度的。好在王老师与王导已有话剧《哥德巴赫猜想》的前期合作，两人配合十分默契，这个困难也在编导磨合过程中迎刃而解。例如，在王亚南和郭大力为了准备翻译《资本论》全本而先行翻译大量相关学术专著的场景，剧本以直接报作者和译书的方式，追求的是点到为止却又紧凑密集的效果，后来舞台呈现的效果是极具表现力的。

此外，学校方面十分重视从当下的时代命题和精神出发，去解读和呈现王亚南先生对中国经济学的贡献，这无疑也给王老师提供了更为宏观和更具有现实主义的创作视角。

正因为做足了各方面的功课，王老师才能驾驭如此复杂的题材，在宏大的叙事背景中去塑造王亚南的舞台形象，把他的个人命运同国家民族的生死存亡紧密联系在一起，让观众深切感受到一种历史的厚重感。

而把剧本变成可以演出的舞台脚本，王导功不可没；剧本的修改完善，其实也倾注了王导的许多心血。原因在于最初的剧本学理性强，故事性弱，戏剧性不足，一时找不到二次创作的抓手。在剧名确定后，王导才紧密围绕"海天月"展开构思，并与王编沟通合作，共同推动文本创作。

基于传播和建设校园文化的责任和使命，为了传递时代的温度，呈现人文的高度，王导考虑到剧中主角光环比较高大，与家国情怀紧密相连，而受众主体——青年大学生进入剧情发展、人物内心会偏慢，于是尽可能让作品呈现出鲜明的时代性，以便更好地调动年轻观众的观剧感受。在剧情节奏感和表现方式上，王导都在追求当代化，没有走传统话剧的路子。剧中的阿卡贝拉，转台的流畅转换，歌队服装的符号化，多媒体的使用，椅子的假定性（校园符号特征），结尾舞者手中的一片海，都具有强烈的现代感、速度感和象征意义。多媒体技术的应用是排练场之外最耗费时间的，其难点在于统一的美学风格和样式，同时又必须在线幕上成像，设计制作方面带有很大的不确定性，但这些尝试得到了观众的广泛认可。

这里还有一个小插曲：王导最初的设想转台是沙滩，线幕是大海，两者之间构成王亚南的人生格局，同时也喻指海边的厦门大学。但因为建南大会堂不是专业剧场，观众席坐在底下是仰视，不是专业剧场的俯视，采用沙滩作为转台的构思只好放弃了，原来几十吨沙子都已运到建南大会堂，最后只能又派人拉走。受制于演出场所，美好的构思化为泡影，但王导的用心可见一斑也。

海天月之意象

《遥望海天月》剧名取自王亚南自己写的诗句"小楼遥望海天月"，编剧显然心有灵犀，给剧本起了这么富有诗意的名字。实际上，在剧本构思创作过程中，编剧力图凸显海、天、月这三个意象。天（《周易》乾为天）为阳，为刚；月为阴，为柔；至于海者，刚柔兼备，刚柔相济。剧作正是通过"刚"与"柔"两个维度，来勾勒、演绎王亚南的学术人生。

先说"天"。剧中的"天"，喻指广袤、博大的理想和胸怀，一如青年时代的郭大力与王亚南在大佛寺立下的宏愿——翻译《资本论》全本。不过，更多的时候，"天"是以隐喻的形式存在。郭王翻译《资本论》，就像普罗米修斯从天上取来天火一样，为中国革命播下熊熊燃烧的火种，厥功至伟，丰碑永存。唯有意志至刚至纯者，才愿意为此付出无数艰辛的努力。"天行健，君子以自强不息"，在王亚南身上，这种精神是极为突出的。虽然命运多舛，但他百折不挠，锲而不舍，刻苦磨炼，兼容并蓄，终成一位博古通今、学贯中西的思想巨擘。剧作很好地刻画了王亚南的刚猛性格：他奔赴长沙参加北伐军，参与十九路军的"闽变"，面对国民党特务送来恫吓的子弹毫无惧色，在军警搜捕厦大学生时义正词严地加以谴责，以及在学术道路上勇攀科学高峰，均体现其生命中"刚"的一面。

次说"月"。除了开场舞者持月而舞，月还穿插于不同的场景，尤其是各幕的开头与结尾。月在剧中是充满抒情基调的，尤其是配以低回婉转、轻柔曼妙的音乐和舞美，不时渲染出一种或感伤或温馨的氛围。不仅如此，月也寄寓着家国情怀，饱含着友情、亲情和师生情。如第三幕"生死之交"、"闽变"失败后，王亚南遭到国民党反动当局通缉，即将踏上流亡欧洲的旅程，阿卡贝拉唱队合唱《明月千里寄相思》，烘托了离别的气氛。王亚南与妻子李文泉依依惜别，"千言万语道不尽，只待花开再逢君"，舞台上音乐声起，舞者手持月亮翩翩起舞。此时此刻，月是唯美的写意，是执手相看的凝注，是离情别意的韵脚。因此，月这一意象，很好地凸显王亚南"柔"的一面。

再说"海"。与月一样，海也一直贯穿全剧，成为一个频频浮现的意象。海，拥有生生不息的激情和律动，而王亚南的一生，与海结下不解之缘，海已成为他生命的一部分。正如剧中的王亚南所说："我这一生都与大海息息相关。大海之所以永远让人看不够，是因为它在无休止地运动，它体现了宇宙最基本的规律……大海在前进中会遇到种种暗礁、峭石，但是，它没有停止过前进，没有怀疑过自己的步伐！"这段发自内心的独白，是剧作对"海"的诠释，只不过借主人公的口说出来罢了。王亚南曾把自己比喻成一匹野马，他的书房就叫"野马轩"。编剧创造性地把野马的意象跟海的意象联结起来，进而将剧本的思想升华到某种哲学的高度："一个波浪在海洋里激荡，同一匹野马在原野中奔驰不是很相像吗？每滴海水越是按照自然规律自由地活动，大海才越能成为一个威力无比的整体；每个人越是自由发展，马克思的理想也就越是临近。"

第六幕"黎明之前"，编剧设计了王亚南一家人团聚的温馨画面。"春江潮水连海平，海上明月共潮生"，通过吟咏张若虚的《春江花月夜》，将剧情与海、天、月融为一体，虚实交织，亦真亦幻，极好地增强了艺术感染力。

舞台表现样式的创意

王导在一些舞台表现样式处理上，也颇见创意。笔者认为，剧中至少有三个情节给人留下非常深刻的印象。一是第四幕"资本论之路"结尾，印有《资本论》手稿的两块巨型绸布从观众的头顶掠过，再到舞台上，观众雷动的掌声一下子把剧情推向高潮。二是第六幕"黎明之前"军警拘捕厦大学生时，学生们跑进观众席，躲在靠近下场口台阶一侧，一学生还请求观众："等下有人来抓我的时候，你可千万不要告诉他们，好不好？"接着，军警冲下观众席四处抓人，一军警问身边的观众："你！刚刚有没有看到一群人经过这里？"三是第七幕"海天之歌"末尾，主人公走到观众席前，开始一段深情的独白，勉励学生们要海纳百川，在勇攀科学高峰的路上乘风破浪。舞台的时空界限被打破了，观众席也成了舞台延展的一部分，给人一种身临其境、耳目一新的体验，观众不知不觉地成了"演员"，融入剧情之中。这样的艺术处理，既扩展了舞台的空间，增强了演员与观众的互动，又在很大程度上提升了戏剧的表现力。

值得一提的是，剧终的谢幕彩蛋，堪称"神来之笔"，给人一种时空穿越的感觉。如果说剧中第二幕慈禧是以冥顽不化的形象出现，如抵制新技术，下令拆除铁轨，出现马拉火车的荒诞一幕，那么，到了结尾，她的角色突然来了个出人意表的反转，冷不丁蹦出"难怪厦大的戏这么精彩，走了哥德巴赫，来了海天月，听说在翔安还有个长汀往事"这几句台词。还不等观众回过神来，她就紧接着喊了声"来人呐！"众人应答"在"，她立即下达"旨意"——"给我鼓掌"。这一移花接木的荒诞手法，一下子把戏拉到现实中来，让人忍俊不禁，却又回味无穷。不仅回味，而且留下对《长汀往事》的念想。

结语

当然，剧本在题材、场次、结构和情节处理上，还有值得进一步完善、提升的空间。比如受题材所限，演的成分比较少，歌队的叙述和人物自述偏多，场面化处理和形式化的东西也比较多。具体到场次，第二幕是不是可以再提炼浓缩，第五幕开头采取什么样的表现形式会更合适一些。不过瑕不掩瑜，在极短的时间内能把它打磨成这个样子，殊属不易。就艺术水准而言，《遥望海天月》是一部倾情演出、精彩纷呈、意蕴深长的好戏，它与《陈嘉庚》《哥德巴赫猜想》《长汀往事》《南强红笺》，一同构成厦大校史剧的"五部曲"。

（作者系厦门大学经济学院教授）

回想《哥德巴赫猜想》之路

王晓红

2015年新年头一天，回首"哥德巴赫猜想"之路，是必需而有意义的，因为和我一样，对于参加《哥德巴赫猜想》剧组及项目的全体师生而言，2014年可以说是"哥德巴赫猜想年"。因为，整整一年我们都以剧组为生活中心夜以继日地奔忙，从最初的项目策划到奔赴各地调研，从彻夜伏案写稿到几经专家领导讨论改稿，从春寒料峭时的艰苦排练到校庆之际的精彩演出，从热情似火的迎新展演到新清华学堂的交流演出，《哥德巴赫猜想》终于从建南大会堂走上上海交大的全国校园戏剧比赛的舞台。

承担《哥德巴赫猜想》的编剧任务，我背负着很大的压力，如何呈现陈景润这样一个真实而特殊的人物？如何还原历史却不拘泥于史实？如何宣扬正能量而不至于太生硬遭遇抗拒？……这些都是最初的困扰。况且，这是一个彰显厦大精神的作品，是一个申请进入中国科协"共和国的脊梁——科学大师名校宣传工程"项目的剧目。我一己之力无力应对，幸亏，强大的智囊团在我身边。人文学院的周宁老师、李晓红老师率先为我指明方向、找准定位，他们告诉我，这部剧应该思考何为科学精神、直面沉重的"钱学森之问"；林亚南院长严谨详细地介绍了陈景润的生平和影响，为创作提供了丰富的素材；朱水涌老师给我带来生动的"厦大往事"，让我得以想象当年；我的导师陈世雄老师更以专业的编剧知识为我指点迷津，一次次和我讨论人物和结构……在之后的排练演出中，多位校领导和宣传部的老师们也提出了很多宝贵的修改意见，引导我们更深入地思考本剧的意义；年轻的王根导演才华横溢创意无限，使我于瓶颈处豁然开朗；楼红英老师为人亲和、处事周全让我暗自佩服心怀仰慕……还有太多太多忙碌而热情的老师，他们的倾情付出，都让我感受到"哥德巴赫猜想"的凝聚力和厦大老师们的爱校之情。当然，那些年轻学子的全情投入更让我感动，是他们赋予《哥德巴赫猜想》最真实的灵魂。戏剧是综合的艺术，需要所有人的无私奉献。"哥德巴赫猜想"的台前幕后都汇聚着厦大人不畏艰苦、勇于探索的精神，这才是真正的爱国爱校之情真诚体现，这也正是我在"哥德巴赫猜想"中寻求到的答案。

《哥德巴赫猜想》让我看到了厦门大学高品质的校园文化，它不仅是厦门大学的艺术精品，也得到了诸多专家的认可和大批观众的喜爱。希望陈景润的科学精神能代代相传，《哥德巴赫猜想》一剧能以师生演校友、师弟演学长的方式一直演下去。

（作者系《哥德巴赫猜想》编剧，厦门大学人文学院中文系副教授、硕士生导师）

致最亲爱的《哥德巴赫猜想》

陈智东

如果没有学校的支持，就不会有我们的《哥德巴赫猜想》；

如果没有导演团队天马行空的想象力，《猜想》就不会如此精彩；

如果没有陈景润先生和他的执着、纯真，这一切都无从谈起。

要感谢的太多太多，能够出演《哥德巴赫猜想》是我最大的幸运和荣耀，也是命运馈赠给我的奇妙的缘分。因为一切都显得理所应当：导演，"理所应当"地让人大开眼界；表演老师，"理所应当"地演技精湛；舞美、灯光、道具、服装及话剧整体风格的设计，"理所应当"地适合演绎陈景润；演员组和工作组的小伙伴们，"理所应当"地顶住了各种压力；墩的运用"理所应当"精妙无双；一个个问题都在我们面前"理所应当"地得到了解决，我们也"理所应当"地获得了老师和同学们的肯定。

现在回想起来，心中的失落难以自禁。不敢想起和晓书老师，和导演，和小伙伴们在克立楼，在建南大会堂，在水木清华度过的时光。它们是那么快乐，那么纯粹，那么真诚。这样的时光能拥有已经是幸运，尘埃落定后的悲伤和怅然若失也是必然。

我爱你们，小伙伴。我爱你们，纯真的美和梦想。

前路很远，也很长，但我们坚信，光明和希望就在远方。

流年似水，让我们一起为纯真的时光喝彩吧！

（作者系厦门大学人文学院历史系学生，《哥德巴赫猜想》首任陈景润扮演者）

为了那个温暖的拥抱

——看话剧《哥德巴赫猜想》有感

刘 平

写现实题材的戏难，写以真人真事为题材的戏更难，而写以科学家为题材的戏尤其难。可看了厦门大学创作演出的话剧《哥德巴赫猜想》，却使我眼前一亮。想不到，高校的话剧主创者们把国际知名的数学家陈景润的故事写出了光彩，感动了在场的观众。

一、"我要打败维诺格拉多夫"

看《哥德巴赫猜想》（编剧王晓红，导演王根）的第一个深刻感受是，该剧写出了陈景润作为一名科学家的深沉的爱国之情。该剧通过陈景润的生活、人生经历和科研成就，写出了他爱国、奋斗和执着的科研精神，同时也表现出那个时代的科学家为国争光的高尚情怀。

陈景润是著名科学家，在数学研究领域有着巨大贡献，在国际数学界具有广泛影响。但是，他的生活却极其简单，他的研究工作也非常枯燥，没有多少有趣的故事可以入戏。但是，编剧王晓红以满腔的热情和韧劲，怀着对陈景润深深的敬佩之情，写出了陈景润生活的光彩、科研工作的执着精神和立志报效祖国的梦想，更重要的是写出了一个科学家的心路历程和真实情感。

从戏中描写看，陈景润在生活方面很不讲究，甚至有几分窝囊；说话木讷，不善于与人交往，但他并非一个性格软弱的人。他的性格中有着一种执着的坚强和常人难以想象的毅力，只要他认准了一个目标，就会义无反顾地干下去，不在乎别人说三道四，甚至不顾及客观环境如何，确实有"两耳不闻窗外事"，一心只知搞科研的干劲。他在生活上的不争、不取，正是他性格上不屈、不馁的基石，也是他事业成功的精神支柱。他为什么能做到这一点，说到底都源自一个"爱"字，即对母亲、对老师、对祖国的爱。所不同的是，陈景润所表达"爱"的方式与常人有些不同。

比如对母亲的爱。陈景润小时候体弱多病、瘦小、孤僻，但却非常聪明。一天夜里，母亲正在为家里的开销算账，家里没钱，帐并不难算，但是，她怎么也算不清楚。在一旁做作业的陈景润，当时只有八岁，一下就帮母亲算出来了，母亲高兴极了，用力地抱了他。陈景润说："这是我记忆里唯一一个母亲的拥抱，多甜蜜啊。"母亲爱他，他也爱母亲。母亲病逝时，他很难过。可是，他却没有参加母亲的葬礼仪式，而是躲在一个角落里做数学题。他说："躲到数学里，我就不难过了。"

还有对老师的爱。在陈景润的成长过程中，他的聪明、勤奋和执着，是他取得成就的基础，非常重要。但是，如果没有慧眼识才的老师如厦门大学校长王亚南和中国科学院著名数学家华罗庚等人的对他的抬爱和保护，包括一些同窗学友对他的关照，他的成长之路可能不会这样顺利，也许半路夭折也说不定。初来厦门大学学习，年轻的陈景润浑身充满的学习的活力与干劲儿。白天上课学习，已经满足不了他求知的需求，他把所有的休息时间都用来学习新的知识，以致做出了一些违反校规的事情，比如晚上熄灯后打着手电筒在被子里看书，招来室友的反感。手电筒被人藏起来了，他就跑到有灯光的厕所里看书，有时一夜不归。警报响起时，同学们都躲到防空洞里，他却躲在桥洞里看书，急得老师、同学四处寻找。有的同学对他这样的行为提出意见，而老师却没有因此而批评他，只是善意地提醒他注意安全。大学毕业，陈景润去北京一个中学教数学。尽管他费了很大力气备课、试讲，但一上讲台，他就紧张得乱了方寸，前言不搭后语，连个最简单的问题都讲不清楚，被学生嘲笑。他遵照学校的旨意，不得已回乡养病，实际是被学校婉言辞退。他在家乡的街头摆了一个书摊，有人来买书他不卖，而是把书"借"给别人看，并热情地同那些好学的年轻学生探讨学习上的问题。很多人对他的做法不理解，他却为自己的书发挥了作用而高兴。得知陈景润回乡的消息，厦门大学的王亚南校长到处找他，他敏锐地觉察到陈景润不适合做教师的工作，便给他提供了一个优越的工作环境，安排他去学校数学系资料室工作。对陈景润这样一个穷书生来说，这无疑是天上掉下来的"馅饼"——既可以读好多书，又不用花买书的钱。正是王校长安排的这个资料室，成为陈景润数学研究工作起步的基地，也是他研究工作起飞的跑道。在这个资料室，陈景润写出了他生平有影响的第一篇数学研究论文《关于"他利问题"》，立刻震撼了整个数学界。唯才是举的数学界名家华罗庚先生想把陈景润调到中国科学院，却遭到有些人对陈景润的种种指责，包括对他生活、仪表和演讲才能等方面的责难。华罗庚先生说："中国科学院的人员，首先，应该是科学工作者，但是，我们要的不是高谈阔论专做嘶鸣的演讲家，而是肯下苦功夫的实干家。"他不拘一格，力排众议，克服一切困难，把陈景润调到中国科学院数学研究所来，为陈景润的数学研究工作提供了更优越的条件，对他的研究成功的起航起到了助推作用。陈景润更是难掩心中的喜悦："这就是数学的味道，汇聚着数学精英的气息；这儿就是数学的天堂、数学的圣地，是充满了数字和符号的世外桃源。从今往后，我就要在这儿生活了，我要用我所有的力量，登上数学的最高殿堂。"

尽管陈景润不善言辞，但这一切都使他深深地感动并永久地记在了心里。他把母亲的爱，老师们的爱，凝聚成一股孜孜不倦地从事科研工作的精神力量。他要以实际行动报答抚育自己的母亲、精心呵护和培养自己的老师，最终的目的是报效自己的祖国。"我要打败维诺格拉多夫"，提高中国数学研究在世界上的影响与地位。

二、在数学中算出"温暖"

陈景润对祖国的爱，可以说始终贯串于他潜心研究数学问题、努力攀登数学高峰的自觉意识中。当那个扭曲的时代来临，一些人以"资产阶级学术权威"批判华罗庚，只有"不识时务"的陈景润敢为华罗庚先生辩白："华先生是国际著名的大数学家，他放着国外那么好的条件，回到国内，一边自己做科研一边培养科研人才，而且他一直鼓励我们创新挑战不畏权威，怎么就成了'资产阶级学术权威'了？"有人指责陈景润整天躲在那个小房间里研究"古人、洋人、死人"的东西！他说："我就是一个热爱数学的人，做着一份研究数学的工作。"有人在会上说他是"白专典型"，他气愤地说："白专红专我不懂，我只知道学习，做研究！"然后愤然走出会议室。

1966年春天，陈景润终于用"筛法"证明了"1＋2"。他的论文《大偶数表为一个素数及不超过两个素数的乘积之和》发表在当年第17期的《科学通报》上，成为哥德巴赫猜想研究的最好成果。可是，在"文化大革命"中，陈景润的研究工作受到了很大干扰。尽管他远离政治，整天躲在不见天日的小房子里做研究，饿了就吃一个馒头，喝点儿开水，但那些造反派们还是把他当作"资产阶级学术权威"进行批判，给他挂上"寄生虫"的牌子，说他有病花了国家很多的钱，他没有反驳；但是，说他"研究一个外国人天马行空的猜想"是"卖国求荣"，他愤怒了！"我没有卖国！没卖国！我是爱国的！运动员打乒乓球拿冠军是中国人的光荣，（从地上捡起手稿）我陈景润拿数学世界纪录难道就不是中国人的光荣吗？！"造反派理屈词穷，说不过他，一怒之下烧了他的手稿。这是他的心血啊！他痛苦地嘶喊着。眼看着自己多年的心血化为灰烬，陈景润绝望了，以"跳楼"来抗争。

编剧在大量阅读陈景润资料的过程中，经过自己的消化，对陈景润的心理进行描写，细腻且真实。如面对外界的种种打击，陈景润不去辩白，也不想辩白，他毫不在乎，但他心里始终没有偏离自己的研究航向，始终没有灰心丧气，而是以坚定的毅力与顽强的拼搏进行抗争，与外部形势抗争，与自己的心灵搏斗。

该剧用生动的故事和个性化的语言，写活了陈景润这个人物，使观众看到了一个外表儒弱、内心坚强、性格刚烈的知识分子形象。在这个形象身上，有作者无限的激情和对主人公的爱戴、敬佩之情，更有着她对时代的思考与反思。她把这一切化为一个个文字，散发出思想的光芒，就如那点点繁星，给人们的内心带来希望之光，鼓动起每个人胸中的波涛和爱国热情。

三、诗意的舞台呈现

以知识分子为题材的戏难写，也难演。该剧的演出有三大难题：对编剧来说，如何在描写对象的生活中开掘出有趣味的故事来，把握好人物的性格分寸，是一个难题；对演员来说，如何理解人物的行为，比较准确地把握人物的性格并恰当地表现出来，也是一个难题；对导演来说，如何在这样一个叙事体的戏剧中，刻画人物性格，并把整个零散的故事融为整体，在突出艺术性的过程中体现出内在的诗意来，也是一个难题。

不过我以为，就目前的演出来看，在编导演的共同努力下，该剧的舞台呈现已经取得了可喜的艺术成就。其中导演的舞台创作无疑提升了该剧的整体艺术品质。其突出特点是，没有走一般写人物戏"豆腐流水账"式的模式，而是选取描写对象的人生中比较重要的事件和经历，以不同时代的歌曲连缀故事发展的时间脉络，烘托时代背景气氛，以优美的舞蹈表达人物的内心情感的变化与梦想的飞升。对人物性格的塑造也为该剧的演出增添了诗意的韵味。比如，烧手稿的一场戏就非常突出：当造反派蛮横地抢去被陈景润视为"生命"的手稿时，他开始是痛苦不堪，以弱者的"哀求"去阻止；当眼看着手稿化为灰烬，他跪在地上捡起一页残稿时，顿时发出了撕心裂肺的怒吼——"不……"此时，再多的语言也无法表达人物内心如波涛汹涌的愤怒！那真是"叫天天不应，叫地地不灵"。而巴赫的《G小调第一小提琴奏鸣曲，BWV 1001》第一乐章的响起，代替了人物情感的抒发，那激越的悲泣之声直刺观众的心灵，产生了惊天动地的艺术效果。

当陈景润战胜了一切来自内部和外部的阻力，执着地沿着自己数学研究的方向前进，已经进入了最佳状态时，舞台上出现了这样的情景——在陈景润独白的同时，众人围绕着"金字塔"各居一角，奋力书写，仿佛同时在进行着最复杂的数学运算，并向空中抛撒稿纸。接着，众人起身绕着金字塔做更为激烈的运算，越来越快，最后几乎让人血脉偾张。伴舞者的舞蹈也随之愈发激烈。最后，陈景润及众人同时将稿纸抛向空中，音乐戛然而止，舞者定格。漫天飞舞的稿纸悠然飘扬、飞向四方……

多么激动人心的场景！这是梦想的放飞，是信念的飞扬，是理想的飞升，更是该剧诗意品格的营造。

1972年，陈景润终于改进了古老的筛法，科学完整地证明了哥德巴赫猜想中的"1+2"。他将心血交给了北大教授闵嗣鹤，结论的正确性得到了确认。1973年，《中国科学》杂志完整地刊登了陈景润的研究成果。新华社发文评论"这是20世纪数学的最大成就之一"。这一成果震惊了世界数学界，国际上称之为"陈氏定理"！

此时的舞台，陈景润站在金字塔的顶端，代表理想的舞者跳起了优美、舒畅的舞蹈。轻盈的舞步，美妙的旋律，似仙女飘落人间，烘托着这位摘取数学王冠上"明珠"的数学伟人。诗情、画意中蕴藏着多少激动与自豪！

这壮观、优美的场面感动了所有在场的观众，使大家兴奋异常，感到无比的自豪和荣耀：中华民族又一次在世界上扬眉吐气！为了母亲的那个温暖的拥抱，我们每个人都应该像陈景润那样以自己的刻苦为母亲争光，为祖国的科学事业发展添彩！

此场面与烧手稿形成鲜明的对比，使每个看戏的人都不能不产生反思。

当然，该剧的创作还有提升的空间。在演出中，该剧使用大量歌与舞，为舞台创作增加了诗意韵味。但前半场的演出却显得诗意不足，不论是歌还是舞蹈都还没有发挥出应有的作用，给人一种"戏不够，歌舞凑"的感觉。实际上，不是歌舞用得多了，而是没有把歌与舞同内容有机地融合在一起：歌是歌，舞是舞，歌与舞只是起到调整节奏、烘托气氛的作用，还没有与内容，尤其是人物的情感变化融为一体，所以就显得歌舞多了。如果找到了歌舞与内容的契合点，与人物的情感融汇在一起，无疑会使该剧演出的诗意韵味更浓烈。还有，造反派烧手稿一场戏的效果不足，应该是大火熊熊，不但烧得陈景润心痛，也要烧得观众心里难受，这样主题立意就更突出了。

还有演员的表演。从校园戏剧的角度看，演到这样的水平已经很好了，但还有提高的余地，尤其是陈景润的扮演者。这个角色很难演，对今天的青年学生来说，挑战很多，难度很大。演得到位，就撑起了这台戏，就会让舞台演出更有光彩。对于目前陈景润的形象，总的感觉是儒弱有余，顽强的气魄和反抗的力度不足。李教授说陈景润："没想到你看上去弱不禁风，开始在研究上这么有气魄。"而陈景润就是这样做的，他认准的道路就会坚定地走下去，以致搭上性命都不会回头。为搞研究，他一辈子都在寻找一个属于自己的房间，不管多小多破，只求放得下一张床、一张桌子。他用一支笔一张纸就能忘记饥寒与病痛，算出温暖与满足。数学，不只是他的兴趣爱好，而是成了他生命的全部。其次，剧本对他的心理变化写得还不够到位。比如他在数学研究中遇到难以解答的问题时，他是怎么想的？有没有过动摇？支撑他坚持下来的动力是什么？他的性格与外界格格不入，受到别人嘲笑或打击时，他是怎么想的？尤其是造反派烧了他的手稿，他要跳楼时又是怎么想的？跳楼，是抗争，还是灰心丧气打退堂鼓了？这些地方都还可以适当地增加一些内容，以使人物的心理发展更顺畅，情感更鲜活，同时也使他的人格更完善，使他的精神更感人。

（作者系中国社会科学研究院文学研究所研究员）

校园戏剧应保留艺术的"青春痘"

——上海戏剧学院戏文系主任陆军教授访谈

王 烁

问：请陆老师先谈谈对本届校园戏剧节的总体印象。

答：对校园戏剧，我一向比较关注。多年前，曾开设过一个讲座，题为"中国校园戏剧的硬伤与软肋"。所谓硬伤，即缺乏"剧"的意识；所谓软肋，即缺乏艺术想象力。这些年，校园戏剧取得长足的进步，中国校园戏剧节的设立功不可没。这次看了本届戏剧节普通组的 11 个大戏、6 个短剧，剧目的总体质量都不错，有一些作品已达到了相当高的艺术水准，我甚至以为即使列入专业院团的国家级赛事，也毫不逊色。作为专业院校的专业老师，我真真切切地感到，我们的优势已不多了。

问：能谈谈具体有哪些参演剧目吗？

答：就我所在的普通组来看，剧目大致可以分为三类：一类是原创。题材有直接反映校园生活的，如三明学院的《上大学》、重庆人文科技学院的《毕业季》、北京科技大学的《绽放》等；有反映大学生与社会生活之关系的，如复旦大学的《天之骄子》、长安大学的《爱，不殊不忘》等；也有直接反映名人的人生经历的，如清华大学的《马兰花开》、厦门大学的《哥德巴赫猜想》、三峡大学的《求索》等。一类是改编，如广西师范大学的《秋声赋》等。还有一类是搬演经典，如南京林业大学的《探长来访》、北京语言大学的《审判，开始了》等。

问：能否介绍一下您喜欢的剧目？

答：获大奖的剧目各有各的优长，我就不说了。我个人对厦门大学的《哥德巴赫猜想》印象特别深，这部剧是写著名数学家、一代科学大师、厦门大学杰出校友陈景润的。这类以名人事迹为情节线索的戏，有的偏重于纪实，相当于文献剧，处理得好，当然也很好。有的偏重于写事，一不小心就见事不见人；如果"事"选择不当，往往还难以体现出名人的主体风貌与精神气质。《哥》剧编导的高明之处在于，紧紧扣住了陈景润这个人物，把他置于历史的大环境中去刻画。写他的执着，写他的聪慧，写他的磨难，写他的迷茫，写他的无奈，写他的纠结，写他的情感。在他身上，有历史的胎记，有时代的细节，有个性的气质。编导成功塑造了"这一个"可信、可敬、可亲、可爱的陈景润。这个戏，对校园戏剧的创作，甚至对名人传记式戏剧的创作，都有一定的启示意义。

问：我很想知道，直接反映校园生活的戏剧是怎么呈现的？

答：就说《上大学》吧。这个戏取材于发生在三明学院的真实事件。故事发生在新生入学的九月，主人公是一个贫困生，在父亲得了急性尿毒症的时候，他毅然做出了两个决定：卖掉祖厝救父亲，还有就是带着父亲上大学。而系里老师得知这件事情后，号召全校师生伸出援手，主人公被爱包围着。就在这时他成了"感动福建十大人物"，但他却在巨大的心理压力下说了善良的"谎话"，由此引起更大的风波。他一时心力交瘁，竟选择退学。后来，在师生们的共同挽留下，特别是在一位他所敬仰的师德高尚、身患绝症的老师的劝说下，他才战胜了自己。这个戏的精彩之处在于，剧作不是简单地歌颂一个道德形象，而是真实细腻地展现了一个年轻人在突如其来的荣誉面前所涌动的复杂丰富的内心世界的波澜，并由此折射与烛照校园与社会的人文生态，引人思索，耐人寻味。做到这一点尤其难能可贵。

问：反映社会生活的戏剧作品呢？

答：有一个戏名叫《爱，不殊不忘》，是学生创作的。写一个老中医年轻时对舞台有着一腔的热爱，退休后原想在小区戏剧社重拾年轻时的梦想，却因为自己犯了阿尔茨海默病，使得原本平静的生活发生了巨大的变化，特别是与儿子之间的矛盾愈演愈烈。妻子一直给他力量并鼓励儿女共同对父亲付出爱，承担责任……儿子挣扎到最后，才进入了深沉的父爱世界，认识到自己的缺陷与必须负起的责任。这部作品以一个特殊的角度来展现当代年轻人对老年社会生态的忧虑，诠释两代人之间的聚散悲喜，叙事有模有样，情节有声有色，称得上是校园戏剧的可喜收获。而文本出自一个年轻的大学生之手，实在令人欣慰。

问：如果没有记错的话，《秋声赋》应该是田汉的作品，1941 年在桂林热演。今天的改编演出，与当今的大学生还会有共鸣吗？

答：这个戏讲述了一个作家在漫长的战争阴云和琐碎的日常生活中体验着难以排解的苦闷，而前女友的到来造成了他和妻子关系的紧张，在爱和痛中，他们都在找寻着自己的意义。前女友并没有和主人公再遇见爱情。当她决定去长沙抢救难童，做孤儿的妈妈时，在炮火中，她与作家的妻子选择了搁置恩怨，合力抗击敌兵，从之前的情敌变成了战友，作家也因此从苦闷中解脱。应该说，改编是成功的，既保留了原作的精华，又融入了创作团队对现实生活的理解。整部戏朴实、流畅、生动，特别是两个女性人物的情感线索的梳理十分清晰，转变合情合理。虽然是以抗战为背景的，但今天看来，就青年人个人命运与时代、社会的关系，事业与家庭，责任与担当等问题的思考，依然有启迪意义和激励作用。

问：您认为，优秀的校园戏剧应该具备什么样的特征？

答：我个人认为，至少有三条：第一，思想力，即重视戏剧文学的力量；第二，探索性，即大学生对戏剧、对社会、对人生有自己独到的理解；第三，烟火味，即作品要有时代特征、青春气息与生活质感。一句话，要含有思想的舍利子，要带着生活的毛边，要保留校园戏剧艺术的"青春痘"。

问：校园戏剧是否需要有市场意识？

答：校园戏剧应该更强调探索意识。

问：能否说说本届校园戏剧节有哪些需要改进的地方？

答：这个问题可能说不好，但可以粗略地谈一些我的直感。拙以为，校园戏剧应该规避三种倾向：一是要规避大制作倾向。即使是专业戏剧，也不应该提倡大制作，校园戏剧更要坚决杜绝。二是要规避作品缺乏生活质感、缺乏深切的人生体验、编造痕迹过重的倾向。三是要规避主创人员过度依赖于外援的倾向。

问：能否预测一下校园戏剧节的发展趋势？

答：校园戏剧节是一个极好的平台。戏剧演出活动可以锻炼并提升大学生以戏剧的方式发现生活、表现生活的创造能力，以及年轻人的沟通能力、组织能力、表达能力、协同合作能力等等。精彩的校园戏剧活动有助于大学生健全人格、丰富学养、展示才华、创造奇迹，可以说是莘莘学子课余活动的最佳选择。因此，必将会越来越赢得党和政府的重视、学校领导与师生的青睐、专业戏剧人士的关注、社会各界的瞩目。相信下一届中国校园戏剧节会带给人们更多的惊喜，我们有理由热切期待。当然，作为专业艺术院校的师生，我们更应该积极参与。你说呢？

问：说得对！很感谢陆老师接受我的采访。

答：应该谢谢你，给了我对校园戏剧表达一份敬意的机会。

（作者系上海戏剧学院学术委员会主任）

史诗的淬炼

——音乐舞蹈史诗《南强颂》创作回顾

朱水涌

自2011年厦门大学九十周年校庆开始，音乐舞蹈史诗《南强颂》每年在校庆时向全校师生公演，一晃眼十年过去了。十年磨一剑，这部从文学脚本、音乐创作到舞台表演都由厦门大学师生原创的大型音乐舞蹈，经历十年的淬炼，已经能形象而精彩地再现南方之强深厚的百年历史文化，成为厦大校园文化的一部文艺经典，也收获了不少兄弟院校的赞赏与钦佩。

十年前，也就是2010年，学校启动厦门大学九十周年校庆筹备工作，一台师生自己演出的文艺晚会是校庆活动不可缺少的。那时，我在很多场合写下这样一句话："九十年在历史长河中只是短暂的一瞬，但对于厦门大学来说，则意味着不凡的历程。"这个不凡的历程能否从文艺舞台上呈现出来，我们编导组由此有了一个想法：九十周年校庆的这台晚会要跳出历年来的那种欢庆、热闹的综艺模式，要更新颖、更有深度。我们编导组的几个人对音乐舞蹈史诗《东方红》和《革命历史歌曲表演唱》都情有独钟；那时，我又在创作《厦大往事》这部著作和撰写厦门大学九十年校园规划的纪录片《厦大蓝图》及电视形象片《南强之旅》，几个方面的写作都指向中国南方这座最早的中国人自己创办的学府的历史文化。于是，我就把这台晚会取名为《南强颂》，力图用各种艺术形式展现厦大九十年的历程与辉煌。这就有了2011年4月6日《南强颂》的最早演出。这场庆祝厦大建校九十周年的文艺晚会共分四个篇章、一个尾声：第一篇章"起航"，表现陈嘉庚的教育救国信念与厦大创校初期的群贤毕至；第二篇章"淬炼"，表现抗战烽火中的弦歌不辍与萨本栋校长的坚守情怀；第三篇章"建设新厦大"，表现新中国成立后英雄的厦门大学的新生与王亚南校长、陈景润教授的攻克科学难关的精神；第四篇章"春潮"，表现改革开放大潮中厦大的勃勃生机；尾声则是以一个高难度的舞蹈体现了厦大的腾飞。这是《南强颂》最早的版本，自然称不上是音乐舞蹈史诗，因为其中贯穿历史主线的大都是语言类节目。我用朗诵、配乐诗朗诵、情景对话叙事南方之强的历史发展与典范事件、人物，如朗诵《陈嘉庚的筹备厦大演讲词》、舞台剧《群贤毕至》、诗朗诵《烽火情抒》《我们都是厦大人》、情景对话《王亚南与陈景润》等，其中《我们都是厦大人》是特地为校友创作的校友演出的节目。厦大庆祝建校九十周年的文艺活动，丰富多彩，其中还有中央电视台组织的文艺大腕们的演出，但《南强颂》依然以它的独特性及亲切感赢得了师生的美好评价，尤其对于以文艺的形式展示自己学校的历史文化的努力，师生给予了最充分的肯定与赞赏。

两年之后，我们对《南强颂》做了一次重要的修订。这次修订的旨意在于加强历史文化的厚重感，让历史文化的演出更富于典型性与艺术性。2013年版的《南强颂》，增加了序幕，以白鹭为主题显示厦大的飞翔；保留了四个篇章，但篇章的命名更贴近厦大历史的重要关节点。第一篇章"爱国伟业"，突出表现校主陈嘉庚倾资兴学、教育救国，厦大群贤毕至，主要由配乐诗朗诵《嘉庚颂》、情景剧《群贤毕至》为单元主体。第二篇章"烽火自强"，依旧以烽火硝烟中的弦歌不辍为主要情景，加入舞蹈《跋涉》，体现厦大在抗战烽火中的艰苦奋斗与坚守；用对口朗诵《烽火情抒》表现校长萨本栋教授的临危受命与鞠躬尽瘁；增加了《毕业歌》与《到敌人后方去》等历史歌曲的表演，表现厦大师生在抗战的血与火中的奋斗。第三篇章"英雄大学"，更紧密地扣住海防前线英雄大学的主题，以历史上的《厦大战歌》表现带枪的大学生的独特形象，将情景对话《王亚南与陈景润》改为情景剧《王亚南与陈景润》，以师生更喜闻乐见的舞台形式展示王亚南校长的伯乐精神与陈景润的攻坚克难。第四篇章"学府春潮"，以改革开放大潮中的经典歌曲的演唱，体现置身经济特区的厦门大学的崭新风貌；用一个表现厦大学生支教的情节性舞蹈，联结这厦大培养人才、科学研究的成果，体现厦大在改革开放中的成就与贡献。尾声为"跨越腾飞"，新时代气息尤为浓厚。这个剧本是2014年九十三周年校庆的演出脚本，这可以说是音乐舞蹈史诗《南强颂》的雏形。演出前，主管宣传工作的党委副书记林东伟同志电话征求我的意见，是否将这场晚会作为一场主题晚会，能否取个体现主题的名字，于是我就将这场晚会命名为"南强颂——庆祝厦门大学建校九十三周年历史文化文艺晚会"。这一年，我们对晚会中的有些语言类的节目还很迷恋，因为像诗朗诵《嘉庚颂》与《烽火情抒》这样的节目，唤起许多厦大人的内心共鸣：演出中，不少师生、校友听着听着，便感动得流下了眼泪。演出结束后，时任校党委书记的杨振斌在一阵赞赏后，便向我们编导组提出新的要求，让《南强颂》成为一部音乐舞蹈史诗。

逝者如斯夫，时光穿梭而过。2014年演出后，我们又要为2015年的校庆演出准备，而且，2016年的九十五周年校庆也接踵而至。我们到底不愿重弹老调子：每年的《南强颂》演出后，我们编导组都会开会总结与思考，力求作品有所提升、有所发展、有所创新，思考如何在以往四年演出的基础上更上一层楼。这一年，"音乐舞蹈史诗"成为我们提升发展的关键词。首先是杨镇教授作为整部作品的作曲，用原创的音乐将整部作品贯穿起来，解决了各个篇章各个段落音乐零碎的问题；其次，我把第一篇章中语言类的《群贤毕至》编写成表演唱，通过各种形式的歌唱来表现精英荟萃的学府，并增加了舞蹈《追寻》的分量，将厦大以罗扬才为代表的革命精神加以艺术再现，让第一篇章首先以音乐舞蹈形式体现厦大创校初期的历史与特色。这个脚本，第二与第三篇章依然保留了对口朗诵《烽火情抒》和情景剧《王亚南与陈景润》，一是因为我们还难以在一年中就将《南强颂》变成一部纯粹的音乐舞蹈史诗作品；二是我们还对《烽火情抒》与《王亚南与陈景润》这两个语言类作品依依不舍。但2015年的演出已经向音乐舞蹈史诗踏出了一大步，距离音乐舞蹈史诗仅仅一步之遥。

2015年演出结束后，九十五周年校庆的演出任务便摆上了编导组的议程。厦大有个很具个性的传统是年年做校庆，而且五年十年的校庆做得特别用心，别有一番天地；不仅仅是隆重，而且最能凝心聚力。作为校庆的重头戏，《南强颂》也就更不一般了。由于已经有了前几年不歇息的打磨提升，有了那一步一个脚印的淬炼，音乐舞蹈史诗《南强颂》也到了水到渠成的时候，成熟的季节到了。

2016年4月7日晚上七时三十分，在容纳四千多人的厦大建南大礼堂，音乐舞蹈史诗《南强颂》在优美奔放的《中国梦，南强梦》的舞蹈中拉开序幕。整部音乐舞蹈史诗依然是四个篇章、一个序幕和一个尾声，时时呈现出厦大校歌主旋律的史诗剧音乐豪迈婉转。第一篇章"爱国伟业"，在《启航》与《校主创校》的舞蹈表达中，陈嘉庚先生教育救国、创办中国南方之强的高远志向激动人心；由扮演林文庆校长、林语堂教授、莱德教授和周淑安博士的男女演员表演的《群贤毕至》演唱，体现了厦大建校初期的以人为本、群英荟萃的风貌；舞蹈《追寻》突显了厦大建立中共福建省第一个党支部和罗扬才烈士英勇就义的革命精神，一曲《追寻》表现出厦大人对于信念对于真理的追求与坚持。第一篇章突显了厦大爱国与革命的基因与底色。第二篇章"烽火自强"在舞蹈《八百里足迹》的艰辛与雄健中开篇，在双人舞《烽火情抒》的深情中推向情感的高潮，在《毕业歌》《保卫黄河》的激昂与《唯力》创刊词的慷慨中走向弦歌不辍的烽火岁月；第二篇章体现了厦大在硝烟弥漫中用铁肩担起中国高等教育东南半壁的自强不息。第三篇章"英雄大学"，由激昂的《红旗颂》引出了新中国的诞生和厦大的"黉门新生"；历史歌曲《厦大战歌》的演唱与表演，体现了海防前线带枪的大学生的独特形象；表现王亚南校长掖持陈景润攻克科学尖端的双人舞《摘取科学的皇冠》，体现了英雄大学在教学科研上的勇于攀登。第四篇章"学府春潮"，以舞蹈《春的希望》展示了改革开放大潮给置身于经济特区中的厦门大学带来的历史光荣与希望；舞蹈《坚守逐梦》带着浓厚的青春气息，表现厦大青年奔赴老少边穷地区支教，追逐青春生命的梦想；舞蹈《走进世界》展示出厦门大学走向世界、走进世界、实现校主"世界之大学"宏愿的铿锵脚步；歌舞《青春修炼手册》跳出了青年学生的勃勃生命与阳光向上的精神面貌。第四篇章表现的是南方之强在新时期新时代的风姿业绩。尾声"跨越梦想"，以《跨越》与《腾飞》两个精彩舞蹈，豪迈而雄健地展示了厦大人在实现两个百年梦想，创建中国特色、世界一流大学的道路上的飒爽英姿、踔厉奋进。

演出进行了一个小时四十五分钟，全场四千多个座位，除演员与工作所需占有的位置外，座无虚席。演出中时常爆发出由衷的欢呼与掌声，到了《青春修炼手册》歌舞时，全场青春学子几乎沸腾起来，跟着跳跃起来。尾声一结束，全场响起了雷鸣般的掌声与情不自禁的欢呼声。当我们几位主要编导依次上台致谢观众时，我们感受到的是像大潮澎湃一样的掌声向我们涌来。没有人愿意马上离开大礼堂，所有的人似乎都还沉浸在史诗的激越之中，许多师生说："这是厦大最经典、最精彩的演出。"

4月9日晚上，《南强颂》在翔安校区演出，又有五千多名师生观看；4月11日，《南强颂》在漳州校区演出，又是近万名师生观看。这之后，厦大人自己的音乐舞蹈史诗《南强颂》便在每年校庆期间分别在厦门大学的三个校区演出三场，每年有万人以上观看了自己学校的历史文化史诗。而我们每年都要对自己的这个作品进行修订提升，从文字到音乐，从天幕视频到舞台表演，十年来淬炼不息，止于至善。

（作者系厦门大学中文系教授、博士生导师）

南强颂歌

陈　洁

从90周年校庆晚会用"南强颂"命名，这一做法至今已经延续近十年了。原本是一台综艺晚会，到如今是音乐舞蹈史诗，经历了三届校领导的亲自指导，相关老师、同学们及各界艺术专家的共同创作和努力，最终形成了一部反映厦大发展历史的文艺作品。

多年来《南强颂》的创作、排练等工作，除了让我对厦大精神、厦大代表人物有了深刻了解以外，还让我有机会通过艺术手段，对全校师生和大众进行校史和厦大精神的教育，使得校史和厦大精神显得鲜活了，容易被理解，容易被接受，容易被看懂，容易植入人心不被忘却。

几年来从创作人员到观众，无一不被《南强颂》所感动。身边很多当年参加过演出的同学，毕业之后还是念念不忘《南强颂》，只要有机会一定会再看一遍。

（作者系《南强颂》导演）

峥嵘岁月的洗礼

李 鑫

谈到创作《南强颂》的感受，我想说那是一场对我自己的洗礼。那时的创作激情、创作欲望，现在回想起来还是令我兴奋不已。

当年接到《南强颂》第一幕和第二幕（1921—1949）的创作任务后，我真的是既兴奋又感到压力巨大。

兴奋的是我早就对这一段校史充满了想象与憧憬，脑中早已出现校主陈嘉庚、校长萨本栋、革命烈士罗扬才、群贤楼下的林文庆、鲁迅、林语堂、莱德、周淑安等一个个鲜活的人物的艺术形象。这种创作欲望是每一位艺术创作者可遇而不可求的。

倍感压力的是，因为对那个年代，对那些人，有那么一些了解，才深知这必定不是一次容易的艺术创作，需要我去潜心研究校史，研读大量文献资料，认真而庄严地去进行这次艺术创作。只有带着这样的敬畏之心，才能对得住那些睿智勇敢、让我们敬仰的厦大前辈们。

记得接到任务第二天我就来到了集美，来到了鳌园。"教育为立国之本，兴学乃国民天职"，就是从这句嘉庚先生的语录开始，我正式开始了《南强颂》（1921—1949）的艺术创作。

"无是非之心非人也，无责任之心亦非人也。"作为厦门大学的一员，我深知我有责任、有义务，为厦门大学、为嘉庚精神、为校园文化尽自己的一份力。

（作者系厦门大学艺术学院舞蹈教研室主任）

《长征组歌》的"胜利大会师"

郭　伟

厦门大学版《长征组歌》取得了巨大的成功，受到了海内外观众高度的评价，不但为厦门大学赢得了荣誉，也为中国的高校在海外赢得了声誉——厦门大学实实在在地收获了精彩和成功。

我们的《长征组歌》能够"胜利大会师"，离不开学校领导非凡的智慧和魄力。是他们的坚强领导才换来今天意想不到的成功，让历史的歌声流入年轻的心田，让长征精神伴随着我们走进新的时代。

新马之行已经落幕一月有余，我们还能不断地收到观众真诚的祝贺。参演的师生们回想起当时的情景依然会真情相拥，热泪盈眶。这样的演出在如今并不多见，然而厦门大学做到了！而且这份感动还在延伸，温暖仍在传递。

我作为一名年轻的厦大人，非常有幸得到校领导和院领导的信任，担任此次重大演出的指挥。我面临着前所未有的压力和挑战。面对信任我不能退缩，必须迎难而上。在苏力院长和各位师长的鼓励和指导下，我放下思想负担，和全院师生一起投入到艺术创作中。艺术学院师生们团结一心，精诚合作，无私奉献，发扬长征精神，最终在舞台上有了精彩的呈现。

回首来时路，感慨万千，这其中的滋味只有用心体验的人才明白。在艰苦的排练中，同学们始终是我最大的支持和依靠。在我累的时候，急躁的时候，情绪紧绷的时候，是他们用纯净和信任的目光化解我的焦躁，用积极的配合和温暖的话语缓解我的压力。他们是如此纯粹和美好，无私地将我托起，却不求任何回报。我时常为自己曾经的幼稚甚至是粗暴而懊悔。演出结束后，很多同学给我发来信息。他们竟是如此懂事和贴心，话语之温暖让我几度落泪。作为一个老师，我能为他们做的还太少太少，他们却付予我太多太多，我没有理由不爱他们。很庆幸，我能出现在他们最美好的年华里，并且和他们一起歌唱青春！我会牢牢地记住这份美好的体验，让爱成为教育的基础，把做一名优秀的教师作为一生不懈的追求。

感谢命运让我成为厦大人，感谢厦大让我与《长征》相遇。"长征"途中有太多令人难忘的面容：亲和的赖书记、可敬的苏院长、认真的玛丽安、善解人意的楼老师、勤劳的乔希、能干的林婕，还有最最可爱的同学们……我们大家团结协作、克服困难，终于迎来了"大会师"。《长征》集体荣获了厦门大学通令嘉奖！我们举杯欢庆，为了今天的胜利也为了明天的起航。《长征组歌》让我体验到了家的温暖：厦大是我家，我爱我家。

我会把这动人的故事永远在心底珍藏。眼前闪耀着飘动的篝火，耳边又想起那熟悉的旋律："总有一段往事让人回想，总有一条长路让人难忘……"

（作者系厦门大学艺术学院青年教师、乐团指挥）

为中国而歌，为厦大而奏

张乔希

舞台沉重的大门拉开的一刹那，收拾好了所有复杂的心情，拿起心爱的伙伴，向舞台坚定地迈出步伐。转身—微笑—致敬—校音—坐定！平日里习以为常的动作投入了十二万分的认真和自信。当郭伟和我致礼时，通过彼此微凉的手，默默传递了勇气和鼓励！今夜我们为中国而歌，我们为厦大而奏！

当《篝火》的前奏响起，再没有其他的杂念。眼中，手中，心中，跟随着指挥的呼吸，开始了一路的征途……

苗岭秀，横断山，四渡赤水，飞越大渡河，过雪山草地，祝捷，报喜……当《篝火》的音乐再次响起，才惊觉到了音乐会的尾声。乐曲结束，郭伟的指挥手势定格收起！一阵短暂的空白和沉默，突然，掌声铺天盖地地响起……

演员们谢幕，我转身起立，借着舞台的灯光，看到下午在偌大的说话都有回声的空荡荡的音乐厅里竟然人山人海！从楼下到楼上还有许多的观众起身鼓掌喝彩！

我恍惚了……下午的对话仿佛和现实在眼前交错，"张老师，你说会有人来看咱们的演出吗？""我真不知道，就算只有100个人我们也要尽力拉好啊！""张老师，我真舍不得离开学校！"

泪水从心底满溢而出，幸福而畅快！！！

（作者系厦门大学艺术学院青年教师、乐团首席）

忆峥嵘岁月，扬长征精神

白如菲

这次的《长征组歌》之行，使我获益良多。在此之前，我曾向一些年龄小的人问起长征的事情。令我惊讶的是，他们之中不少人竟然对长征知之甚少，知道的也仅仅局限于"爬雪山、过草地"。我不禁怅然：难道随着时间的推移和时代的变迁，70年前那场人类军事史上的伟大奇迹，如今在有些青少年头脑中留不下太多的印记？

先辈们留下的精神遗产如果在下一代人身上得不到有效的继承，那我们面临的将是精神上的断层。忘记过去就意味着背叛！只有牢记历史，才能明确我们的奋斗方向。追忆和纪念那段历史是我们需要做的重要事情，我们有责任、有义务唤起人们对先辈丰功伟绩的记忆。通过社会舆论的力量，让人们重温我们的过去，记住那段不平凡的历史，从而弘扬伟大的长征精神，在多元化的思想文化背景下唱响主旋律。

我们用音乐的方式，追忆和纪念那段历史。但仅仅停留于此还远远不够。追忆和纪念是为了不忘却，是为了发扬光大，但能否真正让历史在人们尤其是青少年头脑中扎根，能否把这种光荣传统和伟大精神真正注入人们的思想意识，转化为一种作用于人们行动的精神营养，则是需要我们长期努力的事情。随着社会环境的变化，社会上一些人的思想意识和价值取向也发生了改变，传统意识淡化、价值取向多元化是一个不能回避的社会现实。作为我们这个民族、这个社会所需要的宝贵精神财富，长征精神无疑需要我们大力弘扬。但要真正让它发扬光大、焕发出蓬勃的生命力，则需要努力改变我们的"精神土壤"，通过长期不懈努力，营造出健康向上的社会风气和追求崇高的价值取向。

经过这次演出，我们重温了长征的精神，回顾了那段历史。一个国家、一个民族不能没有传统，不能没有精神的支撑。一个牢记光荣传统、推崇伟大精神的民族，才是有希望的民族。在红军长征胜利70周年的这个时刻，我们需要追忆历史，需要隆重纪念，但更重要的是永远铭记，把这段历史、这种精神真正融入我们每个人的血液里，转化为振兴祖国、奉献社会的实际行动。

（作者系厦门大学艺术学院学生、乐团演奏）

长征颂歌

李卓人

"红军不怕远征难，万水千山只等闲"，这首耳熟能详的《七律·长征》，曾经只是我吟诵的课文。我没有想到，自己会有这样的机会，近距离和长征接触。它深深地震撼着我的每一个细胞，让我时而振奋，时而沉思；它让我对民族、对历史有了全新的认识。

一年前的今天，我进入了厦大音乐系，抱着忐忑的心参加了学院的合唱队的面试。我唱的是第一首《告别》："红旗飘，军号响。子弟兵，别故乡"，配上激昂的曲调，瞬间将我带回了战争前战士离别家园的场景。这是一种极为深刻的情感，有着对敌人的憎恶，对亲人的怜惜，更有一种生离死别的荡气回肠。"亲人何时返故乡？"这个问句反复了好几次，那是在问天呢？还是问命运呢？大约是为了抚慰绝望的心吧？三十万战士离开了故乡，参加到了反抗侵略者的前线。他们越过了人迹罕至的雪山、草地，完成了经过十四个省、约二万五千里的征途，回来的仅仅有三万多人，其中的艰苦无以言表。他们为了新中国的胜利，奉献出了年轻、宝贵的生命。当我们齐聚河畔歌唱新生活的同时，能否举杯告慰那些为了我们的幸福而努力的先烈们呢？

剩下的几首歌风格各异，但都记叙了长征的过程。面对冰雪覆盖的高山和凛冽的朔风，战士们团结一致、齐心协力，用超乎想象的毅力为部队探索出一条前进的道路。这不仅仅是一条磨炼意志的艰难之路，也是一条生命之路。面对粮食的短缺、环境的恶劣，战士们风餐露宿、风雨前进。遇到开阔美丽的草原，本以为有了希望，结果里面却蕴藏着意想不到的困难。很多战士就这样倒下了，没有一句怨言。当他们把自己交给党的时候，就已把生死置之度外了。面对粮食的短缺、环境的恶劣，战士们风餐露宿，风雨前进。《突破封锁线》用紧凑的节奏和有力的歌声，描绘了抢湘江的情景；《遵义会议放光辉》用民歌热情歌唱了遵义会议带来的历史转折性突破;《四渡赤水出奇兵》歌颂了毛主席的用兵如神;《飞越大渡河》则描绘了红军战士们力挽狂澜，救民于水深火热之中的情景……直到《大会师》。我们把长征的整个过程都融合在音乐与歌声中，让观众们耳濡目染，与我们共同领略那段难忘的时光。

这些令人陶醉的曲调诉说着感人的故事，把遥远的情怀带回到我们心中。最开始我们也许认为只是唱红歌，但万万没想到它们会深深印在我们脑海中。《长征组歌》传达给了我们坚强、智慧、勇敢、自信、团结……有的同学唱出了眼泪，唱出了心声，我们在舞台上好几次被深深震撼了。

如果要问我，长征给我的感悟是什么？那便是：我们今天用歌声纪念红军长征，虽然没有亲身经历纷飞战火，但其精神却会永远激励着我们，使我们承担起自己的历史责任。

（作者系厦门大学艺术学院学生、合唱团男低音）

音乐是个神奇的存在

王梦洋

《长征组歌》是我们共同培育的第一季花果，它有着全体参与人员的共同回忆，也是我们的第一次尝试和成功，它在我心里的位置是无可替代的。那时候我们还是懵懵懂懂的学弟学妹，兴奋好奇是那时的主旋律；而今年岁更替，我们已经是学长学姐了。一种不自觉的责任感油然而生，不再像第一次那样跃跃欲试，更多的，还是一份沉静和期待。

"长征"与"黄河"，是一种传承，也是一种成长。

整个旅途因为有了第一次的体验后变得更加顺利：学校为我们安排的住所非常舒适，时间的安排也比之前要合理得多，管理上也更加完善，我们不再慌乱不安，而是更加从容和井然有序。"咔嚓咔嚓"，相机记录了我们的每一天的遇见和美好，纵使是相同的景点，相同的音乐厅，却依然有着不同的感受和体验。我喜欢那张张熟悉又可人的笑容，那么阳光和温暖；我喜欢相互帮助时彼此之间友好又善意的眼神，那么亲切又充满信赖；我喜欢国外友人友好的招手和赞美，那么真诚和热情。当最后一首歌结束，我们站在新加坡"榴梿音乐厅"的舞台上，观众们手牵着手挥动着，欢呼着，我知道我们没有让他们失望，之前的付出和辛苦都是值得的，我们也笑着。这美好的时刻定格在那一刻，有你有我，永远不会抹去。

音乐是个神奇的存在，它不仅给予我们天马行空的想象，也给予我们太多心灵的震撼和感动。它将五湖四海的我们齐聚在一起，只因我们都爱着它。从陌生到熟悉，如果没有这层乐之缘分，也许我们还是平行线，永不相交。世间缘分总是那样神奇，你永远不知道下一秒会发生什么，但这音乐的缘分让我那样喜爱，除了珍惜，我已不知怎样爱护了。

毕业临近，别离是我最不想提起的话题。因为在这里，有太多让我无法割舍的东西，有欢乐有泪水，有不甘有释然，有失落有感恩，点点滴滴，促使着我成长，也让我对这里的一切也更加眷恋。可曲终人散，始终是回避不了的。我只能说，加入合唱团，是我做得最正确的决定；认识大家，是我最珍惜的缘分；而我们共同经历的时光，是我大学时光里最最美好的回忆。

（作者系2011级本科生、2016级研究生、合唱团女低声部）

音乐梦想之行，璀璨文化之旅

龚宏宇

　　很荣幸在2013年年底加入了厦大合唱团，并在2014年参加了新马《黄河大合唱》的演出。马来西亚国油爱乐音乐厅和新加坡滨海艺术中心都是世界一流的音乐厅，对于学音乐和热爱音乐的人来说，能在世界一流的音乐厅演出，是一种殊荣，会带着朝圣般的热忱去回应。我的专业是物理，但同时热爱着音乐，作为合唱团里少数的非艺术学院成员，深知这个机会的难能可贵。

　　这次演出的《黄河大合唱》，在以前，我只接触过其中《保卫黄河》这一脍炙人口的乐章。直到加入合唱团，学完了全部乐章之后，才更深切地感受到了这一作品的伟大之处：欢时激动人心，悲则痛入骨髓，激昂时如万马奔腾，怒吼似龙啸九霄。这一伟大的作品记载着人类发展史上悲壮的一笔，书写着中华民族的血泪史，而这一次，我们将这一伟大作品带出了国门，让它跨越国界，走向世界，引起全人类的共鸣！

　　在马来西亚，我们还进行了一场与马来西亚几个合唱团的合唱交流音乐会。这几个合唱团都有着各自的特色，并有着相当高的水平。为了这场交流会，我们在考试周几乎天天排练，只能抽空来复习考试，不过演出的最终成功让我们看到了付出的回报。

　　这样的活动中最开心的莫过于认识了那么多热爱音乐的朋友。艺术学院的朋友们都有着自己的音乐特长，在此期间，我向周围的人学到了很多有关音乐的东西。在排练的时候偶尔有人演奏一曲，赢得大家热烈的掌声。有这样一群朋友，一起走过半年多排练的日子，生活也充实了很多。从加入至今，我参加了合唱团的每一场演出，共计十余场。我们大家共同努力，共同分享进步的喜悦。在过去，我只是作为音乐会的看客，高雅艺术在我心中遥不可及。我从来没想过，自己有一天，也能站在这个舞台上，参与这种规模的音乐会的演出。只有作为演员站在一场音乐会中，才能真正感受到这些音乐作品的情感与魅力，因为那时，自己已经融入这音乐之中，成了其中的一部分。

这次新马《黄河大合唱》的演出，是我人生道路中精彩的一笔，也将是我永远的记忆。

（作者系厦门大学物理与机电工程学院学生、合唱团男低声部）

《黄河大合唱》让不屈不挠的
精神铭刻我心

黄麒润

自从去年参加了合唱团，成功赴新加坡和马来西亚表演《长征组歌》，我便深深爱上了厦门大学合唱团这个团体，不仅仅是因为能学到与合唱有关的知识，还因为在这里我能够体会到革命前辈们为了国家和民族的一腔热血，让我离那一段历史更近，让革命先烈们不屈不挠顽强斗争的精神更加铭刻于我心。

冼星海仅用了6天时间，就谱出了《黄河大合唱》全曲。当听到老师们说到当时表演《黄河大合唱》的时候因为乐器不足，只有寥寥几把小提琴和二胡的时候，我心中感受到了深深的震撼。既然革命前辈们在那么差的条件之下都能演绎《黄河大合唱》，我们有着这么好的乐团、指挥、合唱团，为何不全力以赴把那种革命精神更好地表现出来、传递给观众呢？

我们在演唱的时候也在聆听着那黄河的声音。她带来的富饶，她养育的伟大民族，她展现的坚强不屈桀骜不逊的怒吼，无时无刻不带来心灵的震撼！

黄河是中华民族的母亲河，是中国人民不屈不挠、永远压不垮打不倒的象征。今天，热爱祖国、报效祖国，把祖国建设得繁荣富强，实现中华民族的伟大复兴，是每个中国人的崇高理想，是爱国主义的本质所在，就是动员和激励中国人民团结奋斗的一面旗帜。

《黄河大合唱》是音乐史上的丰碑，尽管创作年代久远，但它却永远鼓励我们奋勇向前，带领我们昂首挺胸阔步走向辉煌灿烂的未来！

（作者系2011级本科生、合唱团男低声部）

黄河的回响

金夜明

啊，朋友，你可知道你是我人生第一首颂诗的主人，我要把无上的敬意献给你，因为你演绎了黄河。

正如你知道的，她哺育了我们，哺育出了我们的文明；她激励了我们，催我们自强不息，教我们止于至善。但是你知道她曾保卫了我们吗？她汹涌的浊流，曾是我们抗敌的屏障；她伟大坚强的精神，曾是我们民族精神的最后城防。

她苦难、悲壮、辉煌的历史，是我们的"一千零一夜"，我只好捧举她的一朵浪花，撷取她的一个瞬间，献给你，汇入你演绎的源泉……

正如你所知道的，这首歌诞生于抗战时期。但抗战的源头，黄河的苦怨，我们只有从"七七"远溯，才能够体认黄河。

昨夜，我又被你"点燃"，因为只有你的黄河，才会顷刻间把我带入那个"充满美，充满写实、愤恨、悲壮的情绪"，让我的耳畔仿佛响起了抗日烈士蔡公时在被日军削鼻割耳后的怒骂："中国人可杀不可辱"，响起了毛泽东北上抗日的宣言、蒋中正"最后关头"的讲演、宋哲元给守军下达的"卢沟桥即尔等坟墓"的号令，响起了身负"大汉奸"骂名的千秋英烈张自忠"此去拼命，已雪骂名"的悲愤挽歌。

昨夜，你的朗诵，让我联想起许多画外音——

那是冯玉祥在淞沪战场的战报："我们的部队每天一个师又一个师地投入战场，有的不到三小时就死了一半，有的支持五小时就死了三分之二。这个战场就像个大熔炉一般，填进去就融化了。"

那是王铭章师长在对他那支衣衫褴褛的川军师讲话："弟兄们，我们是被乡亲们披红戴花送出川的，但是到处都嫌我们是叫花子，没有长官愿意收留我们，我们上不去也回不去了。今天李长官（李宗仁）肯收留我们了，我们一定要报答他的大恩大德……"

昨夜的歌声让我联想起谢晋元的"四行孤军"和冒着弹雨为孤军送国旗的少女，那一天她感动的不仅是"八百壮士"，还有目睹她壮举的民众。

让我想起了那个谢罪的日本老兵的话："不、不、最惨的不是南京，而是我们从上海杀向南京的这一路。三百公里所到之处，无论是四岁还是八十岁，没有一个完整的女人了：强奸、彻底的强奸，然后是杀害"，仅无锡的周边被杀害的中国人就有九十多万。

让我想起了郭沫若以及"黄河"的词作者光未然，他们和一大批中国文化人投入了轰轰烈烈的武汉保卫战。郭沫若回忆说："妇女们把铜盆铁锅金戒银钗全都捐了出来，堆得像一座座小山，那真是没法形容的热烈啊。"

让我想起了高志航。他和他的战友在"八一三"淞沪会战打响的第二天投入战斗，在"八一四"空战中首战四比零（击落三架，击伤一架）告捷。从"七七"到武汉失守，这些笕桥生当中先后有202位飞行员血洒长空，平均年龄不到23岁。他们实现了"决不愧对捐机民众一厘钱"的诺言。

让我想起了在武汉会战后，失去了海洋和军舰的中国海军，不惜生命、默默奉献、悄悄牺牲；有的转当陆军、空军、游击队。他们是当时受教育程度较高的军人，不忘"甲午"、不辱使命，在长江和近海只身布雷，袭击了近四十艘敌舰船。虽然没有番号，没有舰别，但是他们各自为战，拼命作战，以身为海军参加抗战为荣、为使命，令人动容。

昨夜，望着合唱团的青年学子，我想起了另一个青年，那是我儿时读过的一首曾经著名的诗的主人公："高地上，拼刺在激烈地进行。一个年轻八路军，迎接着鬼子的突刺，他猛地挺上前一步，刺刀贯穿了他的胸膛，鬼子和他同时倒下了。为什么要向前一步啊？因为咱边区造的刺刀比鬼子短了一截。小战士够不着鬼子的心脏。"

正如你知道的，黄河有苦难、悲伤，但是她也因此而更神奇、坚强。那是武汉失守后千钧一发的时刻，投降论、亡国论甚嚣尘上，哀鸿遍野的焦土，支离破碎的溃军，哪里可做城防？哪里算是后方？到处是军民的悲观与迷茫……逃难、撤退，撤退、逃亡，哪里有振拔的力量？带着这全民族的天问，无数人在求索，无数人在盼望。

这时的光未然，在黄河的渡船上，正久久凝视着船夫和激浪，他在被黄河点化。这首歌就这样诞生，在民族危亡中唱响，这就是《黄河大合唱》。

孙运璇说："不管你何时听到她，你都会获得力量。她奔腾汹涌的咆哮，浩浩荡荡的进发，无论什么敌人都别想阻挡。官兵们都反转身去，杀回战场；逃难的百姓，都停下脚步，穿上军装或拿起了棍棒，这是黄河才有的振拔和气势。慈母护犊的力量，她是中华第一歌！中国的《第七交响曲》，中国的《马赛曲》，是我们永远的精神食粮。"

感激厦大，感激全体参加演出的师生。我还想说，你们关于青春和厦大的记忆，或将因为"黄河"而隽永、自豪，赋予"中国不亡，有我"的力量。

（作者系厦门市寒江雪博物馆馆长）

第三部分

媒体聚焦

《光明日报》

厦门大学：探索有时代感的文化育人

"志怀家国，潜心科研，教书育人，甘于奉献，创文明教风；明德修身，立鸿鹄志，勤学诚信，笃行实干，创文明学风……"这是近日刷爆厦大师生朋友圈的"新时尚宣言"。

近年来，厦门大学抓好顶层设计，着力把优秀文化有机融入人才培养各环节，系统发挥文化育人的精神供给作用，让学生在感受美、欣赏美、创造美的过程中，启迪心智，涵养心灵。

传统文化"节节开花"

端午夏夜，厦门大学芙蓉湖圆形舞台举办"迎端午盼百年"活动。声情并茂的诗词散文演绎，制作龙舟、学包粽子、学做香囊、戴五彩绳等传统民俗互动，让同学们体验了端午节蕴含的独特文化内涵。

"传统节日、传统文化和校园文化融合在一起，有意思，更有意义！"当日，来自厦门大学管理学院2019级的学生姚岚清全程参与了端午民俗体验，对中华传统文化有了更深切的认知。

美术书法作品展、文化论坛、诗文朗诵、优秀作品展播……为传统节日量身定制的一系列文化活动，更是让厦大师生在"节节开花"的氛围里，坚定文化自信，厚植爱国情怀。

"学校精心策划贯穿全年的'我们的节日'系列活动，坚持把好方向、定好基调，深挖活动内涵，创新活动形式，努力做到价值引领和文化传承相融合、教育作用和社会效果相统一。"厦门大学党委宣传部副部长楼红英说。

校园文化　滋养心灵

《哥德巴赫猜想》《嘉庚颂》《南强颂》……一部部以厦门大学代表人物故事为原型的校园原创文化精品，以丰富的舞台表现带领师生感受先辈的人格魅力和崇高风范。这些作品以校庆、新生入学等为契机，持续完善、常演常新，不断增强感染力、辐射力，让师生感受到美的滋养。

苏心怡是厦门大学马克思主义学院2018级硕士研究生，也是厦门大学革命史展览馆的一名讲解员。参观历史文化展馆群是厦大每位新生入学的必修课。"讲解是用心交流。通过一次次的讲解，带领观众追寻这段岁月，向观众传递正能量，使厦门大学革命精神和厚重的历史文化在新时代焕发新光彩。"苏心怡说。

截至2019年年底，历史文化展馆群参观量超过100万人次。在战疫期间，展馆群积极开展线上预约和在线讲解活动，以特殊的方式让爱国主义精神和文化深入人心。

学科文化　启迪心智

近日，在厦大"嘉庚"号海洋科考船上，一场别开生面的以"南海海洋生物和海底沉积物的探秘之旅"为主题的海洋直播课，通过直播连线的方式顺利完成。

"我们现在是站在'嘉庚'号上的主甲板。刚刚打捞上来的这个设备，俗称叫'小抓斗'。这是海葵，里面有寄居蟹，这就是一种共生现象。"听着讲解老师声情并茂的解说，收看网络直播的同学们不但"身临其境"参观了"嘉庚"号海洋科考船，还亲眼见证了如何取得海底样本。

"绿色""环保""生态""劳动"，环境与生态学院围绕这些学科关键词，连续9年举办全校环保知识竞赛，连续6年组织全校节能减排大赛，以赛促育，将绿色的种子深植厦大学子心中；"筑·青春""筑·匠心""筑·情怀""筑·品意""筑·科创"，建筑与土木工程学院第七届建筑文化艺术节上，一张张展示经典建筑的海报，带领师生感受时光变迁中建筑的变化、国家的兴盛；将社会主义核心价值观的丰富内涵与剧目融合在一起，化学化工学院围绕学院故事、建党百年、扶贫攻坚等主题，持续十年举办"学生红剧大赛"，以"寓教于乐"的创新工作方式，传播红色正能量，推进党建带团建。

在厦门大学，立足学科特色与优势，充分运用现有学科文化展示平台，打造系列富含学科特色的文化活动蔚然成风，全方位、多角度的立体的学科文化育人格局逐渐形成。

（2020年9月25日05版，记者：马跃华，通讯员：欧阳桂莲）

《科技日报》

猜想与梦想

参加"共和国的脊梁——科学大师名校宣传工程"在我的工作时间表上已经是第五个年头，我深深地折服于钱学森、邓稼先、李四光、陈景润、唐敖庆等老一辈中国优秀科技工作者求实奉献、拼搏进取的科学探索精神。他们把自己的命运与祖国的命运紧紧相连，把自身的作为与国家的发展强盛融为一体，铸就了共和国大厦的宏伟基业！这样的人生才是华美的，才是令世人惊羡的。他们才是真正的时代偶像，不愧为科技界的民族英雄。

大师精神激励一代代人的科学追求和梦想

厦门大学于2014年带着原创话剧《哥德巴赫猜想》走进了"共和国的脊梁——科学大师名校宣传工程"。

陈景润，著名数学家、一代科学大师、厦门大学杰出校友。对于我们这一代人，这段记忆是深刻的。1978年《人民日报》上徐迟的一篇报告文学《哥德巴赫猜想》依然历历在目。人们不会忘记那个曾经的风雨岁月中，时代的夹缝里，在不足6平方米的刀把形的小房间，有一个人在用生命与时间赛跑，用信念与命运对搏，奋力攀登着哥德巴赫猜想这一世界性数学难题的高峰，他所取得的成就为中国人在世界数学界赢得至高荣誉。四十多年过去了，陈景润身上所体现的科学精神、爱国情怀依然感动并激励着年轻一代继续追梦。

2013年，在纪念陈景润80周年诞辰之际，厦门大学决定将陈景润的故事搬上舞台。经过不到一年的筹备和创作，原创话剧《哥德巴赫猜想》

于2014年4月首演，至今已经成功上演了25场，覆盖观众六万多人次，更有数十万观众在线观看。演出受到观众的喜爱和好评。

陈景润挑战哥德巴赫猜想是人类不断战胜自我、探索未知世界，为梦想勉力前行的科学实践。他果敢坚忍，坚守信念。"要用我所有的力量登上数学世界的最高殿堂"，成了他报效祖国，为国家多做贡献的方式和途径。

科学精神让心灵与情感共舞

《哥德巴赫猜想》走过这4年，我深深感受到，今天的厦大学子是带着情感，怀着敬仰演绎着学长陈景润，讲述这位科学大师不断接近、挑战哥德巴赫猜想，不断突破一个个人生困境，并最终取得非凡成就的故事，并通过他们的演绎感染着周围的人。

一位清华大学的学生观剧后说："（这部话剧）让广大观众，尤其是年轻一代了解老一辈科技工作者的艰辛历程，进而形成崇尚科学，尊重知识的意识，意义很大。真正的浪漫就是认准了一件事，不管别人是否退却，自己仍痴心不改，拼搏依旧！"一位剧组的同学动情地说："每次看这部剧都会落泪，剧中所表达的爱国情怀和科学精神时刻提醒着自己作为大学生的责任与使命。"在毕业生的心愿微博上，一位同学写道："我希望在离校前还能再看一次《哥德巴赫猜想》"……

一部优秀的文学艺术作品，具有直指心灵的力量，它使人在灵魂、思想和情感上产生高度共鸣，给人以洗礼和教意。科学家形象之所以能走进人们心中，不是因为话剧塑造了一个高大全的形象，而是因为其光辉伟业背后丰富的内心世界、深厚的精神内涵和时代内涵打动人心。

（2017年6月8日04版，作者：楼红英，厦门大学党委宣传部副部长，"共和国的脊梁——科学大师名校宣传工程"《哥德巴赫猜想》剧目项目负责人）

中新社

中国厦门大学百人合唱团大马呈献
《长征组歌》

中新社吉隆坡6月21日电（记者 黄鸿斌）中国厦门大学百人合唱团及交响乐团21日晚八点许，在吉隆坡中国小学大礼堂，呈献中国经典音乐会《长征组歌》。

这场以80年前中国红军"长征"为主题的音乐会，由马来西亚中华大会堂总会主办，雪兰莪音乐学院协办。厦门大学参加《长征组歌》演出的成员多达160人，多数由厦门大学教授、讲师与学生组成，并由50人的交响乐团伴奏。

华总总会长方天兴在开幕致辞表示，为了促进马中文化艺术交流，厦门大学组百人合唱团赴马演出，为马来西亚近年来难得的音乐盛会。《长征组歌》对马来西亚观众而言也许陌生，但通过厦大校方的真诚推介，将人类史上感天动地的一段历史，通过高雅艺术还原了它的生命本质。

中国驻马大使柴玺致辞说，人类历史上绝无仅有的"长征"，30万人从中国的南方通过25000里长征，艰苦卓绝，前仆后继，到达北方时只剩下3万人。"长征"是感天动地的英雄史诗，它鼓舞了一代又一代中国人，也是留给世人的宝贵财富。

本场演出以交响乐《飘动的篝火》为序曲，呈献《长征组歌》里的10首经典歌曲。音乐会激情豪迈的歌词与乐曲，打动了马来西亚的华人、华侨的心灵，每首歌曲结束都赢得阵阵掌声。

（2013年6月21日报道，新华网、人民网、中国青年网、凤凰网等22家媒体网站转载该报道）

新华网

厦大合唱团在马来西亚演唱《长征组歌》

新华网吉隆坡6月22日电（王大玮）由马来西亚中华大会堂总会主办、厦门大学合唱团和交响乐团联合呈现的中国红色经典史诗《长征组歌》音乐会21日晚在吉隆坡精彩上演，并以此缅怀著名爱国华侨、厦门大学创始人陈嘉庚。

本场音乐会演出阵容庞大，由超过160名厦门大学师生组成。优美的旋律、高亢的声线和华丽的舞台，将《长征组歌》的深远意境淋漓尽致地呈现给马来西亚民众。音乐会现场高潮迭起，掌声经久不息。

马来西亚中华大会堂总会长方天兴说，这是马来西亚近年来难得一见的高水平音乐盛宴，它让马来西亚华侨华人从音乐上领略了人类史上最伟大、最悲壮的万里长征，希望本地音乐家珍惜本次机会，积极学习取经，促进两地文化不断交流与发展。

中国驻马来西亚大使柴玺说，厦门大学是由马来西亚爱国华侨陈嘉庚于1921年创办的。厦门大学此次来马演出，是两国人民开展文化交流的具体体现，也是厦门大学在马来西亚开设分校的序曲。他相信通过音乐，两国人民，尤其是青年一代的交流将愈加密切。

（2013年6月22日报道，人民网、新民网、凤凰网、中国网等12家媒体网站转载该报道）

"黄河之声"厦大来

——记厦门大学《黄河大合唱》交流演出团在吉隆坡成功演出

新华网吉隆坡6月25日电（记者胡光耀）"风在吼，马在叫，黄河在咆哮……"这高亢激昂的歌声和观众雷鸣般的掌声不断响彻吉隆坡双子塔内的国油爱乐音乐厅。24日晚，中国厦门大学《黄河大合唱》交流演出团的精彩演出，让马来西亚观众享受了一次由170多名演员参与的经典交响合唱视听盛宴。

演出团带来的《黄河大合唱》在保持原有本色基础上，对作品进行了艺术与时空的延伸与改编。改编后的《黄河大合唱》以交响合唱《红旗颂》开场，用交响合唱《和平颂》作结尾，主体部分保留了《黄河大合唱》原有的7个篇章。一名观众说，厦大学生演唱的《黄河大合唱》形式新颖，将经典作品赋予了新的时代气息，非常有创意。

一个小时的演出结束后，很多观众不愿离去，在一阵又一阵雷鸣般的掌声中，合唱团共谢幕5次、加演了3个节目，最后又演唱了《保卫黄河》向观众作别。一名观众说："演出太精彩了，拥有这样优秀的艺术人才，厦门大学真是一所了不起的大学！"

"黄河、厦门大学和陈嘉庚：一条河、一座学府和一个伟人，是民族，是教育，更是爱国的真实写照。"马来西亚侨领、马中文化艺术协会会长陈凯希如是评价当晚《黄河大合唱》的演出意义。的确，奔腾不息的黄河是中华民族的母亲河，也是中华民族自强不息精神的象征，而崇尚教育和爱国爱家的精神正是中华民族生生不息的根本保障。

厦门大学与马来西亚有着特殊历史渊源，因为厦大由爱国华侨领袖陈嘉庚于1921年创办，是中国第一所由华侨创办的大学。陈嘉庚一生倾资兴教救国，无私奉献，被誉为"华侨旗帜，民族光辉"。厦门大学与东南亚各国大学也有广泛交流与合作。

今年是中马两国建交40周年。厦大负责人杨振斌说，厦门大学交流演出团带着《黄河大合唱》来到马来西亚，这是一次感恩之旅，希望能以精彩演出感恩帮助过我们的朋友，并以此纪念中马两国建交40周年，祝愿中马友谊万古长青。

（2014年6月25日报道，参考消息、凤凰网、网易新闻等多家媒体网站转载该报道）

央广网

厦门大学多部原创校史话剧
"迎新季"集中展演

央广网厦门9月28日消息（记者陈庚　通讯员欧阳桂莲）为献礼厦门大学建校100周年，传承弘扬学校"爱国、革命、自强、科学"精神，今年"迎新季"期间，厦门大学多部原创校史话剧集中展演，受到师生欢迎。

9月20日至22日，话剧《哥德巴赫猜想》在厦门大学百年校庆校史精品剧目迎新季展演中率先登场、连演三场。该剧以著名数学家、厦门大学杰出校友陈景润为主角，以陈景润在厦门大学、中科院的生活为主要线索，通过现代剧场的演绎，将真实生活与艺术想象相结合，讲述陈景润不断接近、挑战哥德巴赫猜想，永不言弃，最终取得杰出成就的不凡人生故事，传递着坚持不懈追求梦想的科学精神。

据介绍，《哥德巴赫猜想》剧组成立于2014年，已在厦大校内及全国各地巡演累计近四十场，获得来自戏剧界、科技界领导和专家以及广大观众的广泛好评，成为厦大校园文化精品剧目，也是"共和国的脊梁——科学大师名校宣传工程"入选项目。

9月28日，厦门大学原创话剧《遥望海天月》（原名《王亚南》）将在该校建南大会堂首演。该剧着力表现厦大原校长王亚南孜孜不倦、严谨求实的科学精神。王亚南一生追求真理，献身科学，致力于马克思主义作品的翻译、研究、传播。在国难当头内忧外患的年代，王亚南不惧艰难险阻与郭大力共同完成了《资本论》全本的翻译出版，为马克思主义在中国的传播和对马克思主义经济学研究的深刻探索做出了重要贡献。剧目还生动讲述了作为"懂得人的价值"的教育家王亚南校长爱才惜才、为厦门大学教育事业做出巨大贡献的动人故事。

据悉，该剧全部由厦大师生参演，是厦门大学百年校庆和纪念王亚南诞辰120周年纪念活动的献礼之作，也是对师生进行校史校情教育的重要载体。

此外，话剧《长汀往事》（原名《萨本栋》）将于10月5日在厦门大学首演，通过展现抗战烽火中厦门大学为保卫教育、坚守东南而内迁长汀的艰苦岁月，讲述时任校长萨本栋与教育、科学事业的动人故事，演绎厦大师生在萨本栋校长的带领下筚路蓝缕、发愤图强，伴随着民族血与火的洗礼，一步步实现"南方之强"的光荣梦想。

（2020年9月28日，记者：陈庚，通讯员：欧阳桂莲）

《东南快报》

庆祝建党92周年厦门大学专场音乐会
在榕举行

本报讯（记者陈聪文/文　林良划/图）昨晚，为庆祝中国共产党建党92周年，厦门大学《长征组歌》专场音乐会在福建大剧院举行。本场音乐会由省文化厅主办。组歌分为《告别》《突破封锁线》《遵义会议放光辉》《四渡赤水出奇兵》《飞越大渡河》《过雪山草地》《到吴起镇》《祝捷》《报喜》《大会师》10个部分，再现了长征艰难的历程和其彰显的伟大精神。

今晚受省教育厅邀请，厦大《长征组歌》将在福建师范大学音乐厅唱响。校方透露，这一作品将作为厦大校园文化精品长久保留下去。

（2013年7月2日，记者：陈聪文）

《海峡导报》

厦门大学《黄河大合唱》献礼国庆

台海网（微博）10月7日讯（通讯员　郑莉　记者　梁静）作为厦门市庆祝中华人民共和国成立65周年的重头戏之一，近日，厦门大学大型交响合唱史诗《黄河大合唱》在闽南大戏院隆重举行。

音乐会在序曲《红旗颂》高亢激昂的乐曲中拉开帷幕。主曲《黄河大合唱》由《黄河船夫曲》《黄河颂》《黄水谣》《河边对口曲》《黄河怨》《保卫黄河》《怒吼吧，黄河》七个乐章组成。既有气势磅礴的混声合唱，也有醇厚高亢的男女声独唱，还有极富节奏感的对唱与轮唱，展示了中华儿女承受苦难、英勇奋战、决心保卫黄河的"伟大坚强"。尾声《和平颂》生动表达了神州大地追求社会和谐、百姓祥和的憧憬，传递着对世界和平发展的美好祝愿。

整场音乐会高潮迭起、气氛热烈，气吞山河的抗战岁月、气势磅礴的滔滔黄河栩栩如生地展现在观众眼前。全曲旋律激昂、朗诵铿锵有力、演唱饱含情感，参加演出的近200名厦大师生用激情演奏了一曲共铸中国梦、建设美丽厦门的精彩篇章。

（2014年10月7日，通讯员：郑莉，记者：梁静）

《厦门日报》

厦大前校长故事被搬上话剧舞台

厦大把前校长王亚南的人生故事搬上话剧舞台——昨晚，名为《遥望海天月》的原创话剧，在厦大建南大会堂首演，连演三天。

王亚南（1901年—1969年）在1950年出任厦大校长，直到他去世。他是位经济学家，和郭大力完成《资本论》中文全译本翻译。《遥望海天月》表现王亚南校长孜孜不倦、严谨求实的科学精神，还讲述了作为"懂得人的价值"的教育家王亚南校长爱才惜才的故事，譬如说，著名数学家陈景润一度面临生活困境，还去摆地摊，被王亚南发现，带回厦大数学系资料室。

这部话剧由厦大原创，演员也来自厦大。昨晚有一幕留在很多人印象中——用宽6米、长20米的白绸做成的《资本论》译稿道具铺天盖地地从观众头顶飞过。白绸上是《资本论》部分翻译手稿，剧组的同学们在明培体育馆总共花费6个小时将文字放大书写。

《遥望海天月》是厦门大学百年校庆校史精品剧目之一。10月5日，另一部新剧《长汀往事》也将首演，它展现抗战烽火中厦门大学为保卫教育、坚守东南而内迁长汀的艰苦岁月，讲述时任厦大校长萨本栋呕心沥血办厦大的往事。

此前，描述著名数学家、厦门大学杰出校友陈景润的话剧《哥德巴赫猜想》也复排并上演。

近年来，厦大通过将校史搬上话剧舞台，对师生进行校史校情教育。

（2020年9月29日，记者：佘峥，通讯员：欧阳桂莲）

厦大新闻

迎新专场音乐会《嘉庚颂》演绎精彩历史 复兴梦振奋人文情怀

为深入推进"弘扬爱国奋斗精神、建功立业新时代"活动，10月20日晚，以"传承弘扬嘉庚精神 共圆中华民族复兴梦"为主题的大型诗文朗诵迎新音乐会《嘉庚颂》在我校建南大会堂倾情上演。

《嘉庚颂》朗诵音乐会由"序：永远的丰碑""上篇：倾资兴学赤子心""下篇：烽火中的民族光辉""尾声：光荣与梦想"四个篇章组成，以舞蹈、合唱、情景剧、配乐朗诵等多种形式再现了陈嘉庚先生在国难中创业自强、兴办学校、支援抗战的感人肺腑的光辉事迹，生动地展示了嘉庚精神和爱国主义的具体内涵。

朗诵会伊始的一段舞蹈，表演者用优美的舞姿讲述陈嘉庚先生的丰功伟绩，朗诵者用抑扬顿挫的声音讲述了陈嘉庚先生在动乱的年代里为了振兴中华，筚路蓝缕，一腔孤勇下南洋，在商业领域开创了一片天地，并在爱国之心的激励下，回到故乡开基业，建学堂，展宏图。在战火纷飞的年代里，陈嘉庚先生号召南洋商人为抗战奉献自己的力量，开山辟路修建千里生命线运送物资；奔赴前线战场、去往延安结识中国共产党人，认识到共产党在爱国抗日中的重要地位。激昂而又充满感情的声音和富有感染力、直击心灵的音乐，无不在熏陶着听众的情绪，为台下的听众献上了一场无与伦比的文化盛宴。当集美大学和厦门大学校歌合唱响起时，广大师生深受感染，一起加入合唱当中，悠扬的歌声里仿佛看见了战火纷飞中的光辉岁月，也深深为校主的历史功勋感到骄傲自豪。最后，在大合唱《光荣与梦想》歌声和听众们经久不绝的掌声中，《嘉庚颂》朗诵音乐会落下了帷幕。

朗诵者法学院2017级本科生潘姝岐在采访中谈到，这是她第一次参与

《嘉庚颂》朗诵，因为之前看过学长姐的演出，觉得十分震撼，所以想要自己去尝试，而这次非常荣幸可以参与其中："我觉得这个活动十分有意义。每一次朗读它，每一次聆听它，都会感受到不一样的情感，激发的不仅是爱国爱党爱校的情怀，更有自己对陈嘉庚先生由衷的敬佩与崇敬。希望每一个厦大人都能感受到嘉庚精神，并不懈学习。"人文学院2018级本科生张章也说到，歌声和舞蹈都是如此精彩，充分展现了陈嘉庚先生的自强爱国精神，使她受益颇深，更加坚定了社会主义理想信念和爱国奉献精神。

（2018年10月21日，文/学生记者：胡小莉）

大型诗文音乐诵读会《嘉庚颂》
在我校上演

　　11月24日晚，由厦门市宣传文化基金资助的大型诗文音乐诵读会《嘉庚颂》在我校建南大会堂精彩上演，副校长詹心丽和师生们一同观看了演出。11月26日晚《嘉庚颂》也在嘉庚学院演出。

　　《嘉庚颂》诵读音乐会由"永远的丰碑""倾资兴学赤子心""烽火中的民族光辉""与新中国同行""光荣与梦想"五个篇章组成，以校主嘉庚先生光辉的一生和丰功伟绩为主线，通过配乐朗诵、独唱、大合唱、情景表演等多种表演形式，结合情景再现、电视短片和视频背景等实现情景交融，生动传达了嘉庚精神的内涵，为师生们呈现了一场高雅的文化盛宴。

　　在唯美的舞蹈中，诵读音乐会拉开序幕。朗诵者用字正腔圆、浑厚激昂的朗诵把观众带入无限遐想之中，诵读出陈嘉庚先生的伟大事迹，让人们感受到陈嘉庚先生倾资办学无私奉献的伟大精神。从青年陈嘉庚只身前往南洋并开创弘业，但却"心怀祖国，希图报效"，秉承"教育是立国之本，兴学乃国民天职"的信念回国倾资兴学；到嘉庚先生在国家危亡之际倾尽所有，亲赴前线的救国壮举；再到嘉庚先生毅然奔赴延安、认识到中国共产党是国之希望的大义之举……一幕幕生动的情景向观众展现了一位倾资办学、兴学救国的爱国华侨的伟大精神。演员们富有张力的表演、声情并茂的朗诵、低回婉转的音乐、深情含蓄的舞蹈深深地感染了在场观众。

　　当《厦门大学校歌》音乐响起，台上与台下的师生学子遥相呼应，共同演唱了他们引以为豪的校歌，表达了对嘉庚先生的敬仰和对厦门大学诚挚的热爱。《学府春潮》以朗诵和情景表演展现了新中国建立后校主陈嘉庚为更好地建设厦门大学仍以八旬高龄劳碌奔波于厦门各地，最终成就了中国近代建筑的不朽经典的感人事迹。《天堑变通途》展现了陈嘉庚为了促进厦门的发展而提出修建铁路的建议，最终鹰厦铁路建成的伟大事迹。演出在大合唱《光荣与梦想》的激荡歌声中结束，但在场的一些观众仍意犹未尽地看着舞台，久久不愿离去。

"表演很精彩，可以看出演员们经过精心的排练。他们的表演让我感受到了陈嘉庚先生的伟大。"观看完演出的王老师表示。而来自艺术学院的陈同学则说，每次听到《烽火情抒》的朗诵，他都会热泪盈眶，希望自己有机会可以站在台上朗诵一次。

大型诗文诵读音乐会《嘉庚颂》全场诗文由我校中文系教授朱水涌老师创作完成，参演人员以厦门大学师生为主体，既有艺术学院的专业师生，也有普普通通的诗歌爱好者。师生们通过自己的理解演绎嘉庚先生的事迹，对嘉庚精神有了更真切、更深刻的认识。不少师生在排练过程中不止一次被深深触动，几乎落下泪来。他们说，《嘉庚颂》通过以诗朗诵为主体的形式将陈嘉庚先生的奉献与经历完整地展现在了世人眼前，也永远让他们记住了校主——一位令厦大人感到无比自豪的先贤。

（2017年11月28日，文/宣传部学生记者：康少云）

原创校史精品剧目《长汀往事》
"迎新季"首演

作为厦门大学百年校庆的献礼之作和对师生进行校史校情教育的重要载体，10月4—6日晚，原创校史精品话剧《长汀往事》"迎新季"首次公演，在翔安校区综合体育馆面向全校师生员工连演三场。校党委副书记赖虹凯，校党委常委、宣传部部长徐进功等观看演出。

《长汀往事》通过"准备西迁、西迁途中、立足长汀"等情节，讲述了抗战时期，国立厦门大学首任校长萨本栋带领师生内迁长汀奋发图强、艰苦办学，一步步实现"南方之强"光荣与梦想的故事。话剧设置了青年萨本栋和中年萨本栋两个角色，在跨越时空的演绎之中，生动还原了萨本栋校长临危受命执掌厦大、延续文脉内迁办学、苦心经营顽强奋进、敦聘名师专注教学、匡正学风民主管理、关爱学生谆谆教诲、融入当地负重担当等动人场景，以及他与夫人黄淑慎之间珍贵的爱情故事。整场话剧"金句"频出，掌声此起彼伏。伴随着吉他和钢琴演奏、英文小调和华尔兹等旋律，以萨本栋校长为代表的长汀师生自强不息的形象深深印入观众脑海中。

与学校其他原创校史精品话剧不同的是，《长汀往事》还大大增强了互动环节，不仅在场地的设计上将数个舞台嵌入观众区，而且在演出过程中，演员们深入到观众中间，以问答、邀请观众参与等形式同大家交流，带给观众身临其境的沉浸式体验。

5日晚演出结束后，《长汀往事》观演座谈会在翔安校区主楼909会议室举行。校领导、校史专家、主创团队、演职人员、师生观众共同回顾交流分享台前幕后的故事，就话剧的思想内容和表现形式畅谈感受，提出改进的意见和建议。

参加座谈的师生们表示，《长汀往事》通过讲故事，引导师生深入了解烽火南强、了解那段战火中仍弦歌不辍的长汀岁月，增强了师生对以萨本栋校长为代表的自强精神的感悟和认同，首演达到了预期效果；期待主创团队和演职人员在今后的排演中不断巩固、发展、打磨、提升，精益求精、追求一流。不少师生动情地说："《长汀往事》告诉我们什么是自强，什么是奋斗。它带给我的是震撼和感动。""萨校长说：'历史选择了我，我选择了厦大，我不后悔。'我想说，厦大带给了我最大的归属感，我也不后悔选择厦大。我一定会带着自强不息的精神砥砺前行。"

赖虹凯在同大家交流中指出，厦门大学抗战时期内迁长汀办学的历史是一部爱国、创业、图强的历史，这一时期形成的艰苦办学的自强精神，是厦门大学宝贵的精神财富，在学校"双一流"建设中依然具有十分重要的意义。要继续研究梳理这段历史，提炼精神内核，深入挖掘其承载的育人功能，将校史教育融入校园文化建设中，激励厦大人自强不息、担当作为，奋进学校新百年新征程。

《长汀往事》是翔安校区首部校园文化精品剧目，导演王根（四川人艺国家一级导演）。全部演员、主要工作人员为翔安校区各学院师生。其中，环境与生态学院2017级本科生王齐治饰演中年萨本栋，医学院2019级本科生余相东饰演青年萨本栋。今年6月，剧组发布演职人员招募启事，8月下旬启动排练。

（2020年10月6日，文/宣传部：陈浪）

原创校史精品剧目《遥望海天月》
"迎新季"首演

作为厦门大学百年校庆和纪念王亚南诞辰120周年纪念活动的献礼之作，9月28日至30日，原创校史精品话剧《遥望海天月》在"迎新季"首次登上建南大会堂的舞台，面向全校师生连演三场。校党委书记张彦、校党委副书记赖虹凯，校党委常委、宣传部部长徐进功等观看演出。

在戏剧、音乐、舞蹈的交互中，话剧《遥望海天月》生动展现了王亚南老校长一生追求真理、献身科学，致力于马克思主义作品的翻译、研究、传播，不惧艰难险阻与郭大力共同完成《资本论》全本的翻译出版的历程，表现出其孜孜不倦、严谨求实的科学精神，以及为马克思主义在中国的传播和对马克思主义经济学研究的深刻探索做出的重要贡献。剧目还生动讲述了作为"懂得人的价值"的教育家王亚南爱才惜才、为厦门大学教育事业做出巨大贡献的动人故事。

张彦应邀在演出结束时即席讲话。他首先代表学校向剧组全体师生表示肯定和感谢，向该剧的成功演出表示祝贺。他说，话剧《遥望海天月》带领师生回顾百年校史，与以王亚南为代表的厦大先贤隔空对话，遥望他们的科学精神、人生理想和家国担当。该剧与《南强颂》《嘉庚颂》《哥德巴赫猜想》等剧目成为校史校情教育的重要载体，希望全体师生在习近平新时代中国特色社会主义思想指引下，铭记历史、展望未来，沿着先贤的奋斗足迹，牢记学校优良传统，弘扬"四种精神"，自强不息、止于至善，以奋进姿态迎接建校一百周年和建党一百周年，为早日把学校建设成为中国特色世界一流大学而努力奋斗。

9月29日晚演出结束后，《遥望海天月》观演座谈会在颂恩楼215会议室举行。校史专家、戏剧专家、主创团队、教师观众、学生观众与演职人员团队齐聚一堂，回顾一个半月的排演工作，交流分享台前幕后故事，就演出的艺术形式、精神价值、演员表现力等方面畅谈感受、意见和建议。赖虹凯作总结讲话，徐进功主持会议。

"大大超出预期""时空感与现实感兼具，代入感很强""震撼、热血、热泪"……与会代表纷纷给出"好评"，对88名演职人员为了同一个目标夜以继日排演所付出的巨大心血表示感动。他们谈到，《遥望海天月》引导师生进一步加深对科学精神丰富内涵和时代价值的认同，引导师生深入认识感悟马克思主义经济学和《资本论》研究的深刻内涵，以及它们对当下的重大意义，演出效果很好；期待演职人员在接下来的排演中不断深挖百年厦大的深厚底蕴，结合校史学"四史"，传承优秀校园文化。赖虹凯表示，在学校迎接百年校庆的征程中，要深入挖掘校园历史文化资源及其承载的育人功能，加强校园文化工作队伍建设，建立健全弘扬优秀文化的长效育人机制，为学校"双一流"建设提供强有力的文化支撑。

《遥望海天月》从8月20日举办话剧启动仪式以来，仅一个多月的时间就将一台精彩的话剧盛宴呈现在大家面前。剧组团队均由来自不同学院的师生组成，在缺乏专业演出基础的情况下，相扶相持、精益求精，用专业态度精彩演绎了王亚南为追求真理而奋斗的坚韧一生。

（2020年10月3日，文/宣传部：林济源、王舒雅）

话剧《哥德巴赫猜想》获中国校园戏剧节优秀剧目奖

　　11月13日，由中国文联、教育部和上海市政府联合主办，中国剧协等单位承办的第四届中国校园戏剧节落下帷幕，我校原创话剧《哥德巴赫猜想》获"中国校园戏剧节·优秀剧目奖"；陈景润的扮演者，人文学院2014级研究生陈智东获"校园戏剧之星"称号。

　　《哥德巴赫猜想》于11月5日在上海交通大学进行展演。演出过程中，陈景润不畏艰险、勇攀数学高峰的科学精神与同学们真诚自然的表演紧紧抓住了现场观众的心，现场掌声阵阵。

　　《哥德巴赫猜想》是厦大传统与保留剧目，为此，剧组重视学生团队的建设，全部演员、主要工作人员为在读学生，形成"师生演校友、师弟演学长"的模式，并将继续以老师带学生、学长带学弟的形式，以老带新继续本剧的传承，激励、教育并鼓舞一代又一代厦大人，让以陈景润学长为代表的科学精神在厦大代代相传，光照后人。

　　本次《哥德巴赫猜想》上海之行，得到了厦门大学上海校友会的大力支持和热情帮助。校友会副会长、上海交通大学副校长吴旦，同时也是我校化学系77级校友，在百忙之中抽出时间来到排练现场看望大家。吴学长还亲自担任讲解，带领同学们参观了上海交通大学船舶与海洋工程国家实验室及新落成不久的致远游泳健身馆，让同学们受益匪浅。学长还表示，欢迎大家毕业后到上海工作、学习，并祝福同学们在今后的人生征程中不断取得新的进步。《哥德巴赫猜想》剧组还参观了上海交通大学钱学森图书馆，并与交大《钱学森》剧组进行了面对面交流。

（2014年11月14日，文/杨欣凌）

建南大舞台

厦门大学校园文化精品

《哥德巴赫猜想》专题座谈会在京召开

　　10月31日上午，厦门大学原创话剧《哥德巴赫猜想》专题座谈会在北京厦门大厦召开。来自戏剧界、科技界的部分领导和专家学者莅临了本次座谈会，我校党委副书记林东伟主持了会议，校党委宣传部、人文学院、数学科学学院的相关领导，《哥德巴赫猜想》剧组的主创团队以及厦门大学北京校友会代表出席了本次会议，陈景润之子陈由伟先生也应邀出席了座谈会。

　　林东伟向各位专家学者介绍了厦门大学原创话剧《哥德巴赫猜想》的排演历程，向对剧组排演及此次赴京演出给予大力支持和帮助的领导、专家、学者及各相关部门单位表达了由衷的感谢。中国科学技术协会调研宣传部宣传处许向阳处长介绍了"共和国的脊梁——科学大师名校宣传工程"的相关情况，此次工程于启动以来共入选了包括清华大学、北京大学、上海交通大学等九所学校的剧目。他赞赏厦门大学剧目《哥德巴赫猜想》具有"动作快、质量高"的特点，也是入选剧目中"最好的作品之一"。

　　座谈会上各位专家学者畅谈观看话剧《哥德巴赫猜想》之后的感受与建议，一致给予剧目高度评价，会议气氛十分热烈。

　　中国科学院林群院士是陈景润先生生前挚友，也是《哥德巴赫猜想》剧目中陪伴景润先生多年的老友李向东的角色原型。座谈会上林院士不无激动地说，剧目中的展现带给自己对于特定时代环境中科研人员坚韧毅力的感动，并指出《哥德巴赫猜想》对于当代科学界中存在的急功近利的心态和趋势是一股强劲的清流。他鼓励当代科研工作者继承景润精神，挑战科研难题，"在板子最厚的地方打洞！"

　　中国科学院数学与系统科学研究院党委武艰副书记则对于剧目的艺术表现形式大加赞赏，称其为"歌舞对白，艺术形式创新前所未见；主题刻画抓住了自然科学尤其是数学科学的特点，即兴趣是最好的驱动力"；称《哥德巴赫猜想》为当代科研人员的培养和发展提出了参考。

中国社会科学院文学研究所刘平研究员称，自己能够被这部戏感动，是因为它将真人真事和想象夸张相互融合、相互促进来展现科学家的面貌，以喜怒哀乐展现人之常情，通过一个人写出了一个时代。

来自国家话剧院的国家一级编剧罗大军、导演王剑男从专业角度上赞叹了编剧的付出，能够将十分考验编剧功力的科学家主题剧作呈现得如此细致精彩；肯定了《哥德巴赫猜想》虽以在校学生为呈现主体，但具备了高水平的专业水准；肯定了演员真挚投入、于舞台上展现生命之灵动的出色表演。

中国传媒大学戏剧戏曲研究所周靖波所长在高校从事戏剧教学和研究工作，对于以学生为主体的戏剧排演颇具经验、深有体悟。周所长意味深长地说，厦门大学的《哥德巴赫猜想》，做到了"弘扬主旋律、突出校园文化、立足科学精神主体三者相得益彰，兼职的剧本创作、业余而真挚的学生演员、专业的导演团队三者相互砥砺"，最终使得整个剧目浑然一体，"既有专业训练的成效，又有校园戏剧的气象，在舞台上立得住"。

出席本次会议的文艺报记者徐健关注的是话剧《哥德巴赫猜想》的独特之处。他说，一般同类剧目仅止于对科学精神的表现，而厦门大学的剧目不仅让严谨治学和"自强不息，止于至善"的厦大精神相辅相成，作为对科学精神的双面表达，更加难能可贵的是还发掘了科学家身上的人文精神，表现为景润先生甘于清贫、不慕名利、不浮躁、坚守自我的人格魅力，以及对梦想不懈追求、勇攀高峰的逐梦精神。

此外，各位专家学者对于诗化、符号化的舞台布景风格，"陈景润化身"等表现手法，陈景润从观众中出场又于剧目结尾复归人群中去的舞台调度，剧目中歌舞的表意运动均给予了高度赞赏与肯定。

在专家学者发言之后，陈景润之子陈由伟先生发自肺腑地表达了感谢与感悟，感人至深。

座谈会的最后，校党委宣传部部长徐进功代表厦门大学和剧组主创感谢各位领导专家学者的肯定与建议，并表示厦门大学《哥德巴赫猜想》剧组将带着各位的鼓励与期望进军上海大学生戏剧节，将景润精神、科学精神发扬光大。

（2014年11月1日，文/徐蛙敏）

历史文化晚会《南强颂》为厦大庆生

4月6日晚，厦门大学历史文化晚会《南强颂》在建南大会堂精彩上演，演出由厦门大学学生艺术团倾力奉献。校党委书记杨振斌等到场观看。

晚会由歌舞、诗朗诵、舞台情景剧等组成，分别为"序""爱国伟业""烽火自强""英雄大学""学府春潮"和"南强梦 中国梦"等篇章。演员们用精彩纷呈的节目再现了我校老一辈开创者艰难坎坷的办学之路和新一代建设者奋发图强的强学之路。

"爱国伟业"讲述的是陈嘉庚校主创办厦大时期的动人故事。舞蹈《启航》与配乐诗朗诵《嘉庚颂》展现了校主"宁可变卖大厦，也要支持厦大"的精神。短剧《群贤毕至》中，由学生演员扮演的鲁迅、林语堂等人物让观众们回到了二十世纪三十年代天下英才共聚一堂的校园。舞蹈《追寻》则讲述了罗扬才的英雄事迹。

"烽火自强"反映了在日本侵略者的铁蹄下，厦门大学内迁长汀艰苦办学，不断地创造辉煌。舞蹈《前行》描绘的正是内迁长汀的图景。而朗诵《烽火情抒》则以校长萨本栋夫妇一唱一和的形式，塑造了内迁长汀时期萨本栋校长将生命付予厦大的光辉形象。身着红军军服和学生服的合唱队员们带来了《毕业歌》和《到敌人后方去》两首抗战时期创作的革命歌曲。

在"英雄大学"篇章中，情景剧《王亚南和陈景润》为大家再现了王亚南校长将陈景润从福州街头请回厦大工作，而陈景润在王校长的关心下不断攀登数学高峰的情景。在合唱队雄壮有力的《厦门大学战歌》歌声中，国防生用舞姿将观众们带回到那个年代。随后的歌曲联唱带着大家欣赏了《草原晨曲》《青春舞曲》《青年友谊圆舞曲》和《到农村去到边疆去》这些那个时代的流行旋律。

在"学府春潮"篇章中，《在希望的田野上》《海滨校园之歌》《校园的早晨》《一生有你》《致青春》《奔跑》《年轻的朋友们今天来相会》等歌曲让观众过足了瘾；由辅导员演绎的厦大原创歌曲《映雪之国》、校友代表诗朗诵《我是厦大人》和《厦大校友之歌》更是赢得满堂欢呼喝彩。

最后，"南强梦 中国梦"诉说着厦大人、中国人"两个百年"的宏愿。舞蹈《跨越腾飞》和歌舞《大好河山》描绘了祖国雄壮的美景，将这份爱国情、爱校情畅快抒发。

晚会在全场齐唱《厦门大学校歌》中圆满落幕。当晚的建南大会堂座无虚席，掌声不断，在校庆之夜祝福母校、祝福祖国明天更加美好。

（2014年4月6日，文/宣传部：陈浪）

颂往日峥嵘　歌来日璀璨

—— 音乐舞蹈史诗《南强颂》翔安校区上演

4月7日晚，厦门大学建校98周年专场文艺演出——音乐舞蹈史诗《南强颂》在翔安校区综合体育馆精彩上演。校党委常委、宣传部部长、教师工作部部长徐进功，翔安校区党工委副书记、管委会副主任黄宇霞，校团委主持工作副书记洪海松，校区各部门，各学院负责人，师生代表等1200余人共同观看演出，共享视听盛宴。

整场演出由序幕、"爱国伟业"、"烽火自强"、"英雄大学"、"学府春潮"和尾声六个部分组成，通过舞蹈、歌舞、音乐情景等形式，表现了厦门大学近百年来与中华民族共命运的历史发展与文化品性，突出了"南方之强"在历史磨砺中形成的"爱国、革命、自强、科学"四种精神，展现我校老一辈开创者艰难坎坷的办学之路和新一代建设者奋发图强的强学之路，憧憬着建设一流大学的百年梦想。

第一篇章"爱国伟业"，讲述了校主陈嘉庚先生创办厦大时期的伟大事迹。舞蹈《启航》展现了校主"宁可变卖大厦，也要支持厦大"的坚定决心，歌舞《群贤毕至》向大家重现了厦大英才同聚在群贤楼前的情形，而歌舞《追寻》则回顾了厦大先辈罗扬才烈士在囊萤楼建立福建省第一个党支部的故事及其英雄事迹。

紧接着的舞蹈《足迹》，重演着当年学校被迫内迁长汀的艰苦岁月，将演出引入第二篇章"烽火自强"：在抗日战争年代，经历着严峻考验的厦大师生，在萨本栋校长的带领下依然弦歌不辍，创造辉煌。双人舞《烽火情抒》深情演绎了萨本栋校长及其夫人的故事，展现了萨校长甘于奉献的光辉形象。

舞蹈《红旗颂》后，演出转入第三篇章"英雄大学"。舞蹈《黄门新生》与歌舞《厦门大学战歌》展现了被称为"带枪的大学生"的南强学子担负建设祖国的使命与希望。舞蹈《摘取科学的皇冠》演绎了陈景润先生勇攀科学高峰的故事。

第四篇章"学府春潮"展现了改革开放后厦门大学的全面发展。舞蹈《春的希望》和《坚守逐梦》体现厦大学子自强不息、追逐梦想的精神。舞蹈《走进世界》描绘厦门大学走向世界的面貌。歌舞《青春修炼手册》充满活力，是厦大学子激扬青春的真实写照。尾声"跨越梦想"由舞蹈《跨越》和《腾飞》组成，诉说着厦大人对未来的不断憧憬和"两个百年"的奋斗目标。

演出在全场深情齐唱《厦门大学校歌》中圆满落幕。在98周年校庆之际，这场厦大人专属的《南强颂》，让厦大学子们在98年后的今天依旧清晰触碰到南方之强的历史底蕴，激起了自强不息的灵魂共鸣，坚定了止于至善的理想追求，激励着青年学子们以更加奋进的姿态迎接百年校庆的到来。

（2019年4月10日，文/团委青年媒体中心翔安校区分中心：林华英）

不朽旋律　向上力量

—— 我校《黄河大合唱》赴新马交流演出侧记

继去年成功举办《长征组歌》音乐会后，厦门大学合唱团和交响乐团今年又把《黄河大合唱》这部雄壮恢宏的民族精神史诗带给师生，带到马来西亚、新加坡。无论是行前校内热身，还是前往新马交流，现场均盛况空前，观众热情高涨。

这支属于厦大师生自己的合唱团和交响乐团，是一支年轻的队伍，由来自艺术学院和其他院系的师生组成，本科生占一半以上，平均年龄不到30岁。正是这样一群年轻人，用他们娴熟的技法、细腻的表现力，一次次征服了所到之处的听众。

光环背后的一路坚守

舞台上，170名合唱团和交响乐团成员将"黄河之声"演绎得淋漓尽致：团员合作默契，声音张弛有度，时而四平八稳，时而狂放不羁，时而如山间清泉般灵动，时而如万马奔腾般雄壮，歌颂了黄河的宏伟气势和华夏民族的源远流长。舞台上耀眼的光环背后是无数的心血付出。

每周二、周三晚上，是排练时间，团员们汇聚到艺术学院排练室，风雨无阻。演出前一个月，训练强度更是几倍于平常。早中晚排练连轴转，加之期末备考压力，合唱团成员、管理学院大一学生兰月明显有些吃不消。但为了能向海外华人展示民族音乐的魅力，也为自己有一段"值得一提"的经历，他最终还是坚持了下来。

天气炎热加上高强度的排练，导致不少团员身体不适，可他们一声不吭，带病坚持，一站就是几个小时。演出团主持王虹老师在马来西亚演出当天高烧不退，可他依然坚持带病上场。主持完他疲累得几近虚脱，在后台休息了好一阵才缓过来。

乐队指挥郭伟老师从演出策划到编排演出，始终忘我投入、一丝不苟。演出前连续一周只能睡几个小时，累极，但只要一站上舞台，他就立刻精神饱满、神采飞扬。

交响乐队成员白如菲兼任乐队谱务，负责打印分发乐谱。经常排练前几分钟才得知有队员忘带谱子，她二话不说先去打印。哪个队员，哪个声部，她记得一清二楚。音乐专业的她，演出机会并不算少，却仍然愿意参加这个"非常非常累"的训练。"正是音乐艺术、快乐的心让大家更加凝聚在一起，更坚韧地走到了最后"。

行云流水的音乐世界

被帕瓦罗蒂称赞为"一个真正的威尔第男中音"的章亚伦老师是许多团员的偶像。这位叱咤欧洲与北美主流歌剧院、在国际声乐比赛中屡夺大奖的男中音歌唱家在乐团成员看来温和敦厚、诚恳亲切。虽然与他合作的多是世界一流的艺术团，但对厦大的这个"草根"团，他却十分融入，不辞辛苦一遍遍演示、指导。

团员们不仅对章老师"令人感动得哭泣"的嗓音倾倒不已，更有感于他言传身教，视艺术为生命、执着追求完美的精神。"他会反复推敲每一个细微的音色变化、音量对比，"交响乐团成员聂鑫说，"在快慢起伏、强弱变化中，让音乐自然流淌，引领我们感受吟唱间行云流水的美妙。"

除章亚伦老师外，艺术学院院长、国家一级演员苏力教授，著名作曲家、天津音乐学院陈乐昌教授，著名旅美高音歌唱家吴晓路老师等众多音乐"大家"也都积极参与了此次演出。

除了演出成员的出色表现，音乐作品本身优美的旋律和歌词，以及对乐曲的再创作也是对艺术美的很好展示。

此次参演的《黄河大合唱》在原作主体的基础上进行了艺术时空的延伸与改编，增加了序曲《红旗颂》部分，以曾经搭乘神舟六号遨游太空的诗歌《和平颂》作为尾声，同时配以我校朱水涌教授精心创作的朗诵词，实现音乐和文学意境韵味的水乳交融。各乐章之间过渡自然，跌宕起伏，深刻展示出黄河桀骜不驯的血性及中华儿女誓死保卫黄河的英勇不屈和憧憬世界和平的美好愿望。

《和平颂》作曲者、我校青年教师黄飞表示，重新创作后的《和平颂》得到了词作者高占祥先生的认可，以更加豪迈的气势，唱响人类战胜苦难、向往和平的壮丽诗篇。此外，《渔舟唱晚》《草原恋》分别由陈乐昌教授、廖美群老师改编，也首次搬上新马舞台，让人耳目一新。

五次返场完美谢幕

"风在吼，马在叫，黄河在咆哮……"当令人振奋的"黄河"旋律响彻吉隆坡双子塔内的国油爱乐音乐厅时，场内听众心潮澎湃。大家和着激昂的旋律，一同感受滚滚黄河的激越波涛，感受那融入华夏子孙血脉的世代传承的不屈不挠；而对战胜苦难、憧憬和平的歌颂更是跨越国界、阶层、年龄，引起强烈共鸣。

今年是中马建交40周年，又正值厦门大学马来西亚校区动工之际。在这样意义非凡的时刻，厦门大学合唱团和交响乐团来到马来西亚，用音乐传递和平的旋律，赢得热烈的反响。首相对华特使丹斯里黄家定先生称赞此次交流演出"为两国深厚友谊共谱美妙乐章"。

对兰月来说，在加入合唱团之前，他从未想到有朝一日能在异国他乡的舞台上演出。舞台上的他完全投入，沉浸在中华儿女坚贞不屈的英雄气概中。他觉得自己不是在表演，而是在展示祖辈的传承，诉说着生命："从歌曲中我深切感受到了中华儿女的爱国情怀，也为自己身为中国人感到前所未有的自豪。"

他还说："当在指挥的引领下与同伴默契合作，将歌曲的意境和内心的感受丝丝入扣地传递给观众，让大家感同身受，为之心神震撼时，我们获得的是难以言说的喜悦。"

一个小时的演出结束后，很多观众意犹未尽。在一阵又一阵雷鸣般的掌声中，合唱团共谢幕5次、加演了3个节目，最后又演唱了《保卫黄河》作别。当熟悉的旋律再次响起时，全场观众不约而同地打起节拍，与台上演员热烈呼应。

如今，距赴新马演出已过去了好几天，但厦门大学合唱团和交响乐团成员们仍旧沉浸在深深的喜悦与自豪中。那些跳跃的音符，优美的旋律；那些无私付出的指导老师、彼此鼓劲的团队成员；异国他乡令人难以忘怀的生日宴会；马来西亚合唱团员的热情鼓励……点点滴滴的美好凝聚成共同的回忆和向上、向善、共谱未来精彩的强大力量，温暖心灵，照亮前路。

（2014年6月30日，文/宣传部：赖炜芳）

《中国报》

英勇抗争　悲壮史诗

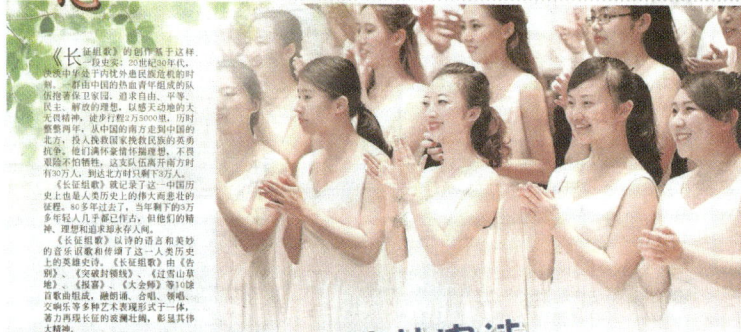

《长征组歌》的创作源于这样一段史实：20世纪30年代，决战中华处于内忧外患民族危机的时刻，保持着苦斗卫家园、追求自由、平等、民主、解放的理想，以憾天动地的大无畏精神，迈步行程2万5000里，历时整整两年，从中国的南方走到中国的北方，投入挽救国家挽救民族的英勇抗争，他们满怀豪情怀揣理想，不畏艰险不怕牺牲，这支队伍离开时有30万人，到达北方时只剩下3万人。

《长征组歌》就记录了这一中国历史上值是人类历史上的伟大而悲壮的征程。80多年过去了，当年剩下的3万多年轻人几乎都已作古，但他们的精神、理想和追求却永垂人间。

《长征组歌》以诗的语言和美妙的音乐讴歌和传颂了这一人类历史上的英雄史诗，《长征组歌》由《告别》、《突破封锁线》、《过雪山草地》、《报喜》、《大会师》等10馀首歌曲组成，融朗诵、合唱、领唱、交响乐等多种艺术表现形式于一体，著力再现长征的波澜壮阔，彰显其伟大辉煌。

《长征组歌》以诗的语言和美妙的音乐讴歌和传颂了这一人类历史上的英雄史诗。

♪演出嘉宾独当一面

郑伟／指挥

厦门大学艺术学院教师，毕业于中央音乐学院及厦门大学艺术学院，获指挥硕士学位，先后师从矫健格拉斯教授和郑少瑛教授，带领厦门爱乐合唱团参加第六届世界合唱比赛获得凝固声响金奖。成功指挥歌剧《费加罗的婚礼》、《茶花女》、《紫藤花》、《帕老爷的婚事》、清唱剧《江姐》的合唱指挥，排演了《黄河大合唱》、贝多芬第九《合唱交响曲》《欢乐颂》等中外合唱名著。多次举办指挥专场音乐会。

苏力／大提琴

厦门大学艺术学院院长、大提琴教授。演奏、国家一级演奏员，毕业于德国施德维尔国立音乐学院艺术博士，教师部艺术教育委员，中国音乐家协会会员，第四届慕可夫斯基国际青少年音乐比赛初审评委，福建省音乐家协会副主席，厦门市政协委员，多次出访美国、英国、德国、俄罗斯、日本、泰国、马来西亚和中国台湾等国家和地区，担任独奏和学术交流。

侯国廉／独唱

中国厦门大学艺术学院声乐教授、研究生导师，中国声乐协会常务理事，中国爱门市音乐家协会会员理事，曾获得中国经济杰出青年歌手电视大奖赛专业组银奖；中国中央电视台青年歌手电视大奖赛专业组铜奖银奖；三次荣获中国福建省青年歌手大奖赛专业组第一名；作为中国旅游业专家组织新加坡、马来西亚、泰国、英国、法国、意大利、奥地利、俄罗斯等进行演出，曾多次为中国国家领导人演出；饰演大型交响清唱剧女主角《红妆》；饰演美国三幕歌剧《伤君子》女主角玛丽安娜。

♪厦门大学为陈嘉庚所创办

厦门大学由著名华侨领袖陈嘉庚先生于1921年创办，是中国近代教育史上第一所华侨创办的大学，也是国家重点建设的高水平大学。

建校92年来，学校秉承"自强不息，止于至善"的校训，积累了丰富的办学经验，形成了鲜明的办学特色，在基础研究和高新科技开发上有一批独树一帜的综合性大学，已成为国家培养了20多万名优秀毕业生。

1956年，厦门大学建设立（专门研究东南亚华侨华人问题的研究机构"南洋研究所"，后发展为南洋研究院。

马来西亚研究一直是该院的研究重点。2005年4月，厦门大学马来西亚研究所成立，这也是中国第一个专门研究马来西亚问题的学术研究机构。2012年2月，厦门大学与马来西亚新纪元学院签署共同建设厦门大学马来西亚校区合作协议。厦门大学已与马来西亚大学、拉曼大学等数所马来西亚高校签订了合作协议，目前，约有250名马来西亚本科学生在厦门大学学习。

中国厦门大学建校92年来，学校素承"自强不息，止于至善"的校训，形成了鲜明的办学特色。

厦门大学交响乐团是一支年轻而又充满活力的乐团，受到广泛的关注和赞赏。

《厦门大学合唱团及交响乐团演出》

日期：6月21日（星期五）
时间：7：30pm
S.J.K.C Chung Kwo, Jalan Loke Yew, Kuala Lumpur
地点：吉隆坡中国华小大礼堂
原价：以亲朋方式素赞

素演处：
马来西亚中华大会堂总会　联络：03-2273 4008
三慧音乐学院　联络：03-7956 8202/03-77221017
本报行销　联络：03-6250 0156/03-7722 1317
票务　联络：03-2045 1200/28-2183 2218

节目：
（一）交响序曲《飘动的舞太》
（二）长征组歌10首

（2013年6月14日03版）

《联合早报》

历史的长征　艺术的组歌

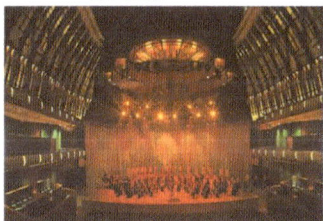

（2013年6月22日）

《星洲日报》

厦大合唱团交响乐团21日呈现《长征组歌》

厦大合唱团及交响乐团将一连呈献多首经典歌曲，其中有家喻户晓的《保卫黄河》。郭伟（指挥者）希望年轻一辈能出席这场难得的演出。

厦大合唱團交響樂團

21日呈獻《長征組歌》

「厦大合唱团及交响乐团除了用歌声唱出丰沛的感情，厦大更特邀诗人苏力编写朗诵词，以最精简有力的词汇将当时的时代背景娓娓道来。」

（吉隆坡14日讯）中国厦门大学（简称厦大）合唱团及交响乐团将于6月份，首次来马演绎经典声乐套曲《长征组歌》！

逾170名团员将于6月21日晚上7时30分，在吉隆坡陆佑路中国华小大礼堂呈献著名交响序曲《飘动的篝火》、《长征组歌》里的10首歌曲《飞跃大渡河》、《过雪山草地》、《告别》等。当然少不了《黄河大合唱》的《保卫黄河》。

长达2小时的演出，该团除了用歌声唱出丰沛的感情，厦大更特邀诗人苏力编写朗诵词，以最精简有力的词汇将当时的时代背景娓娓道来。

这场盛事由华总文化委员会主办，雪兰莪表音乐学院（SIM）协办。

有兴趣者可乐捐索票，票券分为为50、100及200令吉。

公众可前往华总（03-2273 4008）、雪兰莪表音乐学院（03-7956 6202）、大将书行（03-6250 0156）、紫藤（03-2145 1200）取票。

独唱《飘动的篝火》的侯莲娜希望演出能为大众带来不一样的感受和惊喜。

侯蓮娜
描繪長征路上感人故事

独唱《飘动的篝火》的女歌手侯莲娜表示，该歌曲采用国民族五声调式，运用调性转调的创手法。当中描绘一个和平、吉祥、浪漫的傍晚，在篝火旁，一名女青年回想缅怀，追忆多年前长征路上，一群同人为追求理想贡献青春而发生的感人事。

她希望演出能为大众带来不一样感受和惊喜。

蘇力
中國西洋音樂二合一

厦大艺术学院院长兼活动艺术总监苏力受访时表示，通过西洋管弦乐演奏具有中国民族特色的《长征组歌》，每段音乐各具特点，很好地将中国民族音乐与西洋管弦乐结合起来。

「老观众将对它有油然而生的怀旧之情，新观众相信也会对这种全新的演绎产生共鸣。」

苏力（右）声称，这是一场用西洋管弦乐演奏具有中国民族特色的《长征组歌》，希望现众能对这全新的演绎产生共

郭偉
老歌新唱緬懷先

担任演奏会指挥的郭伟表示，让年轻的心去聆听历史的音，体会长征的核心精神。

他说，这次演出特色是老歌新唱，锐换新颜。同时，希望用歌声来缅怀当捍卫理想和自由的先辈。

（2013年6月14日）

长征组歌牵动人心

——厦大合唱团交响乐团精湛演出

2013年6月23日（星期日）

厦大合唱团及交响乐团将一幅肃穆屏息的战前情景，长征青年踏破2万5千里路困苦心情——演奏出来，牵动人心。

加入会馆，确火大业。

■符之庆

今张文强，左一为

须兼任团职，甚至卡会员。

解决这事非容易些属会面对年轻人，但是他依然要求以问题。

它会造成将来小属一间关闭的情况，来整体总会的凝聚

包括马海南联会署积、秘书邢福盛、新任总团长陈如联会妇女团总团长

（吉隆坡22日讯）中国厦门大学合唱团及交响乐团精湛演出，将一幅肃穆屏息的战前情景，长征青年踏破2万5千里路坚毅心情——演奏出来，牵动人心。音符戛然而止，观众们雷鸣般的掌声，经久不息。

逾160人阵容的合唱团及交响乐团，昨晚透过多声部重唱、管弦乐的演绎，将历经时代洗礼的《长征组歌》套曲完美呈现出来，其感染力和丰沛的情感，时而振奋人心，时而低吟婉转。

演出上半场带来了名曲《茉莉花》、《父亲的草原母亲的河》、《鼓浪屿之波》和《呼伦贝尔大草原》。

下半场时，一曲《飘动的篝火》拉开序幕，紧接《长征组歌》10首歌曲，如《告别》、《突破封锁线》、《遵义会议放光芒》、《四渡赤水出奇兵》、《飞越大渡河》、《过雪山草地》、《到吴起镇》、《祝捷》、《报喜》及《大会师》。

每首曲目都是历史事件，贯穿整个长征经历，朗诵者铿锵有力的声调把当时时代背景娓娓道来。交响乐团配以低沉的喇叭声或激昂奋发旋律，让观众能过渡到下一首曲的情绪和节奏。

该团也不忘演唱《黄河大合唱》的《保卫黄河》，最后以《厦门大学校歌》为演出划下句点。

这场盛事由华总文化委员会主办，雪兰莪音乐学院（SIM）协办。

長征組歌牽動人心

廈大合唱團交響樂團精湛演出

赞助人和嘉宾主持亮灯仪式。左起为张笑凯、如豪法师、陈健发、丹斯里郑福庆、杨晓雍、华总文化委员会主席陈达真、杨振斌、方天兴、柴玺、华总署理总会

（2013年6月23日报道，《星洲日报》不但是马来西亚，还是境外发行量最高的华文报，每日超过100万马来西亚人阅读《星洲日报》）

《黄河大合唱》抗日与和平的交响会

（2014年6月22日）

6月24日再度来马　厦大呈现
《黄河大合唱》

各联办单位代表签署合作协议后合照。左起为苏力、朱水涌、陈凯希、楼红英、周美芬、戴良业、何汉生、余金艾及叶素茵。

6月24日再度來馬
厦大呈獻《黄河大合唱》

（八打灵再也21日讯）继去年首次来马演绎经典声乐套曲《长征组歌》后，厦门大学合唱团及交响乐团今年6月24日再度来马举办《黄河大合唱》专场音乐会。

届时厦门大学合唱团及交响乐将推出经厦门大学精心改编创作的《黄河大合唱》作品，展示黄河桀骜不驯的血性，呈现中华儿女英勇奋战及决心保卫黄河的伟大坚强和憧憬世界和平，人类和谐的美好愿景。

623办马中合唱交流会

除了《黄河大合唱》专场音乐会，厦门大学合唱团也将联合我国4个合唱团体，在6月23日举办一场马中合唱交流会。

参与合唱交流会的大马合唱团包括马来亚大学合唱团、拉曼大学学院合唱团、英中雪隆校友合唱团及马来西亚艺术学院女生合唱团。

两场音乐会皆在国油双峰塔爱乐音乐厅举办。

周美芬：2场演出者达298人

马中文化艺术协会秘书长拿汀巴杜卡周美芬今日在新闻发布会上说，两场音乐会涉及的演出人数多达298人，绝对是两场观众大家期待的音乐飨宴。

周美芬希望企业慷慨赞助此次活动，或商家或企业团购，让员工观赏精彩演出。

戴良业：高水准表演
特選雙峰塔愛樂音樂廳

征阳集团执行主席兼隆雪中华总商会会长拿督戴良业说，去年出席观赏的人士，皆对厦门大学合唱团及交响乐团的演出感到震撼。

他指出，今年适逢马中建交40周年，而厦门大学马来西亚分校将于7月3日举行奠基动土礼，厦门大学合唱团此来马演出，意义非凡。

演出领导团队助理经理楼红英引述厦门大学校长朱崇实的谈话说，这次来马的演出，是一个感恩之旅和祝福之旅。

她指出，适逢厦门大学马来西亚分校即将举行奠基动土礼，此时举办这样的活动具有特殊的内涵和意义。

陈凯希：音乐会合时宜

马中文化艺术协会会长兼马中友好协会秘书长陈凯希则形容，厦门大学合唱团来马演出《黄河大合唱》专场音乐会很合时宜，能将正确的历史观带给国人。

名音乐家冼星海代表作

《黄河大合唱》文学词曲创作人朱水涌教授指出，《黄河大合唱》创作于抗日战争时期，是著名音乐家冼星海影响最大的一部交响乐代表作。

他指出，厦门大学交流演出团在保存原有大合唱本色的基础上，对《黄河大合唱》进行了艺术时空的延伸及改编。

出席新闻发布会者还包括征阳集团执行总裁何汉生、《黄河大合唱》音乐会艺术总监苏力、大马剧艺研究会会长余金艾及工委会主席叶素茵。

《黄河大合唱》分两场进行

由厦门大学和马中文化艺术协会主办、征阳集团（SunSuria）为专场场地赞助，支持单位为海鸥集团，协办单位为隆雪中华总商会及马来西亚剧艺研究会联合举办的《黄河大合唱》音乐会将分两场进行。

首场合唱交流会将于6月23日举行，票价分为125令吉、80令吉和60令吉3种；次场的《黄河大合唱》专场音乐会则在6月24日举行，票价分为250令吉、150令吉、120令吉和80令吉4种。

民众即日起上网购票，网址为 mpo.com.my或可直接到国油双峰塔爱乐音乐厅购买，电话为03-2051 7007。如有任何疑问，可拨电联络秘书处，电话03-6188 0393，电邮info.pkkmc@gmail.com。

《南洋商报》

马中合唱交流会300人23日献声演出

南洋商报　2014年6月17日 ●星期二　　National News　国内 ▶A11

马中合唱交流会
300人23日献声演出

(吉隆坡16日讯)由厦门大学及马中文化艺术协会主办的大型跨国合唱表演"马中合唱交流会",将于6月23日晚上8时在国油大厦爱乐音乐厅隆重举行。

马中文化艺术协会秘书长拿汀巴杜卡周美芬指出,目前票务已售出过半,希望各界抓紧时间踊跃购票。

庆厦大分校动土

她今天在记者会上说,这次音乐会除庆祝马中建交四十周年外,也一同庆祝厦门大学首个海外分校即将动土,是一场极具意义的盛宴。

"希望马中两国之间不仅是政府及商家之间的交流,也可通过民间及院校学生互相交流。"

周美芬说,本次交流会演出者多达300人,包括厦门大学合唱团93人、马来亚大学合唱团48人、拉曼大学学院合唱团29人、美中雪隆校友会合唱团83人、及马来西亚艺术学院女声合唱团44人。

"目前剩下200张门票,希望其他合唱团及各界人士踊跃购票参与。"

24日《黄河大合唱》

她补充,本月24日同样时间及地点,由厦门大学交响乐团及合唱团专场的《黄河大合唱》音乐会购票踊跃,目前仅剩包厢门票。

出席者包括马中文化艺术协会会长陈凯希、副会长叶素菌、会员暨节目总协调周扬平、马来亚大学合唱团及马艺术学院女声合唱团合唱团指挥苏珊珊、拉曼大学学院合唱团指挥洪耀芬及隆雪中华总商会副秘书长邱维斌等。

马中合唱交流会将于本月23日隆重举行,希望各界踊跃出席。前排左起为邱维斌、叶素菌、陈凯希、周美芬、周扬平、苏珊珊及洪耀芬。

周美芬:反映大马热情

周美芬希望可借此音乐会,用大马大气般的热情及掌声,向中国人民证明,大马民众对马航客机失联事故中失踪的154名中国乘客关切之心不亚于对大马乘客。

她说,上月随首相拿督斯里纳吉前往北京参与马中交40周年的官事访问,身兼马航MH370失联客机中国乘客家属特使的她,前往马航家属沟通及支援中心拜访时也有所感触。

"我在那儿遇见大马龙华同学会主席郑美君,她希望可以协助把更多的中国学生带到我国交换,让他们了解大马人对此事件态感同身受,对中国失联乘客的关心如同大马乘客一般。"

她说,为了维系马中关系,郑美君也和同学前往社区教导中国人制作椰丝煎饼。

陈凯希:最高规格表演

陈凯希形容,这是庆祝马中建交40周年纪念的第一个表演,也是规模最大、规格最高、最规范最好的一次。交流会不仅是两国合唱团的交流会,同时也可促进两国文化界的和谐,进一步认可马中40年的友好关系。

他指出,这是一场极具意义的演出,相信必然会获得成功。

马中合唱交流会协办单位有隆雪中华总商会、马来西亚剧艺研究会、厦门大学校友会,由马来西亚征阳集团主要赞助及购票踊跃为支持。票价分为40令吉、60令吉、80令吉及125令吉。

欲订票者可直接前往国油大厦爱乐音乐厅售票处。欲知任何详情,可致电询问处03－61380393、03－42532135 或电邮至 info.pkkmc@gmail.com 查询。

（2014年6月17日）

大使特使出席《黄河大合唱》
黄惠康笑称"唱双簧"

黄家定（左二起）与黄惠康专程到音乐厅聆听气势磅礴的《黄河大合唱》。
左为陈凯希，右为杨振斌。

大使特使出席《黄河大合唱》
黄惠康笑称"唱双簧"

（吉隆坡24日讯）厦门大学《黄河大合唱》专场音乐会周二晚在吉隆坡国油爱乐音乐厅圆满落幕，精湛的演出让逾500名来宾听出耳油。

恰逢马中建交40周年纪念，厦门大学的百人合唱团特意前来大马演出，也正好配合厦大马来西亚校区即将在7月3日举行的奠基动土礼，让这场演出格外有意义。

首相对华特使丹斯里黄家定和中国驻马来西亚大使黄惠康博士前往观赏，恰好两人同姓"黄"，与"黄河"之"黄"不谋而合，让黄惠康在会上不禁打趣说两人似是"唱双簧"。

其他嘉宾包括马中文化艺术协会会长陈凯希及秘书长拿汀巴杜卡周美芬、隆雪中华总商会会长拿督戴良业、厦门大学党委书记杨振斌、厦门大学宣传部副部长楼红英、马来西亚剧艺协会会长余金艾、音乐会工委会主席叶素英等。

厦门大学百人合唱团歌者动情的演唱，让听众仿佛置身于中国动荡的年代

（2014年6月24日）

后 记

　　大学文化、大学精神是一所大学赖以生存的精神家园和共同的价值追求。厦门大学在百年历程中，形成了"爱国、革命、自强、科学"的"四种精神"和爱校荣校、改革创新、团结合作、包容共享的文化品格，构成了厦大校园文化的核心内涵。

　　值此厦大百年校庆之际，我们认真梳理，遴选出校园文化系列精品中包括中国经典和校史精品剧作共八个作品，将这些作品的剧本、朗诵词、剧评、观后感、媒体报道等内容结集成书，以期通过更广泛的视角展现厦大校园文化建设的成果、取得的成效和点滴收获。本书已被列入百年校庆系列出版物"百年精神文化系列"，献礼百年厦大。

　　厦门大学长期以来十分重视校园文化建设，近些年来更是精品荟萃，层出不穷。2013、2014年厦门大学赴新马交流演出，带去了经典的交响合唱组曲《长征组歌》和交响合唱史诗《黄河大合唱》，让中华优秀文化从厦大校园走向海外。学校注重校本文化的传承和弘扬，"四种精神"的五个代表人物的故事被一一搬上舞台。2014年首演原创话剧《哥德巴赫猜想》，讲述著名数学家陈景润的故事；2015年创作了诗文诵读音乐会《嘉庚颂》，展现校主嘉庚先生伟大而光辉的一生；2020年，讲述王亚南研究翻译《资本论》、传播马克思主义和严谨治学故事的《遥望海天月》、萨本栋带领厦大师生内迁闽西艰苦办学的自强故事《长汀往事》被搬上了舞台。此外，2020年展现厦大建校历程的音乐舞蹈史诗《南强颂》完成二度改版；革命历史题材的舞台剧《南强红笺》也在紧锣密鼓地编排之中。细数这些作品背后的故事，着实令人感慨，值得回味。

　　记得2013年，学校决定创排交响合唱组曲《长征组歌》赴新加坡、马来西亚巡回演出。刚刚接到任务，我颇感兴奋，也倍感挑战。试想这部传达革命精神和红色文化的作品，将要在一个风土人情迥异、多元文化碰撞的异国舞台上展现，这是一件多么不可想象的事情啊！我在参加了第一次讨论会之后，开始意识到肩上的责任和压力，心中没底，不免焦虑。而时任校长朱崇实教授说了一句话"我相信厦大人的智慧，你们一定能很好地完成这个任务！"这句话给了大家很大的鼓励和宽慰。行还是不行不试试怎么知道呢？我们集思广益尝试着突破。一次讨论会上，时任人文学院院长的周宁教授提出了一个建设性的想法。他说："长征讲述的是革命历史故事，但同时也是一部英雄的故事，我们不妨就把它设计成为歌颂英雄的史诗。对英雄的崇拜和敬仰是人类共同的情感。"受到了启发，豁然开朗，于是人文学院王晓红老师开始了朗诵词的创作。我们一边讨论一边修改完善，最终一组荡气回肠、富有思想哲理、充满革命浪漫主义色彩的诗篇出炉了。2013年6月17日，厦门大学交响乐团、合唱团组成的演出团队正式启程。6月19日晚，交响合唱组曲《长征组歌》在新加坡滨海艺术中心拉开帷幕，演出获得圆满成功！观众席中有坐着轮椅前来观看的老华侨，有激动得热泪盈眶的观众，包括校友，不少人演出结束还不舍离去⋯⋯陈嘉庚先生长孙陈立人先生也出席观看了演出。台上开始谢幕了，年将古稀的陈立人激动得一跃而起，跳上一米多高的舞台向演员们道谢、合影。惊诧之余，全场掌声经久不息。

第二年，大型交响合唱史诗《黄河大合唱》被提上了议事日程。这一年，适逢中马建交40周年，给这次演出任务赋予了新的使命。此行是为了还校主陈嘉庚先生一个心愿，回报马来西亚这块曾经养育过他的土地，并带着促进两国人民世代友好的美好愿望而来。我是马来西亚演出项目的总联络人。接到任务，我和指挥郭伟随即动身前往吉隆坡，联系马中文化艺术协会的拿汀周美芬女士，结识了陈楷枢先生、叶素茵女士、陈微微女士等，一起讨论组织演出活动的各相关细节，大家很投缘；拜访了我校马来西亚分校的合作方征阳集团董事长戴良业先生。征阳集团专门安排了小蔡、小陈两位漂亮能干的女生陪同我们走遍了吉隆坡的所有剧场，最终我们选择了国油爱乐音乐厅。国油爱乐音乐厅位于吉隆坡最著名的双子塔内，与新加坡滨海艺术中心一样是当地最好的音乐厅，堪比中国的国家大剧院。演出前半个月，我和朱水涌教授、时任艺术学院院长苏力教授一起，再度赴马开展宣传发布活动，马中文化艺术协会安排了所有的媒体见面活动。我第一次体验了在马来西亚国家广播电视台和报社接受采访和直播的经历。一时间，马来西亚各大媒体都在传递着厦大的声音，"厦门大学""黄河大合唱""和平之声"等字眼一度流行。6月23日、24日晚，马来西亚国油爱乐音乐厅里座无虚席，一场"马中合唱交流会"和厦门大学《黄河大合唱》专场音乐会，掀起了马中文化艺术交流的热潮。

在媒体采访过程中，有一个不能回避且备受关注的话题就是：厦大即将在马来西亚办分校。一段时间以来，马来西亚当地的民众时常感受着身边厦门大学的存在，加之这所学校与陈嘉庚和马来西亚深厚的历史渊源，人们开始接纳这所学校，并喜欢上了这所学校。《长征组歌》《黄河大合唱》新马巡回演出成功完成了传播中华文化和厦大精神的使命，也为马来西亚分校的顺利办学发挥了文化先行的作用。

校园文化建设持续升温。2013年5月，时任党委书记的杨振斌教授在北京参加纪念陈景润80周年诞辰大会时宣布，厦门大学将把陈景润的故事搬上舞台，让景润精神代代相传。于是，原创话剧《哥德巴赫猜想》应运而生。2014年4月11日晚，建南大会堂里座无虚席，数学家陈景润的故事深深感动了在场的观众。陈景润的妻子由昆也前来观看了演出。当由昆老师走上舞台时，全场观众含着热泪爆发出热烈的掌声。同年《哥德巴赫猜想》入选"共和国的脊梁——科学大师名校宣传工程"，荣获"中国大学生戏剧节"优秀剧目奖。2015年作为国庆献礼，《哥德巴赫猜想》剧组荣登北京人民大会堂。该剧先后在北京、上海、西安、重庆、福州、内蒙古、澳门等地巡回演出，累计50余场，覆盖线下观众超过10万人次，线上观众逾100万人次。演出获得社会广泛好评。陈景润代表的"科学精神"激励了一代代青年学子为追求科学真理、报效祖国而矢志奋斗砥砺前行。《哥德巴赫猜想》已经成了师生们心目中的明星剧目，不少学生在临毕业前的愿望中写道：希望有机会再看一次《哥德巴赫猜想》。说起《哥德巴赫猜想》的创作，这里还要提到的两位就是编剧王晓红、导演王根。王晓红是我校人文学院一位非常优秀且热心校园文化建设的年轻教师，作品丰富，不少的校园重点剧目都是出自她之手，如前面提到的《长征组歌》的朗诵词、之后的剧作《遥望海天月》等；导演王根是一位具有丰富艺术想象力和创造力的年轻导演。这是王根与厦门大学的首次合作，他也因此与厦大结缘。此后的校史剧目《遥望海天月》《长汀往事》都是由王根执导完成，如今厦门大学百年校庆文艺晚会总导演的重担也落在了他的肩上。

除此之外，随着中国的不断发展和崛起，文化建设、文化自信不断增强，中国在国际舞台上扮演着越来越重要的角色。近年来我们还经历了2017年9月的"金砖厦门会晤"。在金砖国家领导人厦门会晤配套活动中，厦大师生精心创意奉献的"'美好青春我做主'艾滋病防治宣传校园行"和在第二届联合国教科文组织女童与妇女教育奖颁奖仪式上的"最美中国梦"文艺演出，让全世界通过厦门大学感受到中国愿景与世界情怀的彼此交融。2018年10月，厦门大学在第四届中国"互联网+"大学生创新创业大赛中，秉持"勇立时代潮头敢闯会创，扎根中国大地书写人生华章"的双创精神，厦大学子勇摘六金，并又一次在天风海涛中完美呈现了一场"惊艳非凡"的全球双创盛典。正如张荣校长在动员大会上所说，不仅要把大赛办好，更要在大赛中展示学校创新创业教育的成就和厦大学子的风采。

说起"我们的节日"系列活动，从2019年起就在厦大校园里扎下了根。春节、元宵、清明、端午、中秋、重阳……原汁原味的传统节日风貌在校园中呈现。这一年的春节，"讲好中国故事"的老外潘维廉教授为我们讲述了习近平总书记回信背后动人的故事，总书记那一句"全家福安，一生长乐"温暖了全体厦大人，也成为这一年春节最热的"网红"祝福语；元宵灯会上，舞龙舞狮、张灯结彩，秋千格、卷帘格巧猜灯谜考验最强大脑；端午节团结协作龙舟竞渡，厦大芙蓉湖变身龙舟池，"粽情端午"师生经典诵读写满诗情画意……历经数千年文明洗礼沉淀下来的中华文化正焕发出新时代的光彩。2019年第47期中宣部《宣传工作》内刊发文《厦门大学利用传统节日厚植爱国主义情怀》。2020年，我们遭遇"新冠"疫情肆虐，一场抗击疫情的人民战争打响，广大医护人员冒着生命危险从四面八方向着重灾区湖北武汉集结，其中也包括厦大附属医院的270多位医生、护士，在他们当中涌现出太多可歌可泣的故事。为表达厦门大学师生对广大医护人员的深深敬意，张彦书记指示"要以厦大人特有的方式致敬英雄！"并多次召开会议亲自部署指导方案的制定，要求用心做好每一个细节，要让白衣勇士们真切感受到厦大师生发自心底的最崇高的敬意。4月25日晚，我们成功举办的"致敬英雄——厦门大学慰问附属医院驰援抗疫一线白衣战士"活动用实际行动赞颂英雄，学习英雄，弘扬英雄精神，凝聚奋进力量。此举赢得社会广泛关注和好评。

……

话长纸短，细数校园文化建设，精彩内容还有很多，书中虽不能囊括这些精彩的故事，但今后我们还将继续总结积累，继续创作出更多更好的文化艺术精品，绽放舞台，结集出版，以飨读者。

厦门大学是一座人才培养、科学研究、社会服务的重镇，也是文化传承创新与交流的大舞台。这是一座有温度有情怀的大学。我有幸亲历了近年来校园文化的蓬勃发展，感受着她的成长，见证着她的美好！

在此，特别感谢关心支持指导校园文化建设的各级领导、各职能部门、后勤保障部门；特别感谢人文学院、艺术学院、数学科学学院、经济学院、航空航天学院、马克思主义学院、体育教学部等相关学院和单位的大力支持；真诚感谢为推动校园文化建设付出努力和辛劳的各位同事、校友和合作伙伴；由衷感谢厦门大学出版社各位同仁高效、认真、负责的工作，感谢大家的无私帮助和倾情奉献！

执行主编　楼红英

2021年7月